欧盟与世贸组织的交互性影响析论

法律、政策与实践

程保志 著

On the Interaction between EU and WTO
Law,Policy and Practice

时 事 出 版 社

目 录

导　论

WTO是世界贸易组织的英文缩写，但它的内涵并不仅限于此。我国已故WTO法专家赵维田教授曾指出：从国际法的角度，WTO代表了三位一体的概念，即：一个国际组织，一套世界贸易的法典，一种多边贸易谈判的场所。① 而另有部分学者将WTO理解为是一种体制——世界贸易体制（制度）。而所谓体制或制度，主要体现为原则、规则和机构的相互关联并通过这种关联对社会和经济结构进行调整和规范。② 但是，WTO规则或制度只是提供了在国际层面上涉及贸易领域的法律框架，其具体的实施仍主要有赖于各成员的国内执行，而后者才是WTO制度的重心所在。作为世界上最大的区域贸易集团和WTO中的特殊成员，欧洲联盟（以下简称欧盟）及其前身欧共体对于WTO的政策与实践无疑是值得我们关注与研究的。

一　研究目的

本研究试图从欧盟的视角来审视WTO法的制度性影响。WTO法究竟对欧盟有无拘束力？如果答案是肯定的，那欧盟为

---

① 赵维田著：《世贸组织（WTO）的法律制度》，吉林人民出版社2000年版，第25页。

② ［德］彼得－托比亚斯·施托尔、弗兰克·朔尔科普夫著，南京大学中德法学研究所译，《世界贸易制度和世界贸易法》，法律出版社2004年版，第3页。

何一再否定WTO法的直接效力，并且对有关DSB裁决宁可承受其他WTO成员的报复，也不愿意对其相关政策或措施予以废止或进行修正从而与其WTO义务相符？如果答案是否定的，那么欧盟又为何对其共同商业政策从涵盖领域、权限范围甚至运作机制进行不断的调整与改革，尤其是在与部分发展中国家之间的优惠贸易安排框架内（如普惠制的改革、与非加太国家谈判签署新的以“双向互惠”为特色的经济伙伴协定）注意与WTO体制的协调与兼容。概而言之，欧盟对WTO法律制度的政策与实践无不透着“实用主义”的两面性。这对我国来说有何借鉴或启示意义呢？

从自身来讲，我国加入WTO已14年有余，也已从WTO争端解决机制的“看客”，逐步成为该机制的“常客”，虽然有些许被动；特别是自2008年以来，我国面临着欧美等贸易大国的WTO投诉日益增多，迄今已达33件；而同期我国投诉案件则为12起。[①] 我国参与的WTO争端解决议题也由单一的货物贸易向服务贸易知识产权贸易等领域拓展。新的形势要求我们对于WTO法的研究，应该从过去偏重于译介WTO规则是什么，逐步过渡到如何运用WTO体制及其争端解决机制，趋利避害、变被动为主动，而欧盟在这方面的政策和实践值得我们借鉴。此外随着我国成为世界第二大经济体以及综合国力的不断增强，我国也开始构建与周边国家以及非洲和拉丁美洲国家的经济贸易合作

---

① 至于目前我国在WTO争端解决中处境较为被动的原因，国内有学者认为，相对于欧美等发达国家以及印度、巴西等新兴发展中大国，我国是多边贸易体制中的后来者。一方面，我国没有参与这一体制的设计，目前仍是这一体制的被动适应者；另一方面，我国参与这一体制的时间较短，还没有更丰富的经验更好地认识、处理相关问题。中国入世为中国经济发展特别是对外贸易的发展提供了难得的机会，但我们已经看到了我们的入世谈判由于缺乏经验而暴露出的不足，而这些不足又增加了我们更好地适应多边贸易体制的困难。参见韩立余著：《既往不咎——WTO争端解决机制研究》，北京大学出版社2009年版，第3页。

“网络”;[①] 而作为这方面的领头羊，欧盟的实践及政策调整，尤其是在如何使之与 WTO 多边规则相协调方面的政策调整及对我国的潜在不利影响值得密切关注。

2008 年以来接连发生的全球金融风暴和欧洲主权债务危机深刻地改变了西方发达国家和新兴市场国家的经济利益版图。当前，在世界经济复苏缓慢，增长乏力，各国均面临繁重的结构调整、产业升级任务的大背景下，面对新兴力量对外贸易量和经济竞争力的迅速上升，欧美发达国家内部贸易保护主义论调又沉渣泛起，“老调重弹”；贸易保护主义与 WTO 所倡导的全球自由贸易是背道而驰的，对此我们要保持高度警惕。与此同时，及时跟踪与积极考察包括欧盟与美国在内的 WTO 各主要成员在有关 WTO 规则与制度方面的政策动向与实践，对于我国积极利用 WTO 这一国际多边体制维护自身重大经贸利益而言，有着重大的现实意义；这也是以此问题作为研究主题的应有之意。

就中欧双边经贸关系的发展而言，20 年前，中欧之间的贸易还微不足道。如今，欧盟已成为中国第一大贸易伙伴，第一大出口市场和第一大进口来源地。中国也已成为欧盟的第二大贸易伙伴（仅次于美国）、第一大进口来源地，并跃居欧盟第二大出口市场。据统计，2014 年中欧双边贸易额达 6151.39 亿美元，同比增长 9.9%。[②] 可以说，在经贸领域，中欧之间的利益融合点最多、相互依赖度最深。目前，中欧之间正在商谈规范双方经贸关系的新型伙伴关系协定[③]和双边投资协定，欧盟与第三国之间缔约实践中出现的法律与政策层面上的新问题都值得我们进一步深入探究。

---

① 晚近，我国倡议的“丝绸之路经济带”和“21 世纪海上丝绸之路”（“一带一路”）战略以及主导成立的“亚洲基础设施投资银行”均是我国创新型经济外交的最新举措。

② “中国同欧盟的关系”，中国外交部官网，http://www.fmprc.gov.cn/mfa_chn/gjhdq_603914/gj_603916/oz_606480/1206_607640/sbgx_607644/，2015 年 2 月 25 日访问。

③ 参见曾令良：《〈中欧伙伴与合作协定〉谈判：问题、建议与展望》，《中国社会科学》2009 年第 2 期。

二、国内外研究现状

欧共体/欧盟与 WTO 作为区域经济一体化和经济全球化的典范与翘楚，二者之间的法律与政策问题已成为国内外学者，尤其是欧洲国际法学者关注的焦点，雅克·布热瓦（Jacques Bourgeois）、玛科·布朗克斯（Marco Bronckers）、格乃娜·德·博尔卡（Grainne De Burca）、托玛斯·科迪尔（Thomas Cottier）、皮特·艾克乌特（Piet Eeckhout）、斯蒂芬·格里勒（Stefan Griller）、保罗·孟格奇（Paolo Mengozzi）、皮特－让·奎伊帕（Pieter-Jan Kuijper）、基斯·让·奎维克（Kees Jan Kuilwijk）、E-U·彼得斯曼（E-U Petersmann）、阿兰·罗沙斯（Allan Rosas）、乔安娜·斯科特（Joanne Scott）、弗朗西斯·斯奈德（Francis Snyder），以及吉尔特·A·佐尼科恩（Geert A. Zonnekeyn）等都曾多次专门撰文论及该问题。年轻一辈的欧洲国际法学者阿尔伯特·阿莱门诺（Alberto Alemanno）、安东尼斯·安东尼雅迪斯（Antonis Antoniadis）、尼古拉斯·拉夫兰罗斯（Nikolaos Lavranos）、拉斐尔·里尔－阿加斯（Rafael Leal-Arcas）以及努努·N. 泰尼（N' Gunu N. Tiny）等近年来也有不少著述发表。[①] 特别值得一提的新著是里尔－阿加斯的博士学位论文《欧共体对外贸易法律与政策的理论和实践》和佐尼科恩的论文集《WTO 法的直接效力》，两本著作均由英国 Cameron May 公司出版。[②] 大体而言，欧洲学者更为关注 WTO 法对欧盟所带来的挑战，最主要的就是 WTO 法和 DSB 裁决的直接效力问题，很多人都是围绕欧洲法院的最新判例阐述其观点，以彼得斯曼、奎维克和佐尼科恩为代表的学者对欧洲法院的判决持批判态度，倡导

---

① 请具体参阅本著作外文参考文献。

② Rafael Leal-Arcas, Theory and Practice of EC External Trade Law and Policy Cameron May, 2008; Geert A. Zonnekeyn, Direct Effect of WTO law, Cameron May, 2008.

WTO 法应具有直接效力，从而有利于维护私方当事人的诉权；而以安东尼雅迪斯、奎伊帕和斯奈德为代表的学者则对 WTO 法的直接效力持保留态度，认为在缺乏其他 WTO 成员对等、互惠的情况下，欧洲法院否定其直接效力的立场是可以理解的。此外，意大利欧洲大学研究院的玛丽莎·克莱蒙娜（Marise Cremona）教授还从欧盟对外贸易政策的角度，围绕欧盟与其成员国之间的权能划分以及混合协定的法律效力来探讨 WTO 的制度性影响。

我国学者中，最早涉及欧共体/欧盟与 GATT/WTO 之间法律关系的论著当首推曾令良教授的《欧洲共同体与现代国际法》和刘星红女士的《欧共体对外贸易法律制度》，二者均是在两位学界前辈的博士学位论文基础上修改而成，但是由于均出版于 20 世纪 90 年代中前期，因此对 WTO 的问题很少论及，不过其体系框架及有关历史资料对本研究颇多裨益。[①] 伴随着中国“入世”谈判的结束，我国学者也逐步关注国内法院对于 WTO 法的适用问题，而欧洲法院的判决无疑对我国司法机关有着极大的借鉴作用。这方面的著述可谓汗牛充栋，[②] 但就外文资料的广泛性、概念界定的严谨性和论述的全面性而言，则首推余敏友教授和陈卫东博士发表在《法学评论》2001 第 3 期和第 4 期上的《欧共体围绕 WTO 协议直接效力问题的争论及其对我国的启示》这篇论文，时至今日有些学术观点仍极具启发性。[③] 但可惜的

---

① 参见曾令良：《欧洲共同体与现代国际法》，武汉大学出版社 1992 年版；刘星红：《欧共体对外贸易法律制度》，中国法制出版社 1996 年版。

② 如曾令良：“WTO 协议在我国的适用及我国法制建设的革命”，《中国法学》2000 年第 6 期；孙南申：“从中国入世看 WTO 协议在中国法院的适用”，《法律适用》2000 年第 9 期。李旺：《国际条约在国内的效力及实施问题——日本的相关制度》，张乃根主编：《21 世纪的中国与国际法》，上海人民出版社 2002 年版，第 235—246 页；孔祥俊：《WTO 法律的国内适用》，人民法院出版社 2002 年版。

③ 此外，北京大学张智勇副教授发表在《中外法学》2002 年第 2 期的“论关贸总协定在欧共体法中的直接效力”，中国社科院张若思博士发表在《欧洲法通讯（第四辑）》的“从欧洲法院的判例看 WTO 协议在欧共体的适用”，以及上海市第一中级人民法院张燕等发表在《比较法研究》2002 年第 2 期的“欧洲法院对 WTO 协议的适用及对我国法院的启示”等论文也对此问题做了较为深入的研究。

是，此后只有个别国内学者对欧洲法院有关 WTO 法及 DSB 裁决法律效力方面的新近判例进行深入研究，[①] 实际上欧洲法院对于 DSB 裁决法律效力的判决及其分析论证对于我们如何看待 WTO 法的国内法律地位与效力以及 DSB 裁决的执行力都有很大的帮助及现实意义。近年来，随着中欧经贸关系的迅猛发展以及中欧贸易摩擦频发，国内学界对于欧盟对外贸易法律制度，尤其是以反倾销、反补贴为主的欧盟贸易救济法的研究取得了较为丰硕的成果，其中中国社科院国际法研究所蒋小红副研究员的个人专著《欧盟对外贸易法与中欧贸易》是该领域的扛鼎之作，[②] 该书从自主性立法和契约性安排与实践两个方面对欧盟对外贸易法律制度的主要内容进行了系统的梳理和分析，尤其对欧盟适用于中国的有关规则作了深入评析。但由于全书章节体系和文字篇幅所限，书中对于欧盟与 WTO 的法律关系及交互影响并没有完全展开论述。

相较于国内大多数学者主要围绕 GATT 第 24 条有关多边贸易体制对区域贸易协定的规制性条文分析来界定 WTO 与欧盟之间的法律关系，[③] 本研究则更多地从欧盟的角度来看待 WTO 多边贸易体制和规则的效能与作用，侧重于分析欧盟参与和运用这一体制来维护其重大经贸利益的政策工具和实践特点，并就

---

① 参见左安磊：《欧盟执行 DSB 裁决实践立场及策略研究》，《时代法学》2013 年第 4 期。吕晓杰：“WTO 规则在欧盟法律体系中效力的新发展——统一解释原则的确定与适用”，《现代法学》2008 年第 1 期。

② 蒋小红：《欧盟对外贸易法与中欧贸易》，中国社会科学出版社 2014 年 4 月版。

③ 参见王玉玮：《欧共体/欧盟与 GATT/WTO 的法律关系问题研究》，中国人民公安大学出版社 2010 年版。曾令良，陈卫东：《从欧共体看 21 世纪区域一体化对多边贸易体制的影响》，《武汉大学学报（人文社会科学版）》2000 第 3 期；孙立文：《区域自由贸易协议与多边贸易体制的发展》，《世界贸易组织动态与研究》2007 年第 10 期等。国内还有少数学者从 WTO 贸易政策评审机制的角度专章分析多边贸易体制对欧盟贸易政策的影响，参见陈咏梅著：《WTO 贸易政策评审机制法律问题研究》，中国检察出版社 2009 年版，第 159—180 页。不过，与 WTO 争端解决报告对成员方的“硬”约束相比，WTO 贸易政策评审并不具有法律约束力，它最多只是一种软性的规制与监督，对成员方更多的具有一种“潜移默化”的影响。

WTO与中欧经贸关系发展的相关法律问题展开论述。

三、关于基本概念的说明

在进入深入分析之前，有必要对本书的主要研究对象欧盟及其前身欧共体加以界定，这是两个经常说明而又非常容易引起混淆的概念。虽然人们现在一般都已将“欧共体”（欧洲共同体）与“欧盟”（欧洲联盟）通用，但从严格法律意义上讲二者还是有所区别的。欧洲联盟是由欧洲共同体发展而来的，是一个集政治实体和经济实体于一身、在世界上具有重要影响的区域一体化组织。1991年12月，欧洲共同体马斯特里赫特首脑会议通过《欧洲联盟条约》，通称《马斯特里赫特条约》（以下简称《马约》）。在《马约》中开始使用欧洲联盟（EU）的称呼。1993年11月1日，《马约》正式生效，欧盟正式诞生，总部设在比利时首都布鲁塞尔。因此，在涉及1993年11月1日前的问题时，使用欧洲共同体（EC）或者更早的欧洲经济共同体（EEC）的称呼应更准确。欧共体是欧盟首位的、最重要的基础。然而欧盟的作用和责任并不仅局限于欧共体（包括经济与货币联盟、欧洲煤钢共同体和欧洲原子能共同体）的范畴，根据《马约》，它还适用于一些新的领域，如共同外交和安全政策以及在司法和内政事务方面的合作等。需要明确的是，随着《里斯本条约》于2009年12月1日生效，欧盟正式取代欧共体，“欧共体”名称则成为了历史。易言之，《里斯本条约》生效之前的欧盟其实包括欧洲共同体及欧洲联盟，虽然一般都以欧盟简称之，但是有国际法律人格的只有欧洲共同体，欧洲联盟并无国际法律人格，这是外界不容易理解的地方。而《里斯本条约》则是明确地将两者整合为单一之欧盟，欧洲共同体随之消失，而原来的“欧共体条约”的名称也被改成为《欧洲联盟运行条约》（Treaty on the Functioning of the European Union），欧盟成为单一存在的国际法律人格者。[①] 故《里斯本条约》生效之后，就不再有名称及两个个体之困扰，一般所通称的欧盟也就名副其实了。就本书主题"欧盟与世贸组织的交互影响"而言，[②] 有两点值得注意：第一，即使在2009年12月1日之前，在WTO正式法律文件之外，人们仍有时使用"欧盟"而非"欧共体"；第二，即使在2009年12月1日之后，有关WTO文件仍可能使用"欧共体"而非"欧盟"，例如2009年12月1日之前提出的WTO争端如果涉及欧共体，该日之后发布的专家组或上诉机构报告还会继续使用"欧共体"。为求行文和体例统一，本研究除确有必要使用"欧共体"名称外（如涉及国际法律人格问题），一般使用欧盟来指代这个贸易实体。

此外，还需明确的是，在欧盟法中，常用"共同商业政策"（Common Commercial Policy）的概念，它是指调整欧共体与第三国或国际组织之间贸易、商务和经济往来关系的法律、原则和政策，其内容包括纯贸易事项如关税、配额、贸易协定、出口控制、贸易保护措施等，以及其他针对非法商业行为所采取的措施。"共同商业政策"与共同外交与安全政策、发展合作和人道主义援助一道构成欧盟当今对外关系的三大支柱。国内有学者将"Common Commercial Policy"译作"共同贸易政策"。事实上，上述概念并没有实质性差别。按照欧洲法院的解释，共同商业政策的内容同国家外贸政策的内容基本一致。[③] 欧盟共同商业政策

---

① 参见吴燕妮：《欧盟单一法律人格的发展与争论述评》，载宋锡祥主编：《〈里斯本条约〉与欧盟法的发展》，上海社会科学院出版社2012年版，第111—121页。

② 根据《建立世界贸易组织协定》的相关规定，欧共体是WTO的创始成员方。2009年12月1日，WTO发表声明：自即日起，世贸组织正式开始使用"欧洲联盟"这一名称。此前由于法律方面的原因，世贸组织一直使用"欧洲共同体"的称谓。不过，在世贸组织的早期文件中，"欧共体"这一名称将继续存在。http://www.wto.org/english/thewto_e/countries_e/european_communities_e.htm.

③ 参见弗兰西斯·斯奈德著、宋英编译：《欧洲联盟法概论》，北京大学出版社1996年版，第156页。

的演进与GATT/WTO体制的发展息息相关。最初，共同商业政策主要规范的是货物贸易。随着多边贸易体制对关税总水平的约束，欧盟贸易政策的重点开始由关税措施转向非关税措施领域。随着服务贸易、知识产权以及外国直接投资重要性凸现，并成为乌拉圭回合之后多边贸易议程的重要议题；与此相适应，共同商业政策也开始延伸到这些领域，并逐步变成欧盟的专属权能领域。

四、研究架构

由于欧盟与WTO二者间的交互性影响涵盖法律、政策与实践三个层面，关系错综复杂，涉及面极广，需要研究者在国际法、欧盟法、WTO法、国际贸易，以及国际政治经济学等学科领域具有较深的学术素养，限于能力和篇幅所限，本研究侧重于从欧盟对外贸易关系法这个角度，将有关WTO法的直接效力问题、欧盟参与和运用WTO争端解决机制的政策与实践和欧盟在共同商业政策上的调整与改革等具体问题结合起来进行全面论述。具体的写作思路如下：从欧共体/欧盟在GATT/WTO中的特殊法律地位着手，首先结合欧洲法院的一系列判例探讨GATT/WTO协议在欧盟法律体系中的地位与效力问题，并设专章讨论DSB裁决在欧盟内的法律效力问题；紧接着通过最新的统计资料和数据归纳出欧盟参与和运用WTO争端解决机制的特点，并就导致其拖延执行对其不利的DSB裁决的内外因素进行初步论证，得出欧盟对WTO争端解决机制所采取的实质上是一种“两面性”策略；最后落脚在欧盟为应对WTO的制度性挑战，在共同商业政策领域所作的多项调整与改革，并试图揭示出这种政策调整背后的深层经济和政治动因。结论部分“全球贸易治理视阈中的欧盟、WTO与中国”则对全文主要观点进行总结，并就WTO与中欧经贸发展所涉及的贸易摩擦管控和中欧双边经贸协定的谈判与缔结等问题提出自己的“一孔之见”。

本书以传统的法学研究方法，即案例分析和规范分析方法为主，同时结合历史分析、比较分析、实证分析等方法，并且借鉴国际政治、世界经济等学科的最新研究成果展开论述。希望本书对于我国运用 WTO 体制维护自身经贸利益的策略能带来若干新的思考。

第一章　欧盟在 GATT/WTO 中的法律地位

作为“自成一类”的区域性国际组织，[1] 欧共体/欧盟与美国号称 WTO 中的“两巨头”。我们注意到：乌拉圭回合迟迟不能落下帷幕的原因之一就是欧共体与美国难于就农产品补贴问题达成协议；并且，无论是过去的 GATT，还是现在的 WTO，受理和解决贸易争端最多的是美国和欧盟。我们至今还记忆犹新：在中国加入 WTO 的过程中，欧盟与美国一直是最为关键的两个谈判对手。为什么在多边贸易体制中，欧共体/欧盟地位如此之高，作用如此之大呢？从法律的角度来看，欧共体的这种地位分别是由两种既有区别、又有密切联系的法律体系所决定的，即独特的欧盟法和一般国际法。从欧盟法层面来看，如果欧盟基础条约不确立欧共体/欧盟的法律人格，不确立其对外经贸关系权以及它的司法机关不确认这种权利的专属性，欧共体就不可能在 WTO 体系中与主权国家的成员平起平坐，甚至在特定的事项上发挥着超过后者的作用。从一般国际法的角度来分析，如果有关国际条约不确认或世界各国作为整体的国际社会不认可欧盟时而取代其成员国，时而与其成员国联合

① 尽管对于欧共体/欧盟的法律性质学界还有争论，但笔者还是赞同曾令良教授提出的“诸多超国家因素说”。参见曾令良：《欧洲联盟法总论——以〈欧洲宪法条约〉为新视角》，武汉大学出版社 2007 年版，第 3 页。不过，对于这种“超国家”性，我们也要具体分析，不能过高估计。笔者倾向于将欧盟看作“自成一类”的国际组织。

参与国际事务和国际法律关系的做法，欧盟的特殊法律人格就很难具有实际的意义。归根到底，欧共体/欧盟在 WTO 体制中的特殊地位，是作为其成员国和非成员国的主权国家赋予给它的。因此，在探究欧盟在 WTO 体制中的特殊地位之前，我们有必要对与欧共体/欧盟不同于其成员国以及第三国的国际法律人格这一基本法律问题有一个初步认识。

第一节　欧盟的国际法律人格

以主权国家为中心的传统国际法律秩序，因国际组织[①]的介入而被打破，由此引出了许多新问题：国际法主体的重新界定；国际组织法与国内法的关系；国家主权与国际组织职权的划分；如何看待国际组织的超国家性；国际组织的法律地位等等。以上问题的核心在于明晰国际组织的法律人格，因为国际组织的法律人格作为国际组织活跃于国际舞台上的一种资格，是国际组织参与国际政治、经济、文化等事务的前提条件，它决定了国际组织在国际法上的法律地位，决定了国际组织的权利能力和行为能力，决定了国际组织独立参加国际关系的资格。

一、国际组织的法律人格简述

国际组织的法律人格，简而言之，是指其做出各种法律行为的能力，如缔约权、特权与豁免、进行国际求偿的能力、在国际

---

① 依据组织同政府的关系来划分，国际组织可分为政府间与非政府间国际组织。本章所说的国际组织显然是指政府间国际组织，即由若干国家或其政府通过缔结国际条约而建立的常设机构。有关国际组织的分类，具体参见饶戈平主编：《国际组织法》，北京大学出版社 1996 年版，第 49—58 页。政府间国际组织种类繁多，其活动深入人类生活的各个方面，对当代国际关系和国际法产生了深刻的影响，并已成为现实国际生活不可或缺的一部分，其国际法律人格也得到了国际社会的公认。

裁判机关的出庭资格、责任、管理领土、派遣外交使节的权力、对国家的承认等。[①] 具体来说，国际组织的法律人格又体现在两个方面：国内法律人格和国际法律人格。国际组织的国内法律人格指的是国际组织在特定国家享有的国内法上的权利和义务能力。其主要表现为：可以签订国内法上的合同，取得或转让动产、不动产，或者提起诉讼等。国际组织的国际法律人格，则是指国际组织在国际社会中享有的为执行其职能和实现其宗旨所必需的权利能力和行为能力。其主要体现在以下各项：缔约权、使节权、享有与其地位相符合的特权与豁免、承认与被承认的权利、国际索赔与国际责任、继承权等。

“国际法律人格者”总是与另一术语“国际法的主体”一起使用。[②] 他们在有的法律文献中被当作同义词而替换使用。国际法院似乎把国际法律人格者定义为国际法的主体。在“为联合国服务而受损害的赔偿案”的咨询意见中，它声称联合国组织“是一个国际法律人格者……这意味着它是国际法的主体，能够享有国际权利和承担国际义务，这同时意味着它具有提起国际诉讼的能力。”[③] 国际组织拥有其本身的国际法律人格，即不同于和区别于组成该组织各成员国的法律人格。[④] 这一点自“赔偿

---

① 参见［英］布朗利著，曾令良、余敏友等译：《国际公法原理》，法律出版社2003年版，第756页。

② 黄德明：“略论欧洲共同体与欧洲联盟的法律人格”，《法学评论》1998年第6期。

③ The International Court of Justice, Reports of Judgments, Advisory Opinions and Orders, 1949, pp. 184 - 185.

④ 布朗利总结了国际组织具有法律人格的三个标准：第一，一种由各国组织的、具有合法目的、配备了各种机构的常设组织；第二，国际组织与成员国在法律权力和宗旨方面有区别；第三，存在于国际组织国际层面而非仅限于一个或一个以上国家国内制度的可行使的法律权力。参见［英］布朗利著，曾令良、余敏友等译：《国际公法原理》，法律出版社2003年版，第755页。

案”后已获得普遍接受。[①] 此外，国际组织的法律人格不仅依赖于授予其所建立的国际组织法律人格的有关宪法性文件的条款，而且依赖于其宪法性文件中所特别规定的或所隐含的、并且在实践中得以发展的宗旨和职能。更进一步来说，承认具有宣告的性质而非构成的性质，因此非成员国对国际组织的承认也不是该国际组织具有法律人格的前提。换言之，国际组织除具有主观国际法律人格外，它还具有客观国际人格。[②] 以区域经济高度一体化为基础发展起来的欧共体具有其本身的国际法律人格，尽管它是自成一类（*sui generis*）的国际组织。[③]

---

① 国际法院的“赔偿案”咨询意见结合了“授权说”和“暗含权利说”这两种学说，明确肯定了联合国具有法律人格。国际法院的意见是：“联合国组织是旨在行使和享受，而且在事实上也正在行使和享受一些职能和权利，这些职能和权利只有在具有很大程度的国际人格和具有在国际水平上施行能力的基础上才能得到解释。目前，它是国际组织的最高形态，而且如果它没有国际人格它就无从执行创始者的意图。我们必须承认其会员国由于把某些职能委托于它，附以义务和责任，也就赋予了它以使这些职能得到有效实现所必须的职权”。可以说，国际法院的这一咨询意见不仅确立了联合国的法律人格，而且在国际法领域内为国际组织的法律人格奠定了最根本的理论基础。参见［美］汉斯·凯尔森：《国际法原理》，王铁崖译，华夏出版社 1989 年版，第 154 页。

② 持国际组织“客观人格说”的学者大都主张国际组织的法律人格是客观的，具有对世性。相反的，持国际组织“主观人格说”的学者大都主张国际组织的法律人格仅仅在其成员国和承认其人格的国家内享有，不具有对世性。

③ 对于 WTO 的“前身”关贸总协定（GATT）的法律人格，布朗利曾指出：一个国际组织可能缺乏一个组织的特征却有在国际层面的法律人格。因此，关贸总协定的“缔约方全体”具有一定的法律人格，部分因为它们在缔约各方的投诉程序中行使准司法职能。而且，正式陈述可能过多关注“国际法律人格”，忽视了像关贸总协定（GATT）这样的各种组织根据所在地法签订诸如房屋租赁之类合同的权力。实际上，这种签订合同的权力可能来源于国际法律人格。参见［英］布朗利著，曾令良、余敏友等译：《国际公法原理》，法律出版社 2003 年版，第 755 页。WTO 的法律人格则有明确的法律依据，《WTO 协定》第 8 条明文规定：“WTO 应具有法律人格，各成员应对其职能之行使予以必要的法律能力。”以及“各成员应为 WTO 职权之行使，授予 WTO 必要的特权与豁免权”。

二、欧盟国际法律人格的演进

欧洲三大共同体经历了半个多世纪的发展才演变成现今的欧盟，作为具有国际法律主体资格的欧共体，在欧盟建立伊始成为欧盟整体的第一支柱，和共同外交和安全政策（Common Foreign and Security Policy，第二支柱）以及刑事领域的警务与司法合作（Police and Judicial Co-operation in Criminal Matters，第三支柱）一样适用欧盟条约中的共同条款和最后条款。这种三大支柱机制的延续存在，使得国际法律人格问题日益成为欧盟在国际舞台上开展独立活动的主要障碍；[①] 经过近 17 年的不懈努力和条约修正，欧盟的国际法律人格才最终在《里斯本条约》生效后得以确立。需特别指出的是，本研究所探讨的欧共体/欧盟的法律人格，主要从其在国际法上的法律人格角度进行论述，不涉及其在成员国国内法中的法律人格问题。

（一）欧共体的法律人格

1. 基础条约的明确规定

欧共体的基础条约是指创建欧共体的条约，包括其附件、议定书以及在欧共体的发展过程中修改和补充这些基础条约的条约与协定。它们都是共同体成员国以多边条约的形式直接制定的法律，是欧共体的法律基础，是具有“宪法性质”的法律文件，在效力上高于欧共体的其他法律。

《欧洲煤钢共同体条约》第 6 条第 1 款、《欧洲原子能共同体条约》第 184 条和《欧洲经济共同体条约》第 210 条都作出共同规定：“共同体具有法律人格”。煤钢共同体条约第 6 条第 2 款还明确规定：“在国际关系中，共同体享有行使其职能和实现其目标

---

① 吴燕妮：《欧盟单一法律人格的发展与争论述评》，载宋锡祥主编：《〈里斯本条约〉与欧盟法的发展》，上海社会科学院出版社 2012 年版。

所需的法律能力”。此外，煤钢共同体条约第6条第3款和经济共同体条约第211条还赋予它们各自在成员国国内的法律地位，即“在各成员国内，共同体享有在该国设立的法人所享有的最广泛的法律能力，特别是可以取得或处置动产与不动产，以及成为法律诉讼的一方”。可见，三个共同体在最初成立之时，各成员国就在其组织法中赋予它们法律人格以及一定范围内的自主权力，各共同体具有完整的组织形式和法律体制，可以开展广泛的国际交往活动。

1993年的《欧洲联盟条约》(《马约》)第二编（即《为建立欧洲共同体而修改建立欧洲经济共同体条约的条款》)、第三编（即《关于修改建立欧洲煤钢共同体条约的条款》）和第四编（即《关于修改建立欧洲原子能共同体条约的条款》）保留了各共同体条约中关于法律人格的规定，再次肯定了它们的法律人格。由于煤钢共同体条约的有效期为50年，至2002年7月25日，欧洲煤钢共同体连同其调整的产业领域都被纳入欧洲共同体条约的适用范围之内，因此在事实上二者已经合而为一，法律人格仍然继续存在。①

2. 欧共体法律人格的主要体现

如前所述，国际组织的国际法律人格表现于其在国际法上的对外交往能力上，一般表现为：(1）缔结双边或多边协定；(2）召集与参加国际会议；(3）派遣与接受外交使团；(4）调解国际争端；(5）承担国际责任与请求国际赔偿；(6）参加另一个国际组织的活动甚至加入另一个国际组织；(7）作出国际承认与作为国际承认的对象；(8）构成国际继承的主体与客体；(9）其他行为能力，如登记与保存条约，临时托管一定的领土，拥有标志本组织的旗帜、徽章，等等。② 欧共体的国际法律人格表现在其对外交往活动中，则主要包括以下几个方面：

---

① 2009年12月1日生效的《里斯本条约》以“欧洲联盟”（欧盟）取代“欧洲共同体”（欧共体），使之成为唯一实体，并正式赋予欧盟以法律人格。

② 参见曾令良著：《欧洲共同体与现代国际法》，武汉大学出版社1992年版，第6—14页。

（1）缔约权

欧共体的缔约权有明示缔约权和默示缔约权之分。明示缔约权是有关基础条约明文授予共同体在一些特定事项上缔结条约的权力，它最先由《欧洲经济共同体条约》规定。例如该条约第113条规定共同体在共同商业政策领域享有明示缔约权；第229条规定由委员会与联合国、联合国专门机构以及关贸总协定订立合作协定；第238条规定共同体得与第三国、国家联盟或国际组织缔结建立以相互权利义务、共同行动和特别程序为特征的联系协定，这类协定由部长理事会一致同意，并向欧洲议会征求咨询意见以后缔结。[①]《欧洲联盟条约》（《马约》）根据欧洲一体化取得的进展，对上述有关明示缔约权的条款进行了修改，并将原属于欧共体默示缔约权的一些事项扩展为明示缔约权的范围，其中涵盖了货币或外汇机制事务，教育、职业培训领域，文化领域，公共卫生领域，共同体研究和技术发展方面的总体规划领域，环境政策，以及发展合作政策等方面。

欧共体的默示缔约权主要通过欧洲法院的一系列判决得以确立。[②] 在1970年“欧洲陆路运输协定案”[③] 中，欧洲法院在裁决中确立了“平行主义原则”（principle of parallelism）：即共同体的缔约权并不局限于明示的权力，只要共同体就有关事项通过对

---

① 该条款主要是为当时在欧洲经济合作组织中谈判建立欧洲自由贸易区而订立的，虽然未能如愿，但成为后来欧共体与有关第三国建立特殊关系的重要法律根据。从实践看，联系协定的主要对象国包括欧共体成员国之外的其他欧洲国家、与欧共体成员国有历史联系（殖民地与宗主国关系等）的国家和地中海沿岸国家。参见曾令良著：《欧洲共同体与现代国际法》，第57页。

② 欧共体基础条约中唯一涉及默示缔约权的一项条款可能是第235条（现第308条），该条规定：“在共同市场的运作过程中，如果本共同体之行为的确为实现本共同体宗旨之一所必要，而且本条约尚未规定必要之权力，理事会根据执委会的提案，并与大会协商后，应以全体一致的方式采取适当措施。”从字面上看，该规定未明确提及欧共体的对外关系措施，但从欧共体的实践看，该规定的“行为”和“措施”可以是欧共体内部事项，也可以是涉外事项。参阅曾令良：《欧洲共同体与现代国际法》，武汉大学出版社1992年版，第59—61页。

③ Case 22/70 ERTA case［1971］ECR 263.

内立法制定了共同规则，那么共同体相应的就此事项拥有对外缔约权，成员国就此无权与第三国缔约。对内权与对外权是平行的。[①] 由于这一缔约权不是来自于成立欧共体的有关条约的明文授权，而是来自于共同体机构的共同规则，所以被称为默示缔约权。在欧共体机构体系中，部长理事会代表各成员国的利益，试图限制欧共体权力的扩张；欧共体委员会则代表共同体的"超国家"利益，试图扩大欧共体的权力。"平行主义原则"的产生反映了二者的纷争与角逐。

欧洲法院在后来的一系列判决中进一步发展了默示缔约权。在"克莱默案"[②]中，欧洲法院认为共同体在对内享有立法权、但尚未行使的情况下，成员国有共同行使权，但这种权力只是过渡性的，一旦共同体行使了权力，共同体就具有了专属性的缔约权。在针对《关于建立欧洲内河航运船只停运基金的协定草案》作出的第1/76号咨询意见[③]中，欧洲法院认为只要《欧洲经济共同体条约》为实现某一特定目标赋予了共同体对内立法权，则共同体自然具有相应的对外缔约权。在关于《国际劳工组织第170号公约》的咨询意见[④]中，欧共体成员国是该公约的缔约国，参加了公约的缔结与实施，欧共体只具有观察员的身份、不是缔约国。共同体委员会请求欧洲法院就共同体是否有资格参加该公约的问题作出解答。法院认为，欧共体在共同体"宪法"(即欧共体基础条约)上具有与其成员国一道加入该公约的能力。

综上所述可以看出，欧共体享有条约明文规定的明示缔约权。此外，欧共体还享有默示缔约权，只要条约授予共同体对内立法权，它就相应享有对外缔约权；在共同体没有实际行使这一

---

① 参见宋英：《欧洲经济共同体的缔约权》，王铁崖、李浩培主编：《中国国际法年刊1992年卷》，中国对外翻译出版公司1993年版，第221—222页。

② Case 3, 4, 6/76 Kramer [1976] ECR 1279.

③ Opinion 1/76, [1977] ECR 741.

④ Opinion 2/91, [1993] ECR I-1061.

权力之前，成员国有过渡性的行为权力，一旦共同体行使对外缔约权，成员国就没有了行为的权力。[①] 而且，欧共体具有与成员国一道加入某一国际组织管理的国际公约的能力。欧共体条约第228条还规定了缔结国际条约的程序，即由共同体委员会根据部长理事会的授权进行谈判，最后由部长理事会决定是否签订该条约。

（2）与国际组织的关系

欧共体在实践中由欧共体委员会与有关国际组织保持联系，特别是与联合国和GATT；就欧洲理事会[②]和经合组织（OECD）来说，共同体被要求与之建立密切联系。但是，与这些组织保持不同形式的关系与具有该组织的成员资格并不等同，加入这些组织需要履行其他的相关程序，包括欧共体自身的和各个组织规定的程序。欧洲法院在第1/76号意见中，明确指出欧共体条约赋予欧共体的权力包括使其参与国际组织并成为该组织成员的权力。[③] 据此也可以推断欧共体加入某一国际条约的权力应包括其加入依据该条约所创建的国际组织的权力。欧共体作为正式成员参加的国际组织有WTO、世界粮农组织（FAO）、欧洲复兴开发银行（EBRD），以及大量的国际商品协定组织、渔业组织、能

---

① 欧洲学者一般把欧共体的缔约权能分为两个层次问题，首先是有无（existence）问题，即明示缔约权与默示缔约权；然后是排他性（exclusivity）问题，即专属权能与共享权能。See A. Dashwood, The attribution of external relations competence, in A. Dashwood and C. Hillion, The general Law and EC External Relations, Sweet & Maxwell, London 2000, pp. 115 - 138.

② 此处的欧洲理事会（the Council of Europe）成立于1949年5月，其宗旨是保护欧洲的人权和基本自由，并1950年8月7日通过了《欧洲人权公约》，成员国已有47个，几乎所有欧洲国家均是其成员国。它与欧共体/欧盟框架内的欧洲理事会（European Council）不同，后者产生于1974年12月，当时是为了解决涉及欧洲一体化的内部问题和面临的外部问题而确立一个总的努力方向，各成员国元首和政府首脑在外长的陪同下，每3年召开一次会议讨论开展欧共体的工作和政治合作的有关问题；它是欧共体的主要政治决策机构，许多重要协议的签署需要先在欧洲理事会这一层次上达成一致。也有学者为避免混淆将the Council of Europe译为“欧洲委员会”。

③ Opinion 1/76, [1977] ECR 741.

源组织、海洋环保与资源养护组织等。欧共体能否成为国际组织的成员，除了欧共体自身必须具有相应的对外权能外，国际组织的章程至关重要。大多数国际组织的成员资格只对主权国家开放，并且不同的国际组织赋予其 的权利义务也是各异的。因此，欧共体被众多国际组织接受为成员的事实从一个方面也反映其作为国际法主体在发展对外关系方面的先进性和国际认知度。

在实践中，当成员国已经是某一国际组织的成员，而欧共体亦准备加入该组织甚至取代成员国时，一般情形下成员国并不愿意放弃其在国际舞台上的影响力，因为这意味着成员国在一定程度上的主权权利让渡。从成员国的角度来说，它们最多是准备让欧共体加入但并不取代它们，这也是欧共体与其成员国一起在有些国际组织（如 WTO）中具有双重成员资格的原因之一。欧共体与其成员国共享权力的态势给欧共体内部、有关的国际组织和组织内的其他成员造成了复杂的局面，而欧共体成员国是否容忍这种态势发展也可用以检验它们对欧洲一体化道路的态度。从国际组织内其他成员的角度来说，它们一般愿意给予欧共体以观察员地位，由此可将欧共体排除在决策之外。因为允许欧共体这样一个国际组织成为另一个国际组织的成员，将改变国际组织的整个结构和决策过程；尤其是其他成员不愿意看到：在双重成员身份的情形下，除了欧共体成员国之外，欧共体作为国际组织的成员还享有发言、表决等各项权利。[①] 这也是《建立世界贸易组织协定》第 9 条规定“欧共体行使投票权时，其拥有的票数与属 WTO 成员的欧共体成员国的数目相等”的主要原因。一般而言，其他成员要确信欧共体的成员资格与其利益相符时才会允许加入，否则它们不会改变国际组织内部关于成员构成现状的法律规定。

---

① Jorn Sack, “The European Community's Membership of International Organizations”, 32 Common Market Law (1955), p. 1233.

(3) 国际责任能力

法律人格和国际求偿能力的相互结合就是国际责任。[①] 欧共体承担的国际责任可以分为“消极”责任和“积极”责任，消极责任是指欧共体因违反国际义务对其他国际法主体应承担的责任；积极责任是指欧共体可以追究一个国际法主体的不法行为对其造成损害的责任，也可以对其官员遭受的损害向有关国家提出索赔要求。[②] 在消极责任的情形下，如果其他国际法主体提出索赔要求，就需要确定应由欧共体、成员国还是它们共同承担责任。在欧共体单独作为缔约主体缔结的条约中，依据只有条约的当事方才承担责任的原则，欧共体应对其违反条约义务的行为承担责任。但是在欧共体与其成员国共同作为缔约主体缔结的“混合协定”(mixed agreements)[③] 中，情况就较为复杂。这可以从两个层面进行说明：第一，有些混合协定明确规定了应由哪一方对条约的特定条款负责，此时则按规定办理，如“1979 年的洛美协定”。有时责任分担问题规定在条约的外部文件中，如《关于 1961 年欧共体和希腊联系协定的解释性宣言》。《联合国海洋法公约》附件九对于“国际组织的参加”作了特别规定，

---

① [英] 布朗利著，曾令良、余敏友等译:《国际公法原理》，法律出版社 2003 年版，第 765 页。

② 曾令良:《欧洲共同体与现代国际法》，武汉大学出版社 1992 年版，第 192—195 页。

③ 一般来说，如果拟定中的协定排他地属于欧共体管辖的事项，欧共体就单独地与有关第三国缔结，这种协定被称为“欧共体协定”(community agreements)；反之，如果有关协定的事项部分地属于欧共体的职权而部分的仍属于成员国保留的权利范畴，欧共体通常与其成员国一起，同第三国缔结，这种协定被称为“混合协定”(mixed agreements)。参见曾令良著:《欧洲共同体与现代国际法》，武汉大学出版社 1992 年版，第 154 页。欧共体缔结混合协定的初步法律正当性就在于此种协定的某些部分不属于共同体的权能范围，因此这种协定的缔结就必须由共同体及其成员国共同采取行动，而后者在共同体权力不足时予以补足。*See* Piet Eeckhout, External Relations of the European Union, Oxford University Press, 2004, p. 190. 据初步统计，从 1958 年到 2000 年，欧共体与其全体或部分成员国一起和其他国际法主体共缔结了 154 个混合协定。*See* Joni Heliskoski, Mixed Agreements as a Technique for Organizing the International Relations of the European Community and Its Member States, Kluwer Law International, 2001, p. 19.

要求国际组织和其成员国在加入公约时要说明各自权限的性质和范围；当国际组织和成员国的权限范围发生变化时，应及时通报公约保管者；在权限不明时，任何缔约国可以要求作为缔约方的国际组织及其作为缔约方的成员国予以说明，后者应提供这种情报，如果不提供或提供了相互矛盾的情报，则承担连带责任。该公约的规定给欧共体及其成员国施加了提供一份“权利和义务清单”的义务，对于公约的其他缔约方是有利的。在上述几种情况下，由于有条约或条约相关文件的明确规定，尽管此类条约为“混合协定”，第三方要确定欧共体或者其成员国的责任也并非难事。第二，欧共体范围内的多数混合协定并没有要求共同体划分其与成员国的各自权利和义务的范围，这给第三方会带来不便。但是一般认为，共同体和成员国应共同对其违约行为承担共同责任，因为欧共体与成员国之间的权限划分是其内部事项，不能以此为由来逃避其国际责任。

在积极责任的情形下，有关国际责任的一般规定同样适用于欧共体。在欧共体成员国国民遭受外国不法侵害的情况下，一般由受害者的国籍国行使外交保护权。但是欧共体依据“职能保护”理论，① 即某个国际组织即使没有统一的国籍法，它仍然可以对其管辖的事项行使保护成员国公民权益的权利，向有关的加害国提出索赔要求。《马约》第B（2）条规定了“通过实行欧洲联盟公民身份制度，加强对各成员国国民权利和利益的保护”，② 在有关条约规定的权利范围之内，欧共体/欧盟在成员国国民受到他国不法侵害的情况下对后者行使保护，这应当是未来欧洲一体化的发展趋势。

除了缔约权、与国际组织的关系和国际责任能力之外，欧共

---

① 曾令良著：《欧洲共同体与现代国际法》，武汉大学出版社1992年版，第194－195页。

② 欧共体对于基本人权的保护最早是由欧洲法院通过判例确定的，随后基本权利保护成为欧共体法的一项基本原则。《欧盟基本权利宪章》在2000年欧盟各国元首和政府首脑的尼斯会议获得了通过，表明欧盟有了一份全面的人权清单。

体的国际法律人格还体现在承认与被承认、派出和接受外交使节等，这里就不再展开论述。

（二）欧盟国际法律人格的最终确立

20世纪90年代初，伴随着《马斯特里赫特条约》的正式生效，欧盟诞生。然而就国际法层面而言，成立后的欧盟在很长的一段时期内是一个矛盾的综合体。在《里斯本条约》之前，作为“自成一类”的区域性国际组织，欧盟的国际法律人格问题一直是广有争议的复杂国际法课题。一方面，欧盟作为一个区域性国际组织，其合法性来源于主权国家之间签订的条约，然而正是因为基本条约欠缺对欧盟基本人格的认可，使得欧盟国际法主体的地位一直都未得到明确的界定，“从严格法律意义上来讲，尽管欧盟在组织机构上实现了一体化，原来的三个共同体各自仍然是独立的法律人格者，而欧盟不具有法律人格。”[①] 另一方面，事实上欧盟的各种机构确实在履行着一定的立法职能与执法职能，对内制定法律并约束所有成员国，对外以自己的名义参加国际交往，在这个意义上欧盟又确实需要独立的国际法律人格承认。

随着欧盟的纵深发展，不具备国际法律人格日益成为欧盟在国际舞台上独立活动的障碍，尤其是在共同外交和安全领域。从欧盟过去20多年的对外关系实践来看，一方面，欧盟同第三国和其他国际组织缔结的双边协定和欧盟参加的多边条约中的绝大多数协定都是以欧共体冠名的，而且欧盟在一些国际组织中的成员资格和国际争端解决程序中的当事方或第三方资格（例如WTO及其争端解决机制）也都是以欧共体的身份获取的。另一方面，在共同外交与安全政策和警察与刑事司法合作两个支柱领域，同样也有以欧盟名义同第三国或国际组织缔结的协定，尽管

---

① 曾令良：“欧共体及其成员国在WTO中的双重法律地位及其对中国的影响”，载《法学评论》1999年第2期，第20页。

数量有限。根据《欧盟条约》（尼斯条约）第 23 条和 38 条的规定，理事会可以授权轮值主席国在第二和第三支柱领域与第三国或国际组织缔结国际协定。例如，2001 年欧盟与前南马其顿共和国就欧盟观察团缔结的协定；2003 年欧盟与罗马尼亚就罗马尼亚参加欧盟在前南马其顿共和国的部队缔结的协定；2003 年欧盟与瑞士就瑞士参加欧盟在波黑的警察团缔结协定；2003 年欧盟与美国就引渡和相互司法协助缔结的协定等。[①] 这些缔约实践又佐证了欧盟实际上是具有国际法律人格的。因此欧盟的法律人格上长期处于一种不确定的“灰色”状态。

《里斯本条约》第 47 条明确规定欧盟享有法律人格，[②] 从而结束了此等法律人格上的长期“灰色”状态，值得注意的是，《欧盟运行条约》第 335 条继续保留了原《欧共体条约》282 条关于法律人格的规定，所不同的是此等人格的主体由原来的“欧共体”改为现在的“欧盟”。据此，自《里斯本条约》生效之日起，欧共体的法律人格由欧盟取代。这可以从经《里斯本条约》修订的《欧盟条约》第 1 条的规定得到进一步的证明：“本联盟应取代和继承欧洲共同体”。如果说《马斯特里赫特条约》标志着欧洲一体化进程从欧共体开始进入欧盟时代，那么《里斯本条约》则标志着欧洲一体化进程完全进入欧盟时代，为欧盟在国际政治经济舞台上发挥更大的作用奠定了较为坚实的国际法基础。需要注意的是，尽管《里斯本条约》赋予了欧盟单一的法律人格，但这仅仅是巩固欧盟身份的开端。欧共体的法律人格经过半个多世纪的发展，已经在相当广泛的领域内得到了实现；相比之下，欧盟的法律人格在实践中仍然需要进一步地发展和巩固。

---

① 曾令良：《〈里斯本条约〉后欧盟对外关系权能的变化—以法律为视角》，《湘潭大学学报（哲学社会科学版）》2011 年第 2 期。

② See：2008 consolidated version of the Treaty on the European Union，Art. 47；consolidated version of the Treaty on the Functioning of the European Union，Art. 335.

在系统阐述欧共体/欧盟在WTO的法律地位和外交实践之前，有必要说明它们曾经与GATT之间形成的特殊法律关系，因为从某种意义上讲，由于WTO是GATT的继承者，欧共体及其成员国与WTO的关系必然是它们与GATT之间关系的继续与发展。

第二节　欧共体在GATT中的实践活动与法律地位

鉴于欧共体的成员国在创建或加入欧共体之前均已是GATT的正式成员，[①] 亦鉴于欧共体首先是一个组织其成员国对外贸易活动的关税同盟的基本特征，更鉴于欧共体本身的贸易发展与经济繁荣对于一个开放的世界贸易体制的严重依赖性，因此参加GATT活动，履行GATT义务是欧共体自创建以来反复申明的既定贸易政策。欧共体条约本身的若干条款也为欧共体参加GATT活动提供了法律依据。首先，根据《欧共体条约》第307条[②]的规定，GATT是一项欧共体成员国与非成员国缔结的先共同体协定而仅对有关的成员国继续有约束力，其约束力在欧共体法中得以继续，并及于欧共体机构。更为重要的是，关于共同商业政策宗旨的欧共体条约第131条则表明欧共体参加GATT活动的必要性。[③]

---

① 截止1995年WTO成立以前的12个成员国中，法国、比利时、卢森堡、荷兰、英国五国为GATT创始成员国；丹麦、希腊、意大利三国于1950年，德国于1951年、西班牙于1962年、爱尔兰于1963年、葡萄牙于1967年分别加入GATT。参见刘星红：《欧共体对外贸易法律制度》，中国法制出版社1996年版，第228页。

② 《欧共体条约》第307条（现《欧盟运行条约》第351条）规定：在欧共体条约生效之前，成员国与第三国缔结之国际协定所产生的权利和义务不受本条约规定的影响。如果此类协定与欧共体条约相抵触，有关成员国要采取适当措施消除已确认的抵触；必要时，成员国应为此采取共同的行动。

③ 《欧共体条约》第131条（现《欧盟运行条约》第206条）规定：各成员国基于共同利益而以促进世界贸易的协调发展、逐步取消国际贸易上的限制以及降低关税壁垒为宗旨。

一、欧共体参与 GATT 的实践活动概览

1948 年 1 月 1 日，GATT 作为一项临时适用的协定生效，它极大地促进了世界贸易的发展：一是为世界范围内的自由贸易和服务提供了一套规则；二是规定了解决缔约方之间争端的机制；三是作为一个讨论和谈判世界贸易事项的论坛。在欧洲煤钢共同体（以下简称“ECSC”）、原子能共同体和欧洲经济共同体于 1951 年和 1957 年分别成立之前，三个共同体的成员国就已经成为 GATT 缔约方。尽管欧共体本身不是 GATT 缔约方，但是它逐渐地成为各成员国在 GATT 中的利益代表。1952 年 GATT 缔约方大会作出决定，规定 ECSC 在煤钢产品范围内接受 GATT 及其机构决定的约束，ECSC 成员国以各自的名义或共同以共同体的名义在煤钢产品范围内行使和履行 GATT 规定的权利和义务。由此，ECSC 的高级局在煤钢产品方面代表成员国参加了 1956 年日内瓦多边贸易谈判、狄龙回合（1960—1961 年）和肯尼迪回合（1964—1967 年）谈判。[①] 在体现肯尼迪回合谈判成果的 1967 年“总协定日内瓦议定书”上，ECSC 的统一关税表首次取代了各成员国的煤钢关税表。在体现 1973—1979 年东京回合谈判成果的 1979 年“总协定日内瓦议定书”中，三个共同体的关税减让表合并为统一的“欧共体关税表”。

1957 年 10 月，GATT 设立了一个由所有缔约方组成的委员会来审查欧洲经济共同体（以下简称“EEC”）条约和原子能共同体条约与总协定的一致性，并考察共同体六个成员国为履行其承担的 GATT 义务所采取的措施。委员会指派了四个工作组来审查 EEC 条约中关于关税、数量限制的使用、农产品贸易以及欧

① Ernst-Ulrich Petersmann, “The EEC as a GATT Member-Legal Conflicts Between GATT Law and European Community Law”, in Meinhard Hilf (eds), The European Community and GATT, Kluwer, 1986, pp. 33 – 37.

洲共同市场与海外国家和领土的联系协定的内容，但是并未得出确切结论。1958 年 GATT 缔约方全体最终结论认为，根据 GATT 第 24（7）条对 EEC 条约的审查和有关法律问题的讨论目前不能有效地进行下去，应推迟审查，但缔约方随时享有协商的权利。1970 年，EEC 通知 GATT：至 1970 年 1 月 1 日，共同市场已经结束过渡时期并进入决定性阶段，共同体“不再就其关税同盟的进展情况提交报告，并将根据 GATT 的条文和精神以关税同盟和经济同盟的名义承担义务”。尽管 GATT 其他缔约方对于 EEC 的存在是否符合 GATT 的问题一直存在疑问，但是 GATT 对欧共体参与多边贸易体制的活动始终持默许和宽容的态度。[①]

在欧共体成员国保持其在 GATT 中法律地位的同时，欧共体也广泛地参与了 GATT 的各项活动，主要体现在：第一，从狄龙回合谈判以来，欧共体参加了 GATT 诸轮多边贸易谈判，并由委员会代表各成员国进行谈判；委员会像 GATT 缔约方一样参与了除预算委员会之外的所有 GATT 机构的活动，并代表共同体行使了其成员国的几乎所有权利和义务。欧共体未在 GATT 预算委员会中作为其成员国的代表，是缘于给 GATT 的财政资助仍由各成员国政府从其国内财政中支付。第二，在决策程序中，除了 GATT 第 25 条（“缔约方的联合行动”）规定的多数表决程序之外，GATT 各机构主要采取协商一致的决策方式。在决策中，一般由欧共体委员会代表共同体的立场；只有在作出第 25（5）条下的豁免决定和第 33 条下的接纳新成员决定时，才由欧共体成员国行使其各自的投票权。第三，自 1960 年以来，在 GATT 框架内达成的关税和贸易方面的协定，都是由委员会代表欧共体进行谈判，或是由欧共体单独作为“共同体协定”缔结，或是由

① Ernst-Ulrich Petersmann, “The EEC as a GATT Member-Legal Conflicts Between GATT Law and European Community Law”, in Meinhard Hilf (eds), The European Community and GATT, Kluwer, 1986, pp. 35 - 38.

欧共体与成员国一起作为“混合协定”共同缔结。[①]

二、欧共体在 GATT 中的法律地位

虽然各成员国一直作为总协定中的正式法律成员而存在，但欧共体在成立以后的几十年里，在逐步统一各成员国对外贸易政策和活动的基础上，也逐渐积极参与 GATT 开展的各项活动，对于世界贸易体制的完善与发展发挥了重要作用。就 GATT 而言，它从未赋予过欧共体以正式法律成员的身份，可欧共体一直起着事实上的成员的作用。40 多年来，欧共体与其成员国的这种“特殊成员身份”一直得到 GATT 以及其他缔约方的默许。

欧共体作为事实成员是其在 GATT 中的法律地位的基本特征。[②] 欧共体并不是总协定的缔约方，不具有正式的“法律身份”，GATT 框架内的许多贸易协定和加入议定书的最后条款都规定对“缔约方和欧共体”开放，从而将欧共体与其他正式缔约方区别开来。然而欧共体作为事实上的成员得到以下事实的支持：第一，自 1970 年以来，在 GATT 范围内谈判达成的绝大多数贸易协定——除了加入议定书、1973 年的国际纺织品协定、1979 年东京回合的技术性贸易壁垒协定和民用航空器贸易协定——都是由欧共体单独参与谈判并加以缔结的，没有欧共体单个成员国的直接接受。而且 1979 年关于解释和适用 GATT 第 6、7、16、23 条的协定也都是由共同体单独缔结的。欧共体认为，它虽然没有加入 GATT，但是已经取代成员国承担了总协定项下的义务并完全受 GATT 法律的约束。第二，在对外关系中，欧共体也以自己的名义行使着 GATT 项下的与正式缔约方一样的几乎

① 参见曾令良：“欧共体及其成员国在 WTO 中的双重地位及其对中国的影响”，《法学评论》1999 年第 2 期。

② 对此，有学者评论道：欧共体在总协定的各种活动中一律到场，而在法律上却不显形，它是“国际法中的一个幽灵”。参见曾令良著：《欧洲共同体与现代国际法》，武汉大学出版社 1992 年版，第 260—263 页。

所有权利和义务。从20世纪60年代开始，欧共体就声称其承担源自GATT的契约义务，开始逐步出现在GATT第23条规定的争端解决程序的原、被告名单中；即使是基于欧共体单个成员国的国内贸易措施引发的争端，也几乎都是以欧共体为被告。[①] 第三，对于欧共体几十年来代表其成员国参与总协定的各类活动，GATT其他缔约方都予以默认。对于在GATT框架内经谈判达成的协定，是由欧共体单独作为缔约主体以“共同体协定”的方式缔结、还是由欧共体与成员国一起以“混合协定”的方式缔结，其他缔约方也将之留给欧共体解决。

欧共体各成员国作为GATT法律形式上的成员，是因为它们仍然是正式的缔约方，在总协定的各类机构中拥有投票权；而且它们还根据欧共体部长理事会的决定，与共同体并列正式签署了总协定的所有加入协定和部分多边贸易协定。[②] 毕竟，各成员国不会轻易放弃它们在总协定中的成员资格，这一方面仍能够显示它们作为独立主权国家在国际法律关系中的主体地位，另一方面它们对总协定也负担着财政义务，并不因为欧共体行使着大部分权力而动摇其正式成员地位。

总之，欧共体及其成员国在GATT中的地位极为特殊。虽然

---

① 虽然有GATT缔约方，甚至欧共体成员国对欧共体在GATT争端解决中的当事方地位提出质疑，但欧共体以维护欧共体对外商业政策的统一行使为由，逐步将这一权利变成自己的专属权利。例如，1988年6月，美国针对欧共体向油籽加工商和生产商提供补贴向GATT争端解决机制投诉，欧共体代表同意建立专家组，但法国代表反对，而且法国代表认为其反对具有可以阻止专家组的建立的效力。对此，欧共体代表发表声明：“很明确，法国是GATT的缔约方，但同样明确的是，法国就商业政策事项不再拥有权力，商业政策是共同体的专属权利，在GATT理事会中由欧共体委员会代表行使……既然在过去、现在和未来的谈判回合中是由欧共体使有关协定生效，那么，否定欧共体的专属权力就会使GATT已取得的成果化为乌有……接受法国的观点就会将现存的共同体的权利义务置于不确定的状态。虽然法国作为GATT的一个缔约方可以发表意见，但其有关贸易政策的声明是无效的，不能被接受。”最后，GATT理事会同意建立专家组。法国总理为法国代表无视欧共体商业政策专属权利的行为正式道歉。See：Nicholas Emiliou and David O' keeffe（eds.），The European Union and World Trade Law，John Wiley & Sons Publishers，1996，p. 265.

② 刘星红：《欧共体对外贸易法律制度》，中国法制出版社，1996年版，第233页。

欧共体自始至终没有成为 GATT 的正式成员，但是它实际上在绝大部分领域和活动中取代了它的成员国；尽管各成员国并没有因为欧共体夺取了大部分权利而动摇它们的正式成员地位，然而毕竟这种法律地位是“有其名而无其实”。欧共体及其成员国与 GATT30 多年间形成的这种特殊法律关系为国际社会确认它们在 WTO 中的双重法律地位奠定了基础。

第三节　欧共体/欧盟在 WTO 中的法律地位及其特点

GATT 虽然经过肯尼迪回合和东京回合的重要修改，但是许多规定被滥用，比如农产品贸易、保障条款等，[①] 争端解决程序也遭人诟病。随着 20 世纪 80 年代世界性贸易保护主义逐渐抬头，非关税壁垒增多，GATT 又面临困境，新一轮的多边贸易谈判势在必行。

一、欧共体/欧盟在乌拉圭回合谈判中的重要作用

1986—1994 年进行的乌拉圭回合谈判是总协定历史上历时最长、议题最多、规模最大的一次谈判。此时，欧共体作为区域经济一体化的首要代表，已经建立起内部市场，对外开展广泛的国际交往并与许多国家签订了优惠贸易协定，对世界贸易的影响力已大大增强。虽然许多国家批评欧共体不符合 GATT 第 24 条的规定，特别是其对外交往会在牺牲多边主义的情形下有利于区域主义。但是欧共体已经成为不亚于美国、日本的又一个贸易巨头，在乌拉圭回合谈判中起到了至关重要的作用。[②]

---

① 王贵国：《世界贸易组织法》，法律出版社 2003 年版，第 13 页。

② Rafael Leal-Arcas, “Polycephalous Anatomy of the EC in the WTO: An Analysis of Law and Practice”, 19 Florida Journal of International Law (2007), pp. 569 – 670.

乌拉圭回合谈判中涉及到的主要议题如受关税和非关税壁垒保护的纺织品和农产品贸易的自由化问题、服务贸易、与贸易有关的知识产权、与贸易相关的投资措施等，许多都是在欧共体与美国的主导之下进行的。在谈判中最为关键的农产品贸易自由化问题上，[①] 美、欧都相互指责对方是贸易保护主义。在欧共体内，共同农业政策被认为是一体化取得的主要成果之一，由于补贴体制和共同体预算拨给的各种补偿支付使共同体的农产品出口商（特别是法国的）大为受益，[②] 但是国际价格的降低给其他农产品出口国（如美国、加拿大、新西兰、澳大利亚）带来巨大损失。由于欧共体不愿放弃或修改其共同农业政策几乎使谈判陷于破裂；在强大的国际压力下，欧共体对共同农业政策进行了修改，最终各方达成农产品协议。由此，乌拉圭回合谈判在解决了欧美农产品争议之后得以结束，世界贸易组织（WTO）随之于

---

① 农产品由于涉及国家安全、粮食自给自足、家业人口维持、环境生态保护、区域均衡发展乃至民族意识情结等经济或非经济因素，例来为各国所保护。美国一直非常重视对农业和农产品的保护，将之视为“自由贸易历史上的例外”。美国也是最早通过 GATT 豁免条款将本国农产品排除在 GATT 管辖之外的国家，其行为使许多国家纷纷效仿，终至农产品问题在 GATT 一般货物贸易之外另行解决。但是，随着美国自身农产品的竞争优势加大，美国自 20 世纪 60 年代开始转变态度，在对内提供保护的同时，也积极为农产品开拓国际市场。但是，它首先碰到的就是欧共体在农产品问题上的保护主义。欧共体自 1958 年启动共同体农业政策（CAP），这是一项具有高度保护性的农业政策。1960 年在 GATT 狄龙回合中，尽管欧共体就农产品问题对美国进行了一定的关税减让，但总体来讲，其对农产品的态度非常坚定：CAP 被列为不可谈判之列（non-negotiable），这并非意味着农业不能谈判，只是他国不得向其 CAP 加以挑战；CAP 本身也不是不能改革，只是只能由欧共体内部发动改革，而不容外力置喙。欧美在农产品问题上的争执一直延至乌拉圭回合，在乌拉圭回合的谈判中，美国主张以十年为期分段削减农业补贴以及其他贸易障碍，欧盟主张应根据实际情况，分短期和长期对策两大类，以协调方式进行削减，不宜限期执行削减固定比例的补贴；美国主张涵盖所有农、渔、牧产品和加工品，欧盟则提议优先处理发达国家有重大利益又生产过剩的农产品，如大豆、植物油或谷类等。最终美欧双方基于共同的利益也是出于对彼此的妥协，农业补贴被合法地写入 WTO《农业协定》。具体参见洪德钦：《WTO 法律与政策专题研究》，中国人民大学出版社 2004 年版，第 39—56 页。

② Dominik Lasok, The Trade and Customs Law of the European Union (3rd edition), Kluwer Law International, 1998, p. 19.

1995 年元月 1 日诞生。而欧共体在以“事实成员”身份参与GATT 活动 35 年之后，终于利用 WTO 取代 GATT 的契机，取得了 WTO 的正式成员资格。

二、欧共体/欧盟在 WTO 中法律地位的确立

《建立世界贸易组织协定》第 11 条规定：“本协定生效之日的GATT1947 缔约方和欧洲共同体（the European Communities），如接受本协定和多边贸易协定，并将减让和承诺表附在 GATT1994之后，将具体承诺减让表附在服务贸易总协定之后，则应成为WTO 创始成员。”欧共体授权部长理事会主席和委员会的代表以欧共体的名义签署了包括上述协定在内的乌拉圭回合谈判的最后文件，并按共同体的缔约程序予以批准；欧共体成员国在共同体之外也签署和批准了文件。这一事件具有特别重要的意义：

首先，这意味着欧共体结束了它在 GATT 体制中长期处于一种“事实成员”的状态，从一开始就以与其他正式成员平起平坐的身份全面参与这一新型组织的活动。另一方面，它的成员国并不因为欧共体创始成员地位的取得而丧失它们在 WTO 的正式成员地位。

其次，这标志着当代国际组织法的理论与实践的一种最新发展。尽管在 WTO 这一政府间组织中除了欧共体之外还有其他单独关税区也是正式成员，但是二者是不同性质的非主权实体：欧共体是由若干个主权国家组成的区域性一体化组织，单独关税区是一种历史造成的特别行政区域并且是一个主权国家领土的组成部分。更重要的是，上述规定开创了一个政府间国际组织与其成员国同时成为另一个政府间国际组织正式成员的先河；[①] 尽管在此之前欧共体已在某些国际商品协定的管理机构中享有正式成员

---

① 曾令良：“欧共体及其成员国在 WTO 中的双重地位及其对中国的影响”，《法学评论》1999 年第 2 期。

的地位,[①] 但是这种管理机构是否为一种正式的国际组织迄今存在争议，而且它们的活动范围与实际影响远不如 WTO 这个“经济联合国”重要。

另外，根据《建立世界贸易组织协定》第 9 条的规定，WTO 应继续过去 GATT 一贯采用的协商一致方式来进行决策。按照协商一致，如果出席作出有关决定的会议成员都没有正式反对拟定的决定，该决定应被认为经协商一致通过。可见，协商一致是 WTO 的基本决策方式。但是，第 9 条进一步规定，当 WTO 不能以协商一致作出决定时，有关事项就以投票的方式决定。而且，WTO 协定第 9 条、第 10 条和第 12 条还规定 WTO 在一些特定事项上也必须以投票的方式决策，如 WTO 协定和多边贸易协定的解释与修订、成员义务的豁免、接纳新成员等事项的决定。那么，在必须进行投票的情况下，由于欧共体及其成员国都是正式成员，这势必产生“双重投票权”现象，从而造成成员之间投票权的不平等。为此，WTO 协定第 9 条专门规定：“在部长理事会和总理事会会议上，WTO 的每一成员享有一个投票权。当欧洲共同体投票时，其票数应与参加欧共体的成员国数目相等”；而且，在任何情况下，欧共体及其成员国的票数不得超过欧共体成员国的数目。这种特殊的规定从组织法的角度杜绝了“双重投票权”的发生。

乌拉圭回合谈判最后文件涵盖了货物贸易、服务贸易、与贸易有关的知识产权等各个领域，欧共体能否根据《欧共体条约》第 133 条[②]关于共同商业政策的规定专属地缔结该文件？将来在 WTO 范围内欧共体能否行使专属性的权力、其成员国仅仅作为法律形式上的成员而存在呢？欧洲法院在第 1/94 号咨询意见[③]

---

① 参见曾令良：《欧洲共同体与现代国际法》，武汉大学出版社 1992 年版，第 272—276 页。

② 现《欧盟运行条约》第 207 条。

③ Opinion 1/94，［1994］ECR I - 5267. 对该意见的详细剖析可参见 Meinhard Hilf，“The ECJ's Opinion 1/94 on the WTO - No Surprise，but Wise?”，6 European Journal of International Law （1995） pp. 1 - 15.

中就欧共体是否可以专属地缔结乌拉圭回合最后文件发表了看法：货物贸易多边协定属于共同商业政策的范围，共同体享有专属性的缔约权；煤钢产品也为共同商业政策所包括，它们的贸易也应属于欧共体专属性权力之内。[①] 关于服务贸易，由于有四种形式，欧洲法院认为只有第一种形式的服务即不涉及人员流动的"跨境交付"（服务由一个成员境内的提供者向另一个成员境内的消费者提供）与共同商业政策所说的货物贸易相似，其他三类服务则不属于第133条的范畴，因此GATS属于欧共体与成员国的共享权力范围，应由它们一起作为"混合协定"来缔结。关于与贸易有关的知识产权，欧洲法院认为知识产权虽然与货物贸易之间有关联，但是它不只是对国际贸易产生影响，而且对内部贸易产生同样的甚至更大的影响，TPIPS的首要目标是强化和协调对世界范围内知识产权的保护。除有关禁止"仿冒货物流通"的措施外，TRIPS不属于欧共体的专属性权力范围，也应由共同体与成员国一起行使权力。[②] 虽然1997年《阿姆斯特丹条约》对第133条增补了第5款："部长理事会可以根据委员会的建议并同欧洲议会协商后，以全体一致同意的表决方式决定使第一

① 关于原子能产品的贸易，一般认为欧共体可根据欧共体条约第133条的授权将排他的协定缔结权延伸到原子能产品。

② 有学者认为欧洲法院这一咨询意见仍可能引发许多问题。例如，由于欧共体及其成员国在WTO拥有双重成员资格，与WTO其他成员订立涉及服务贸易和知识产权贸易的"混合协定"，这将给在WTO争端解决机制中处理它们与WTO其他成员的法律关系带来一系列问题，欧共体也未能就它与其成员国间在WTO的权利义务分配提供一份权利清单。而在实践中，WTO其他成员，尤其是美国，更倾向于针对单个欧共体成员国投诉，这显然对欧共体不利。因为在单一欧洲市场中，很难想象争端解决的影响只局限于某个或几个成员国。在WTO其他成员进行授权报复，尤其是交叉报复时，虽然报复措施可能只针对个别欧共体成员国，但它极有可能会波及欧共体其他成员国，并对欧共体的经济产生整体影响。这就要求欧共体及其成员国不能囿于欧洲法院第1/94号咨询意见就对外贸易缔约权的分配的规定，而是要成员国在发生上述情形时寻求欧共体委员会的合作与支持。具体分析参见曾令良：《欧共体及其成员国在WTO中的双重地位及其对中国的影响》，《法学评论》1999年第2期。See also Rafael Leal-Arcas, "Is EC Trade Policy Up to Par?: A Legal Analysis Over Time – Rome, Marrakesh, Amsterdam, Nice, and the Constitutional Treaty," 13 Columbia Journal of European Law 2007, pp. 305 – 399.

款至第四款的规定扩大适用于上述规定尚未涉及的有关服务和知识产权的国际谈判和协定。”但是从第1/94号咨询意见可以看出，知识产权和一些形式的服务是排除在共同商业政策范围之外的，增加的第5款可看作是将欧洲法院作出决定的权力转移至部长理事会——即从司法机构转移至政治性的决策机构。部长理事会从而对是否缔结服务贸易和知识产权方面的国际协定有最终决定权。① 可以想见，成员国不会轻易让欧共体完全取代它们行使在以上两个领域中的权力，这种权力划分现状的改变将牵涉到复杂的成员国主权权利和欧共体超国家权力的斗争与妥协。② 相应的，在WTO中，根据共同商业政策的规定，欧共体将完全代表自身和成员国在货物贸易领域行使专属性权能，成员国只是作为法律上的成员而存在；在服务贸易和知识产权领域，欧共体与成员国将共同承担有关的权利和义务，至于具体的权能划分则留待它们内部解决。③

总之，在WTO内，欧共体结束了过去在GATT中只作为事实成员而非法律成员的“尴尬”状态，不仅在事实上而且在法律上均取得了WTO的正式成员资格，与其成员国一起参与到WTO的实践之中。

三、欧共供/欧盟在WTO中的角色定位：引领者和得利者

欧共体取得WTO的正式成员资格，使得它参与WTO活动有

---

① See：Marise Cremona. “EC External Commercial Policy after Amsterdam：Authority and Interpretation within Interconnected Legal Orders,” in Weiler，J. （ed.） The EU，the WTO，and the NAFTA. Towards a Common Law of International Trade?，Oxford University Press，2000，pp. 18 – 19.

② 相关分析参见王千华：《论欧洲法院的司法能动性》北京大学出版社2005年版，第145—155页。

③ 有关《阿姆斯特丹条约》后欧盟对外贸易关系权的新发展，请参见第五章相关部分。

了明确的法律依据、"腰杆变得更硬了"，并且随着欧盟的扩大、欧元的启动，欧盟在贸易问题上已经成为和美国完全平等的伙伴，并有能力否决任何全球贸易协议。对于21世纪的欧盟来说，多边贸易自由化已经成为它的一种内在需要，这也决定了它将在WTO中扮演越来越重要的领导者和推动者的角色。[①] 在乌拉圭回合谈判中，欧共体与美国一道推动服务贸易、知识产权贸易、与贸易有关的投资措施等新议题达成协议。西雅图会议之后，欧盟为自己赢得了多边主义领导者的声誉。欧盟还动员其他的WTO成员一道反对美国在钢铁、税收、反倾销方面的单边主义。2001年11月，欧盟在启动"多哈发展议程"中发挥了关键性的作用，[②] 它倡导的"除武器之外的所有商品"（everything but arms，EBA）动议则旨在对48个最不发达国家提供优惠的市场准入。[③]

1999年12月的西雅图会议上，由于美国没能启动新一轮的多边贸易谈判，欧盟顺势抓住机会发起启动新回合谈判的动议。新一轮WTO谈判对欧盟至关重要，主要是基于以下三点原因：一是欧盟是全球贸易自由化的主要获益方。作为全球最大的货物和服务出口商，欧盟将从外国市场的进一步开放中获益颇丰。二是进口的增加也能够提高经济效率，满足生产者和消费者的需求。三是欧盟需要为内部的改革寻求外部的压力。对于农业改革和制造业部门的补贴改革，尽管能够带来重大的经济利益，但面

---

① 欧盟在多边贸易谈判中发挥核心作用的根本原因还在于它已占全球贸易总量的20%（如加上欧盟区域内贸易则高达44%）和外国直接投资总量的30%。欧盟单一市场的建立，确保欧盟共同商业政策发挥能重要的杠杆作用，因为它单独就可以决定世界上最大单一市场的准入条件。据此，有学者认为多边贸易谈判本质上仍是"权力导向"的角力场所，仍由欧美所主导，从而使GATT/WTO形成兼具了"规则导向"及"权力导向"之多元体系。参见洪德钦：《WTO法律与政策专题研究》，中国人民大学出版社2004年版，第294页。

② Rafael Leal-Arcas，"Polycephalous Anatomy of the EC in the WTO：An Analysis of Law and Practice"，19 Florida Journal of International Law，(2007)，pp. 599 – 620.

③ 即逐步允许最不发达国家除武器外所有商品在2009年7月之前免关税和免配额进人欧盟市场，但是香蕉、糖和稻米三种重要的农产品被排除在外。

临着欧盟内部的重重阻力。“乌拉圭回合”最终协议的成功达成推动了共同农业政策的改革。对于服务业而言，内部市场服务一体化进展缓慢，通过在 WTO 项下做出承诺可推动欧盟内部的服务一体化。对于 WTO 多边贸易体制，欧盟本轮谈判的具体目标包括：一是在货物贸易、服务贸易以及外国直接投资（FDI）方面进一步自由化，明确规则并制定合理的时间表；二是强化 WTO 现行规则并发展在新领域的规则；三是支持发展中成员全面参与 WTO 决策过程，以便他们融入世界经济；四是通过与其他集团和组织的沟通与讨论，使 WTO 更为开放、负责、有效。

2001 年 11 月，WTO 在卡塔尔首都多哈举行第四次部长级会议，启动了新一轮多边贸易谈判，这就是我们熟知的“多哈回合谈判”。[①] 欧盟一直积极推动多哈回合谈判，主张全面解决乌拉圭回合在农业和服务贸易领域的遗留问题，并率先提议深化贸易自由化，加强 WTO 规则实施，以推动可持续发展。[②] 具体建议如下：第一，在货物市场准入方面，主张自由化应基于“综合模式”而非“部门模式”，应帮助发展中成员获得发达国家成员更多的市场准入，发展中成员之间的贸易壁垒也应大幅度降低。第二，在农业方面，提议大幅度（超过 50%）降低进口关税和扭曲贸易的农场支持，取消与发展中成员利益攸关的产品的出口补贴。同时，农业谈判需要考虑非贸易关注以及更好地保护地理标识。第三，在服务贸易方面，力主推动服务市场准入的扩

---

① 多哈回合谈判的议题主要包括：农业、非农产品市场准入、服务贸易、知识产权、贸易与发展、贸易规则、争端解决、贸易与环境等项议题；研究的问题：“新加坡议题”（投资、竞争、贸易便利化与政府采购透明度）、电子商务、小型经济体、贸易与债务及融资、贸易与技术转让、技术合作与能力培训、低收入发展中国家成员、对发展中国家成员的特殊与差别待遇、谈判规划的组织与管理等 12 项议题进行研讨，并向第五届部长级会议提出报告；同意谈判，但下次部长级会议才启动的议题包括：贸易与投资、贸易与竞争政策的相互关系、贸易便利化、政府采购。参见《国际商报》：“艰难曲则的多哈回合谈判”，http：//jingji. 21cbh. com/2013/12-11/xNNjUzXzk4MDUxNg. html，2014 年 2 月 20 日访问。

② http：//ec. europa. eu/trade/issues/newround/doha _ da/index _ en. htm，2013 年 8 月 10 日访问。

大。第四，提议达成多边环境协议，并使之以相互支持的方式与多边贸易体系下的相关协议相衔接。第五，号召对于最不发达国家的货物提供免关税和免配额待遇以及特殊与差别待遇。第六，资助和支持对发展中成员的与贸易有关的技术援助，从而使发展中国家和地区加入 WTO、执行 WTO 规则、更积极地参与多边贸易体系。第七，对于贸易救济措施，主张更为严格的实施机制并提高透明度。第八，主张明确并改善争端解决机制，提议涉及常设专家组的建立和构成、第三方权利、专家组程序、上诉机构和监督、争端解决机构建议和裁决的执行等。第九，主张改善贸易便利规则，创造更为透明和可预见的投资环境，并推动公平竞争和规范采购政策。[①] 考虑到共同农业政策改革在欧盟内部成员国间的敏感性，欧盟主张将非农业市场准入及所谓“新加坡议题”（竞争政策、投资、政府采购、贸易便利化乃至环境保护和劳工标准等）纳入谈判日程，以换取各成员国和民众的支持。但这些建议与发展中国家的要求存在距离，大多也未能获得美国的支持。

多哈回合谈判自启动以来，由于欧美发达国家与发展中国家在农业和非农产品市场准入等问题上存在的巨大分歧，谈判数度破裂，长期处于停滞状态，达成协议的期限也被不断延后。[②]

---

① European Commission, Making globalisation work for everyone: The European Union and world trade, 2002. Also see Rafael Leal-Arcas, “Is EC Trade Policy Up to Par?: A Legal Analysis Over Time - Rome, Marrakesh, Amsterdam, Nice, and the Constitutional Treaty,” 13 Columbia Journal of European Law 2007, pp. 305 - 399.

② 有国内学者认为，多哈回合之所以命运多舛，达成成果有限，主要原因在于欧美目前无进一步推动多边国际贸易合作的动力。在乌拉圭回合谈判已基本建立有关货物贸易、服务贸易和知识产权保护的多边规则框架的背景下，欧美对于多哈回合谈判已经不抱太多期望，而是在 TPP、TTIP、TISA 等双边或多边场合推动国际规则制定。从根本上讲，欧美在 WTO 多边框架下已很难攫取更多利益，而是希望利用自身在国际经济体系中的有利地位，参与或推动双边或区域层面的国际经贸规则制定，并最终将这些规则多边化。参见胡建国：《美欧执行 WTO 裁决的比较分析—以国际法遵守为视角》，《欧洲研究》2014 年第 1 期；《WTO 争端解决裁决的国内效力问题研究——以国家主权为视角》，《法学评论》2014 年第 6 期。

2013 年 12 月，在印尼巴厘岛举行的 WTO 第九届部长级会议终于就通过包括贸易便利化、部分农业议题以及发展三个部分在内的“早期收获”协议达成一致。会议同时明确，在未来 12 个月内，对所有多哈未决议题，尤其是农业、发展中国家和最不发达国家关心的议题制定工作计划。会议达成的“巴厘一揽子协定”，实现了世贸组织成立 18 年来多边谈判的“零突破”，标志着陷入僵局多年的多哈回合谈判终于迎来新的前进动力。[①] 对 WTO 本身以及全球贸易体系而言，巴厘协定保住了世贸组织作为全球首要多边贸易谈判机制的地位，正如时任欧盟贸易代表德古赫特所说的，协定挽救了世贸组织，使其免于落入“靠边站的黑暗”。

综上所述，欧共体/欧盟长久以来广泛而又深入地参与了以 GATT/WTO 为核心的多边贸易体制的活动，并在国际贸易自由化谈判中发挥举足轻重的作用，借助世界贸易组织寻求公平贸易与驾驭全球化。欧盟清醒地认识到，它不仅为其创始成员国之间的自由贸易而生，而且随着自由贸易从区域化走上全球化而成长壮大，它的未来依赖于其进入世界市场的能力和国际贸易规则得到的普遍尊重。欧共体作为正式成员加入了 WTO 并在其中发挥着重要的领导作用，从法律上讲，它就要受 WTO 法律规则的约束。而首要的问题就是 WTO 协定及其附件在欧盟法律体系中居于何种地位？是否具有相应的法律效力？同样，作为 WTO 争端解决机制的当事方，一旦 DSB 裁决欧盟在有关争端中败诉，它如何看待其法律效力？这种裁决能否在欧盟得到执行，欧盟域内的利害关系人可否据此主张权利？这一系列问题将在下文进行探讨。

---

① 参见国际在线专稿：“多哈回合谈判迎历史性突破 巴厘一揽子协定具多重意义”，http：//gb. cri. cn/42071/2013/12/08/5892s4349622. htm，2014 年 2 月 25 日访问。

第二章　GATT/WTO 协议在欧盟法律体系中的地位与效力

WTO 规则与制度只是提供了在国际层面上涉及贸易领域的法律框架，其具体的实施仍主要有赖于各成员的国内执行，而后者才是 WTO 制度的重心所在。然而，WTO 体制对其成员在贸易政策和法律制度上所苛以的大量限制性纪律在国内的执行和实施却面临着许多难题：首先，各成员对于以何种方式和途径履行 WTO 协议义务拥有主权，即难以通过某种特定履行的标准来衡量成员对 WTO 体制的遵循与否；其次，由于缺乏强制执行的机制，成员在其国内法律或贸易政策与 WTO 纪律相抵触时更倾向于规避或减损 WTO 协议项下的义务；第三，甚至对于到底 WTO 体制具体领域所规定的义务如何界定也存在分歧，实践中，各成员常从单方的自身利益出发而忽略了多边贸易体制下全局性的目标。归根到底，WTO 争端解决中执行难题的解决取决于 WTO 规则体系效力的确立，而这对于多边贸易体制的有效和成功与否至关重要。从法律上讲，WTO 体制的效力涉及到国际法与国内法的关系，[1] 具体而言，包括两个层面的问题：其一，国际法层面，指 WTO 规则体系对于国内法的一般效力问题和 WTO 争端解决机构所采纳报告的效力问题；[2] 其二，国内法层面，国内法院对 WTO 规则体系的直接效力的认定问题，即国内法院能否援用 WTO 规则来裁判与 WTO 制度不一致的国内法律和政策以及私人

① 传统国际法理论上，关于国际法（主要是国际条约和习惯国际法）和国内法的关系，主要有所谓一元论（monism）和二元论（dualism）的两种理论，而一元论中又有所谓国内法优先说和国际法优先说的不同。国内法优先说主张国内法的效力比国际法高，一切要服从国内法。这种说法实际上否定了国际法的效力。国际法优先说主张国际法的效力高于国内法，所有的国内法都要服从国际法。这种说法也有问题，因为这么一来就等于否定了国家的主权，从而使得一个国家可以借口国际法干涉别国内政。可见，一元论的两种说法都是片面的。二元论属于一种平行说，认为国际法和国内法的关系不是一种从属关系，而是一种平行关系。它们基础不同，性质不同，各自有其适用范围，分别形成两种独立的法律体系。国际法若要在国内适用，必须通过某种国家行为将其接受为国内法。但是，平行说在强调国际法和国内法各自独立的一面时，却忽视了两者彼此密切联系的另一面，因此其解释也不免带有了片面性。参见梁西：《国际法》（修订第二版），武汉大学出版社 2000 年版，第 21 页。由于一元论和二元论都不能令人信服，从 20 世纪 50 年代开始，国际法学界兴起了一种协调说（theories of coordination），并得到越来越多的国际法学者的赞同。协调说试图摆脱传统理论的束缚，用一种新的观念阐释国际法与国内法的关系。协调说的代表人物是著名的英国国际法学家 G·菲茨摩里斯（Fitzmaurice）。协调说认为，国际法和国内法各自作为法律体系并不发生冲突，因为它们在不同的领域发挥作用，每一种法律体系在各自的领域里是最高的。但是，协调说承认二者可能存在义务上的冲突，即：国家不能在其国内以国际法所要求的方式行事；其结果将不会是有关国内法的无效，而是有关国家在国际层面上的责任。参见［英］布朗利著，曾令良、余敏友等译《国际公法原理》，法律出版社 2003 年版，第 39－40 页。从历史的发展进程来看，二元论产生最早，一元论是在对二元论批判的基础上发展起来的，协调说则试图在这二者之间走中间路线。参见韩立余著：《既往不咎——WTO 争端解决机制研究》，北京大学出版社 2009 年版，第 36 页。

② WTO 协定声称其法律效力主要体现在两个层面：在国际法层面上，它对所有成员具有约束力（除诸边贸易协定外），影响各成员的经济行为；《建立世界贸易组织协定》第 2 条第 2 款规定："The agreements and associated legal instruments included in Annexes 1，2 and 3 are integral parts of this Agreement，binding on all Members。"在国内法层面上，"每一成员应保证其法律、法规和行政程序与所附各协定规定的义务相一致"。《建立世界贸易组织协定》第 16 条第 4 款规定："Each member shall ensure the conformity of its laws，regulations and administrative procedures with its obligations as provided in the annexed Agreements"。

是否可以援用 WTO 规则寻求司法救济从而维护自身利益的问题。[①] 可以说，WTO 规则体系的效力是其制度性影响的核心，值得深入地研究。本章将主要结合欧盟法中的直接效力这一概念从欧洲法院 30 余年来的相关判决中撷取典型案例，来论述 WTO 协议在欧共体法律体系中的地位与效力这一复杂问题。

第一节　欧盟法律体系中的直接效力理论

条约的“直接效力”，也称“条约的自执行性”或“条约的可援用性”，是指条约的某一缔约国国内的个人是否可以援用该条约的规定在该国法院中提起诉讼，主张自己依据该条约所享有的权利。[②] 对此，美国著名的 WTO 法专家杰克逊教授曾将“条约在国内法中的适用”分为三个层面的问题：第一，直接适用问题，即条约是否可以无须转化立法，而直接并入从而成为国内法律体系的一部分？第二，可援用性问题，即在采取“并入”方式的前提下，国内机关和个人能否在国内法院援用条约来指控有关国内法律和行政措施？第三，规范等级问题，即在允许个人

---

① 这两层含义是相辅相承的，因为私人如果不能依据 WTO 法享有诉讼权利，也就无从发动诉讼程序，从而不存在法院裁判适用的问题。由此可见，WTO 法在国内法层面的效力问题的核心就是 WTO 法能否具有直接效力（direct effect）。

② 需要明确的是，直接效力并非欧洲法院的发明，其定义也并非毫无争议。特别需指出的是，在国际法上它至少包含了直接适用性、自执行规范以及直接效力等不同的名称。在某些欧共体创始成员国中，作为“一元论”的一项法律传统，国际条约应旨在赋予私人以权利。事实上，在欧共体语境中，直接效力的“经典”定义在于一项法律规定所赋予私人的权利应在国内法院得到确认与支持。也有人提出直接效力不仅提供了审理确定案件的规范，而且提供了合法性审查的标准。正是由于欧洲法院诉讼程序中成员国的参与以及直接效力的所谓“经典”定义自身不足以作为一项诉因，导致了包含有审查标准的直接效力概念在涉及 GATT/WTO 的案件中尤其得到广泛运用。Antonis Antoniadis，“The European Union and WTO law：a nexus of re-active，coactive and proactive approaches”，6 World Trade Review（2007），pp. 45 – 87

援用的前提下，当条约与国内法发生冲突时，何者优先？① 瑞士的托马斯·柯迪尔教授认为，可援用性问题在美国国内法中，也就是在国际法学界耳熟能详的“自执行条约”问题，而在欧共体，则称其为“直接效力”问题。② 我国已故著名国际法学家李浩培教授也将条约的国内执行分为三个问题：条约在国内法上的接受（转化或并入）；区别自动执行条约和非自动执行条约；国内法上条约与国内法的相互地位（孰高孰低）。在国家将条约接受为国内法后，实际上都有区别自动执行和非自动执行的条约的必要。凡被归入自动执行的条约，在生效时，即应由该国国内司法或行政机关直接适用，无须补充立法，以解决自然人和法人的权利义务问题，因而他们也可以对这些机关援引这类条约。③ 著名国际法学家梁西教授则认为国际法与国内法是两个有密切联系的法律体系。这种联系的一个重要表现，是国际法在国内的效力问题，或者说国际法如何在国内法院适用的问题。在解决国际法能在国内适用的问题之后，另一个突出问题就是国际法与国内法的效力顺序问题。④ 具体到 WTO 法在成员国内适用（包括在区域组织或者其他单独关税区成员内的适用）问题，用于表述的术语则更为五花八门，如“self - executing”（自动执行）、“direct application”（直接适用）、“direct effect”（直接效力）、“direct invocability”（可直接援用性）等等。这些术语在表述 WTO 法的国内适用时，其涵义极易混淆。有学者认为直接效力与直接适用不同：直接适用是指在一元论国家，条约可以无需转化立法，而直接以并入方式被接受为国内法的一部分；而直接效力是

① John H. Jackson, The Jurisprudence of GATT and the WTO—Insights of Treaty Law and Economic Relations, Cambridge University Press, 2000, pp. 301 - 304. 但由于 WTO 各成员一般都否定个人可在国内法院援用 WTO 协议，因此 WTO 协议与国内法孰为优先就无从谈起了。

② 参见余敏友、陈卫东：“欧共体围绕 WTO 协议直接效力问题的争论及其对我国的启示（一）”，《法学评论》2001 第 3 期。

③ 参见李浩培：《条约法概论》，法律出版社 1987 年版，第 392 页。

④ 梁西：《国际法》（修订第二版），武汉大学出版社 2000 版，第 20—21 页。

指个人能否在国内法院中援用条约主张其权利。直接效力须以直接适用为前提，而直接适用并不必然导致直接效力。但是，就本文所论及的欧洲法院的司法判例而言，欧洲法院经常不加区分地交替使用“直接效力”与“直接适用”两种措辞。直接效力也不等于可直接援用性，即可直接援用性只涉及个人在国内法院中援用条约中为个人创设权利的条文的机会或可能性，而直接效力除了包括个人的可援用性外，还涉及下列问题：在国内立法与条约不一致时，国内法被条约替代适用或国内法无效；如果个人因不符合条约的国内法的适用而受损，个人具有损害求偿权等。甚至有学者提出直接效力是指国内机构（包括法院和行政机构）有义务保护个人在条约下的权利。显然，一方面，直接效力不可能忽视后两个问题。条约的规定如果为个人创设了权利，那么个人就可以直接援用这些规定来对侵害其权利的国内法和行政措施提起诉讼。更重要的是，国内法院的地位可能会因此大大提高，它可基于条约的优先效力否定与条约义务不符的国内法和行政措施，换句话说，直接效力会对国内立法机关、行政机构、法院和个人的宪法性权力关系产生某种根本性的影响。另一方面，在直接效力问题中，个人的可直接援用性是先决问题和核心问题。无论是个人起诉并主张国内立法和行政措施无效，还是要求损害赔偿，都要以条约的可直接援用性为前提。为了更好地理解和阐述直接效力问题，本章重点论述条约的可直接援用性问题，并兼顾其他几个问题。

一、直接效力的涵义及作用

欧共体法的直接效力（direct effect），是欧洲法院在其司法实践中形成和发展出来的一种理论。它是指在一定条件下，欧共体法为个人直接创设权利和义务，个人可以要求国内法院保护权利和实施义务。易言之，它是指个人在欧共体成员国国内法院中援用欧共体基础条约及其自主立法的特定规定，来主张自己的权利。直接效力原则，不仅被视为使欧共体法成为一种独特的法律体系的两大特征之一，而且使欧共体法必须被国内法院接受为法律予以适用，从而与优先效力①一起对保障和促进欧共体法的有效实施起了重要的作用。

在欧共体法律体系中，直接效力概念发挥着“剑”（sword）的作用：② 它把欧共体法强加给国内法院，逼迫其在审理案件时把欧共体法作为一种法律渊源予以适用。欧共体法具有直接效力，对于欧共体及欧共体个人具有积极的意义。对于欧共体而言，增加了一种有效实施欧共体法的补充手段。③ 对于个人而言，如果成员国违反了欧共体法，传统上个人只能在该成员国改变了国内法律从而遵守了欧共体法后，才能得到自己应当享有的利益。而这一过程是相当缓慢的，且个人不可能获得补偿。而一旦欧共体法具有直接效力，将使国内法院能迅速地适用欧共体法

---

① 优先效力（supremacy）是欧共体法的另一大特征。优先效力是指欧共体法的效力优于其成员国的国内法。正如欧洲法院在 Simmenthal 案（case 106/77，［1978］ECR 629）中所指出的：就欧共体基础条约的条款、欧共体机构制定的可直接适用的措施和成员国国内法的关系来讲，前者不仅仅在其生效之日起就使得成员国国内法中与之相抵触的条文自动不适用，而且还优先于每个成员国境内所适用的法律，并且排除了成员国采用与共同体法所不一致的新的立法措施的可能。

② Sacha Prechal，“Does Direct Effect Still Matter?”，37 Common Market Law Review（2000），pp. 1047 – 1069.

③ 最初，在欧共体基础条约中，对违反欧共体法的行为只有两种基本救济方式。其一是国家间指控程序，即根据《欧共体条约》第 170 条（现第 227 条），一成员国可以在欧共体法院起诉违反欧共体法的成员国。但是由于这会对两国间的双边关系产生负面影响，因此，成员国极少使用国家间指控程序。其二是欧共体委员会指控程序，即根据《欧共体条约》第 169 条（现第 226 条），欧共体委员会在欧共体法院起诉一成员国。欧共体委员会代表欧共体利益，是欧共体条约的守护神，但由于人力有限，它只能将第 169 条程序集中运用于一些最重要的事项。而且，第 169 条程序往往只能产生宣告，将成员国不遵守欧共体法的记录公布出来，促使这些成员国不要再因为不遵守欧共体法而蒙羞。而这种执行方式仅具有道义上的约束力，不足以保障欧共体法的有效执行。然而，如果欧共体法被给予直接效力，那么，即使欧共体委员会及其成员国对违反欧共体法的行为未予关注，个人也能在国内法院中援用欧共体法，如果加上欧共体法的优先效力，个人将有能力以欧共体法为武器来对抗成员国与欧共体法不符的国内立法。

保障个人的权利，从而避免了对个人的损害，或者即使造成损害，个人也能及时受偿。对于各成员国来说，虽然欧共体法具有直接效力进一步限制了各成员国的主权权利，但均对直接效力予以接受。这样，尽管直接效力这项重要的原则在《欧共体条约》中并无明文规定，但在欧洲法院的司法判例中①得以逐步形成并得到各成员国的接受，从而发展和完善起来。

在有关欧共体法的直接效力问题上第一个同时也是最有名的案例是 1962 年的“范根与路斯案”②。范根与路斯是荷兰的一家公司。它从德国进口一种化学产品，由于商品目录重新分类的结果，该产品在入关时所征收的进口税率高于该产品在欧洲经济共同体条约生效之前的税率。该公司在荷兰法庭指控这种关税的增高违反了欧共体条约第 12 条（现第 25 条）。③ 荷兰的当事法庭根据该条约第 177 条的程序请求欧洲法院初步裁决④两个问题，其中之一是“该条约第 12 条是否在国内法中具有直接的适

① 尤其值得注意的是，欧共体近年来的案例表明，这种个人援用可能成为司法审查的动因，最终导致成员国与欧共体法不一致的国内立法无效，或者个人得到经济上的补偿。这将对欧共体成员国违反欧共体法起到预防和威慑作用，并将最终保证欧共体法的统一有效实施。See：Sacha Prechal，“Does Direct Effect Still Matter?”，37 Common Market Law Review（2000），pp. 1047 - 1069.

② Case 26/62，NV Algemene Transporten Expedite Onderneming Van Gend en Loss v. Nederlanse Administratie der Belsatingen，[1963] ECR 1.

③ 该条规定：成员国不得对它们之间的进口或出口施加任何新的关税或任何具有同等作用的费用，并不得提高已在成员国间贸易中适用的关税和费用。因此该条又被称为“冻结条款”。

④ 初步裁决（又译作先行裁决）是欧洲法院依照《欧共体条约》第 177 条（现第 234 条）的规定所拥有的职权。按照规定，欧洲法院有权就下述事项作出初步裁决：（1）本条约的解释；（2）共同体机构与欧洲中央银行法令的有效性与解释；（3）欧共体部长理事会法令所设机构的章程的解释，如果那些章程有如此规定。成员国的任何法院或法庭在受理此类问题的案件时，如认为对该问题作一决断是它作出裁决所必需的，其即可要求欧洲法院就此问题作出初步裁决。初步裁决权是欧洲法院的独有权利，它实际上赋予欧洲法院对欧共体法的司法解释权；通过这种职权的行使，欧洲法院可在相当的程度上保障欧共体法在各成员国中得到统一适用。

用性，从而成员国的国民可以此条文为基础来主张国内法院必须予以保护的权利。”

欧洲法院在确立了其对该案的管辖权之后，明确指出：要确定一项国际条约的条款是否具备这样的效力，需要考虑有关条文的精神、总的结构和措辞。既然欧共体的宗旨是建立一个与私人公民有直接关系的共同市场，该条约就不只是缔约国之间的一整套相互义务。与一般的国际条约不同，欧共体条约所建立的是一个构成“国际法中一种新型法律秩序”的共同体。为此，成员国已限制其主权权利，尽管是在有限的领域。在这个新的法律秩序中，其主体不仅是成员国，而且还包括其国民。因此，欧共体法不仅对个人创立义务，而且还赋予个人权利。这些权利并不局限于基本条约明文规定的地方，还存在于基本条约以明确的方式施加于个人、成员国和欧共体机构的义务之中。然后，欧洲法院将第12条置于“关税同盟”条款的上下文中进行结构分析，并认为：第12条“所含的是一个明确和无条件的禁止性规定。它不是一种积极的义务，而是一种消极的义务。此外，这一义务并没有任何限制，成员国方面不得根据国内法在制定积极的立法措施时使它变成有条件的。正是这一禁止的性质使它在成员国和其主体之间的法律关系中产生直接效力。”① 通过该案，欧洲法院还确立了欧共体条约条文具备直接效力的条件：即该条文的内容必须明确无误，并且无条件地禁止成员国采取举措，即不给成员国或欧共体机构留存酌量的余地。此后，欧洲法院通过大量的案例发展了直接效力原则以及欧共体法具备直接效力的条件，从而

① 在该案判决中，欧洲法院还进一步指出：“除了《欧共体条约》第169条和第170条所规定的欧共体委员会和成员国对欧共体法的实施进行监督以外，个人对保护其权利的警觉也构成对欧共体法的有效监督。”由此可以看出，欧洲法院赋予欧共体条约有关条款直接效力的本意，在于确保欧共体条约这一特殊的国际条约在欧共体各成员国内得到有效的统一实施。

使该原则日趋完善。[①]

二、国际协定在欧盟法律体系中的直接效力

由于《欧共体条约》第300条第7款只是笼统规定了“由欧共体缔结的国际协定，对欧共体及其成员国具有拘束力”，并未明确欧共体与第三国缔结的国际协定是否属于欧共体法的组成部分，这就使国际协定的直接效力缺乏必要的法律基础。这一问题也是由欧洲法院在司法实践中逐步解决的，欧洲法院认为，《欧共体条约》上述条款意味着：第一，欧共体与非成员国签订的国际协定是《欧共体条约》第177条意义上通过的一项立法；第二，该协定成为欧共体法不可分割的一个组成部分；第三，欧洲法院根据《欧共体条约》第177条有权对该协定作出初步裁决。[②] 由此，欧洲法院就在“国际协定是《欧共体条约》意义上通过的一项立法”这一结论的基础上，将直接效力原则的适用范围扩展至国际协定在欧共体法律体系中的适用问题。而且在欧洲法院看来，只有共同体的基础条约，而不是共同体的二级立法

---

① “范根与路斯案”似乎表明：欧洲法院只是认为欧共体条约中有关禁止性或不作为式的条款才产生直接效力。然而，后来的判例却不以为然，欧共体条约有关“积极义务”或“作为式义务”的条款也可以产生直接效力。经欧洲法院判例确立，有一大批欧共体基础条约的条款具有直接效力。这些条款多为涉及货物与人员流动自由、竞争法、禁止性别与国籍歧视等领域的基本原则。对于欧共体基础条约，个人能够依赖欧共体条约条款的直接效力，来起诉成员国（纵向的效力），或其他个人（横向的效力）。在“范根与路斯案”之后，欧洲法院在多年判例中，将具有直接效力的欧共体法的范围扩大到条例、指令和决定等二级立法。对于条例，所有条例都是可以直接适用的；尽管少数条例或条例中的规定不具有直接效力，但条例通常具有直接效力。而且，如果一项条例具有直接效力，成员国就不得再进行执行性立法，除非该条例的条款不够充分明确或者必须在特定条件下才能具有直接效力。即使这样，成员国法院也必须保证，该项立法措施必须符合欧洲法院所解释的该项条例的含义。同样，并非所有的指令、决定都具有直接效力。具体参见曾令良：《论欧共体法与成员国法的关系》，《法学论坛》2003年第1期。

② ［英］弗兰西斯·斯奈德：《欧洲联盟法概论》，宋英编译，北京大学出版社1996年版，第149页。

优先于共同体的国际协定。[1]

但是国际协定与欧共体条约和二级立法的区别是显而易见的：共同体条约和二级立法属于共同体内的法律规范，处理的是共同体与成员国的关系。尽管共同体与第三国签定的国际协定也被视为欧共体法律体系的组成部分，但它们处理的是共同体与协定缔约方的关系。因此，欧洲法院对于国际协定的直接效力问题所持的态度要比对基础条约严格，并且都是通过个案裁决来确定的。

在 Bresciani 案[2]中，欧洲法院曾就《雅温达协定》[3]第 2（1）条的直接效力进行裁决。该协定第 2（1）条规定（与欧共体条约原第 12 条的规定类似），欧共体各成员国从该协定的联系缔约国进口的货物，享受逐步取消关税和具有同等效果的收费待遇。如前所述，欧洲法院已在其他有关案件中裁定欧共体条约原第 12 条具有直接效力。欧洲法院在审理此案时发现，该协定的背景是作为欧共体与前殖民地缔结的特别联系协定的继承条约。欧洲法院还注意到，该协定关于禁止对这些联系缔约国的产品收取相当于进口税效果的费用是不附带任何明示或默示保留的。虽然该协定规定，联系国一方可以在这一方面享有单方面的协商请求权，但这种双方义务的不平衡是欧共体联系协定的一个共同特点，并不妨碍该协定的上述规定在成员国与个人之间的关

---

① Sara Dillon, International Trade & Economic Law and the European Union, Oxford, Portland: Hart Publishing, 2002, p. 356. 有很多学者试图从传统国际法中的“一元论”、“二元论”角度对共同体法律秩序予以定性。欧洲法院在 Haegeman 案中声称，一项国际协定如同共同体机构的法令，因此，该协定的条款就构成共同体法律秩序的必要部分。在承认接受“一元论”之后不久，法院在 Kupferberg 案中对“共同体法律秩序的必要部分”这一限定性条款的含义进行了澄清，明确指出成员国不仅对第三国、而且对共同体本身负有履行该协定的责任。法院在该案中阐述了国际法规范具有直接效力的条件：国际协定的性质和结构可能不允许个人在共同体法院援引其条款；如果这一障碍得到排除，那么构成该协定部分的国际法规范必须是无条件的而且是足够清楚的。尽管“协定的性质和结构”标准在早期受到各种批评，法院在该项要求上却一直坚持了下来。

② Case 87/75, Conceria Daniele Bresciani v Amministrazione Italiana delle Finanze, [1976] ECR 129.

③ 后为《洛美协定》所取代。

系中产生直接效力。

在 Kupferberg 案[①]中，欧洲法院判定欧共体与葡萄牙 1972 年缔结的《自由贸易协定》第 21（1）条具有直接效力。该协定第 21（1）条规定：禁止对任何一缔约方的紧急进口实行歧视性税收。这一规定与欧共体条约原第 95 条[②]的规定类似。在受理这一案件的过程中，欧洲法院遇到一些成员国政府的压力。它们在提交的陈述中反对将欧共体范围内的直接效力标准适用于欧共体缔结的国际协定。但欧洲法院没有受政治因素的影响，它认为：欧葡协定的性质和总的结构原则上不排除直接效力的可能性。欧洲法院最终裁定，该协定第 21 条的义务是无条件和确定的，从而具有了直接效力。

经过多年的判例积累，欧洲法院在 1987 年的 Demirel 案[③]中概括了其判断国际协定的直接效力所应遵循的原则和标准，即："欧共体与非成员国缔结协定之条款必须被视为具有直接的适用性，如果在考察协定本身的措辞、目的和性质的同时，有关条款含有清楚和确定的义务，而且该义务在其实施和效果方面不需要通过任何后续措施。"纵观欧洲法院后来在这一方面的判例，[④]

---

① Case 104/81, Hauptzollamt Mainz v C. A. Kupferberg & Cie KG a. A., [1982] ECR 3641.

② 该条规定：任何成员国对其他成员国的产品直接或间接征收的国内税，均不应超过其对类似的本国产品直接或间接征收的捐税。

③ Case 12/86, Meryem Demirel v Stadt Schwabisch Gmund, [1987] ECR 3719.

④ 如在 Sevince 案中（Case C－192/89, S. Z. Sevince v Staatssecretaris van Justitie, [1990] ECR I－3461.）欧洲法院认定：基于欧共体与土耳其间缔结的《联系协定》所建立的联系理事会的决定中的特定条款具有直接效力；在 1991 年 Kizber 案中（Case C－18/90, Office national de l'emploi v. Kizber, [1991] ECR I－199），欧洲法院认为欧共体与摩洛哥在 1976 年缔结的《合作协定》第 41 条第（1）款具有直接效力；在 1994 年 Anastasiou 案中（Case C－132/92, R. v. Minister for Agriculture, Fisheries and Food, ex parte Anastansiou），欧洲法院认为欧共体与塞浦路斯缔结的《联系协定》中的特定条款具有直接效力；1995 年 12 月，欧洲法院在"第二香蕉案"（Case C－469/93, Amministrazione delle Finance dello Stato v SPA Chiquita Italia.）判决中认定共同体与非太加国家缔结的《洛美协定》有直接效力。See: Philip Lee and Brian Kennedy, "The Potential Direct Effect of GATT 1994 in European Community Law", Journal of World Trade, 30 (1996), pp. 67－89.

它基本上是依照上述原则和标准行事的。由于欧共体与特定国家缔结的联系协定的许多条款与欧共体条约的有关规定类似，甚至于相同，因此绝大部分的条文被认定为具有直接效力的国际协定往往是那些准成员国协定。

从以上判例可以看出，欧洲法院在审查欧共体与第三国缔结的国际协定的直接效力时所采用的方法论是：首先，将国际协定视为欧共体法的组成部分；然后，根据该协定的目的和性质来审查协定的相关条文，以确定其是否包含了清楚、明确且不依赖任何后续措施的义务。这与审查欧共体条约的条文是否具有直接效力的方法相类似。可是，欧洲法院在审查1947年的关贸总协定（即GATT1947）的直接效力时也采用了类似的方法，得出的结论却大相径庭。

第二节　GATT1947在欧盟法律体系中的直接效力

GATT1947从严格的法律意义上讲并不是欧共体作为缔约主体缔结或参加的一项国际协定。[①] GATT1947的规则之所以能够在欧共体适用，其法律依据首先在于《欧共体条约》第307条[②]的规定，即GATT1947是一项欧共体成员国与非成员国缔结的先共同体协定而仅对有关的成员国继续有约束力，其约束力在欧共体法中得以继续，并及于欧共体机构。更为重要的是，GATT1947的规则在欧共体法中的地位有着较为牢固的法律基础，欧共体是基于实施共同商业政策的目的，通过成员国让渡给

① 具体参见曾令良：《欧洲共同体与现代国际法》，武汉大学出版社1992年版，第260—263页。

② 该条规定：在欧共体条约生效之前，成员国与第三国缔结之国际协定所产生的权利和义务不受本条约规定的影响。如果此类协定与欧共体条约相抵触，有关成员国要采取适当措施消除已确认的抵触；必要时，成员国应为此采取共同的行动。

欧共体对外贸易的决策权和执行权，主语由欧共体条约第133条、第300条第7款等条文确定，并由欧洲法院加以明确的。[①] 根据前述欧洲法院对国际协定的总体态度来分析：尽管GATT1947不是欧共体作为单独的缔约主体订立的国际协定，但是它在欧共体法中的地位和欧共体自身签订的国际协定在欧共体法中的地位一样。那么这是否意味着GATT1947可以在欧共体范围内直接适用，并产生直接效力呢？这需要从欧洲法院的判例法中寻找答案。

一、欧洲法院有关GATT1947直接效力的典型判例

（一）国际水果公司案所确立的判例法

1972年的International Fruit Company案（国际水果公司案）是欧洲法院有关GATT1947直接效力的第一个案例。[②] 该案原告申请从第三国进口苹果的进口许可证，但荷兰当局基于欧共体的一系列条例拒绝了原告的申请。原告为此向荷兰法院起诉，声称欧共体条例违反了GATT第11条（普遍取消数量限制）的规定。荷兰法院依据初步裁决程序请求欧洲法院回答：荷兰法院是否有权就违反国际法的共同体条例的效力进行裁决？本案中的共同体条例是否违反了GATT的有关规定？欧洲法院认为：在判定共同体措施与国际法不符以至影响到共同体措施的效力之前，共同体

---

① 在1972年"国际水果公司案"中，法院指出："根据欧共体条约，成员国在GATT所调整领域先前所行使的权力由欧共体接替行使"。因此，在欧共体建设和过渡期中，GATT就对共同体具有了法律约束力。在1981年的第290—291/81号联合案中，法院再次肯定："自1968年7月1日共同海关关税生效之日起，欧共体取代其成员国履行它们在GATT中的义务"，GATT法就成为了"共同体法的组成部分"，其效力不仅优于共同体成员国法，而且也在共同体第二级法律之上，而不论何者居先。参见曾令良、陈卫东：《从欧共体看21世纪区域一体化对多边贸易体制的影响》，《武汉大学学报》（人文社会科学版）2000第3期。

② Case 21 to 24/ 72, International Fruit Company v. Produktschap voor Groenten en Fruit, ［1972］ ECR 1219.

首先必须事实上受国际法规则的约束；在判定个人是否有权在国内法院依据国际法规则主张共同体措施无效之前，该国际法规则必须能赋予共同体公民在国内法院援引它的权利（即具有“直接效力”）。为此，就必须审查 GATT 是否具备上述两个条件。

首先，在回顾了欧共体条约签订时 GATT 在共同体的历史情况以及欧共体的创始成员国都是 GATT 的缔约方之后，欧洲法院指出：成员国通过授予共同体关税与贸易政策方面的权利，表明其愿意受 GATT 项下义务的约束；而且其他 GATT 缔约方也已认同成员国将共同商业政策方面的权利让渡给共同体有关机构。由此欧洲法院认定 GATT1947 的规定对共同体也具有约束力。

然后，欧洲法院考察了 GATT1947 的精神、结构和措词，并且集中讨论了 GATT1947 的序言、第 22 条（协商程序）、第 23 条（争端解决程序）和第 19 条（保障措施），[①] 欧洲法院认为：

> 根据其序言，关贸总协定是建立在谈判的原则基础上的，而谈判又以对等和互惠为基础，这样关贸总协定就呈现出其条文具有很大弹性的特点，这一特点特别体现在允许缔约方偏离其承担的义务，在特殊困难情况下缔约方可采取的措施，以及缔约方争端的解决方式等方面。
>
> 第 22 条第 1 款是这样规定的：当一缔约方对影响本协定实施的任何事项向另一缔约方提出要求时，另一缔约方应给予同情的考虑，并给予充足的机会进行磋商。
>
> 第 22 条第 2 款进一步规定：缔约方全体对经本条第 1 款磋商但未达成满意结果的任何事项，可与一缔约方或其他几个缔约方进行磋商。
>
> 如果缔约方认为其根据关贸总协定直接或间接可享

① See：Sara Dillon，International Trade & Economic Law and the European Union，Oxford，Portland：Hart Publishing，2002，pp. 355 - 370.

> 有的利益正在丧失或受到损害，或者使本协定规定的目标的实现受到阻碍，特别是上述丧失或损害是由于另一缔约方未能履行其在本协定下的义务时，第23条详细规定了相关缔约方可采取的措施，或者是缔约方全体应采取的措施。
>
> 这些争端解决措施包括：给予同情考虑的书面建议或提议，根据建议进行的调查，缔约方的磋商和决定，包括授权缔约方暂停实施其在关贸总协定下的义务和减让，以及缔约方退出总协定的权利。
>
> 最后，在缔约方承担总协定的义务或减让的情况下，某些产品遭受严重损害或受到严重损害的威胁时，第19条给予该缔约方单方暂停实施其所承担的义务或者是修改和撤回减让的权利。这种权利可在与缔约方全体磋商后行使，紧急情况时也可在磋商前实施，即使与有利害关系的缔约方磋商未能达成协议时也能够采取保障措施。
>
> ……
>
> 这些情况充分表明，关贸总协定第11条不能为公民创设可在成员国法院援引的权利。

因此，欧洲法院在该案中认为GATT1947第11条没有直接效力。欧洲法院出成这一结论的依据是GATT1947结构上的缺陷和其条文有很大弹性（the great flexibility of its provisions）。在欧洲法院看来，GATT1947具有较大的自发性，而法律约束性较少。尽管欧洲法院最终只就GATT1947第11条的直接效力作出了否定的回答，但由于欧洲法院是在对GATT1947总体框架进行分析后得出结论的，因此，欧洲法院拒绝第11条直接效力的理由可使用的范围非常广泛，甚至可以适用于GATT1947的任何条文。也就是说，GATT1947整体上都不具有直接效力。另外，欧洲法院还在本案中将根据国际协定审查共同体举措的效力和该协定的条文可被个人在国内法院援引二者之间建立了一种联系，即只有在国际协定具有直接效力的前提下，其才能被用来审查共同体举措的效力。[①] 从此种意义上说，欧洲法院否定GATT1947的直接效力，在一定程度上确保了共同体法令的法律效力。

国际水果公司案随后成为了判例法，欧洲法院在一系列案件中均引用了该案中形成的标准，拒绝给予GATT1947的有关条款以直接效力：

在Schlüter案[②]中，数项欧共体农业条例被控违反GATT1947的第2条，欧洲法院拒绝赋予该条以直接效力，并再次提及了GATT1947条文的弹性。该案判决书第29段与国际水果公司案判决中的用语几乎完全相同。

SIOT案[③]涉及GATT1947第5条第3款的直接效力，欧洲法院认为：该条由于本院在国际水果公司案判决中所提到的理由而不能在欧共体法律体系中产生直接效力。

在SPI and SAMI案[④]的判决书中，欧洲法院引用其在国际水果公司案、Schlüter案中的判决，判定GATT1947第1条第2款、第2条、第5条、第6条和第8条均不具有直接效力。

在德国诉欧共体理事会案[⑤]（又称“第一香蕉案”）中，欧

---

① Geert A. Zonnekeyn, The Status of WTO Law in the EC Legal Order, 34 Journal of World Trade (2000), p. 120.

② Case 9 – 73, Carl Schlüter v Hauptzollamt Lörrach, [1973] ECR 1135.

③ Case 266/81, Società Italiana per l'Oleodotto Transalpino (SIOT) v Ministero delle finanze, Ministero della marina mercantile, Circoscrizione doganale di Trieste and Ente autonomo del porto di Trieste, [1983] ECR 731.

④ Joined cases 267/81, 268/81 and 269/81, Amministrazione delle Finanze dello Stato v Società Petrolifera Italiana SpA (SPI) and SpA Michelin Italiana (SAMI), [1983] ECR 801.

⑤ C – 280/93, Federal Republic of Germany v. Council of the European Union, [1994] ECR I – 4973. 欧共体香蕉体制把香蕉进口分成三类：A类是从非欧共体成员的第三国进口；B类是从非（洲）、加（勒比）、太（平洋）（ACP）国家（洛美协议涉及的国家）进口；C类是新进口渠道。欧共体在三类主体间进行了配额分配。德国认为，欧共体对香蕉进口配额的再细分事实上是保证ACP国家的利益，从而造成了对第三国（A类）的歧视，同时也剥夺了德国从第三国进口香蕉的可能性。

洲法院重申了其在国际水果公司案中所分析的GATT1947的总体特征，并明确指出：法院基于GATT的特征得出共同体内的个人不能在国内法院依据GATT来挑战共同体法令的效力这一结论，而GATT的此类特征又使法院排除了在审理成员国依据欧共体条约第173条[①]第1款提起的诉讼中采用GATT规则审查共同体举措是否合法的可能性。而且GATT规则并不具有无条件性，从其精神、一般结构和措词来看，人们没有义务将GATT规则与国际法规范进行权衡，从而支持GATT规则在缔约方之间产生直接适用的法律效力。本案是一个成员国直接在欧洲法院起诉，请求宣告共同体法律无效的案例，属于宣告无效之诉；而国际水果公司案则是一个公司在国内法院起诉，并要求欧洲法院审查共同体法律的合法性的案例，属于初步裁决程序。两起诉讼之间存在着明显的差异，但欧洲法院认为在初步裁决程序和宣告无效之诉中执行国际条约的条件是一样的，即国际水果公司案的结论也适用于本案。欧洲法院的判决由此产生了重要结果，即它明确了GATT在欧共体法律中的实施是个简单的概念，并不因为受理案件的法院不同而有所区别。

（二）Fediol案和Nakajima案所确立的两项例外

欧洲法院拒绝给予GATT1947直接效力的立场，受到了各方面的强烈批评，也许是迫于批评的压力，欧洲法院在20世纪80年代末90年代初的两个案件中的态度发生了某种转变，它认为，当个人依据《欧共体条约》有关规定直接向欧洲法院起诉时，在特定情形下可以援用GATT1947的有关条款。

在1989年的Fediol案[②]中，原告欧共体炼油业联盟（Fediol）认为阿根廷政府采取的关于大豆及其制品出口的措施违反了GATT1947的有关规定，构成了非法商业实践，请求欧共体委员

---

① 现第230条。

② Case 70/87, Fediol v. Commission, ECR［1989］1781.

会启动第264/84号条例（即《新贸易政策工具》，NICP）下的调查程序。但委员会于1986年12月22日做出决定拒绝了这一要求，因为它认为个人不能援引GATT1947的条款。欧共体炼油业联盟于1987年3月6日起诉，请求欧洲法院宣告委员会的决定无效。《新贸易政策工具》旨在处理非法的而并非倾销或补贴的商业实践。其第2条第（1）款将非法商业实践定义为"任何违反国际法和普遍接受规则的与第三国有关的国际贸易实践"。原告认为，定义中的国际法包括GATT。欧洲法院裁定：虽然GATT在欧共体法中不具有直接效力，但它构成欧共体条例中所指的国际法的一部分。虽然GATT具有灵活性，但在特定案件中，欧洲法院可对其规则进行解释并予以适用，以确定某些特定的商业实践是否应被视为违反了GATT规则。本案形成了所谓的"Fediol例外"，即如果争议中的欧共体法令明确地提及（refers expressly）GATT的某些特定条款，欧洲法院可以从GATT规则的角度来审查欧共体法令的合法性。这似乎说明GATT具有直接效力，可实际上并非如此。原告提起诉讼的权利完全来自于《新贸易政策工具》中的明确规定，也就是说，个人提起诉讼的权利并不是来自GATT，而是来自于内部的欧共体法律。而且与直接效力不同，这种解释性例外虽然允许当事人援引GATT，但是却必须由欧洲法院来决定是否适用以及如何适用。

在1991年的Nakajima案[①]中，一家日本的印刷机生产商认为欧共体对其征收最终反倾销税违法，并提起无效之诉。原告认为欧共体的反倾销条例违反了《1979年反倾销守则》，并且GATT和《反倾销守则》都属于与适用欧共体条约有关的法律规则，而依据欧共体条约第230条，其构成审查欧共体法合法性的基础。欧洲法院强调，GATT和执行GATT第6条的《反倾销守则》对欧共体有约束力；制定欧共体反倾销条例的意图就是为

① Case C-69/89 Nakajima All Precision Co Ltd. v. Council, ［1991］ ECR Ⅰ-2069

了与欧共体的国际义务相符，因此，在此种情形下，GATT 规则为审查欧共体法的合法性提供了标准。但在该案中，欧洲法院裁定欧共体条例并没有违反《反倾销守则》。本案形成了所谓的“Nakajima 例外”，即如果争议中的欧共体法令旨在实施（intended to implement）GATT 框架内的某些特定义务，法院就可以从 GATT 规则的角度审查欧共体法的合法性。这一例外经常在反倾销和农业领域的案件中得到适用。

综上所述，欧洲法院认为 GATT 在欧共体法律体系中不具有直接效力，个人和成员国原则上无权以 GATT1947 的有关条款为依据，就欧共体法律的合法性向欧洲法院提起诉讼。只有共同体法令明确地提及 GATT 的某些特定条款，抑或共同体旨在实施 GATT 框架内的某项特定义务时，欧洲法院才能从 GATT 规则的角度对争议中的共同体法令的合法性进行审查。但是，在一项共同体法令的序言或者某一段文字中只简单地提到了参照国际义务，或者只有遵循国际义务的意图时，是否足以使欧洲法院允许个人根据 GATT 有关条文对所涉及的规则进行司法审查，对于这个问题法院并未明确。

二、欧洲法院拒绝赋予 GATT1947 直接效力的深层原因

在对 GATT1947 的“精神、一般结构和措辞”、尤其是争端解决条款和保障措施条款进行审查后，欧洲法院认定：GATT1947 所具有的这种“结构性缺陷”以及建立在以互惠互利原则为指导的协商、谈判基础上的事实使其无法具有直接效力。但是，欧洲法院却给予了诸如雅温达协定、与希腊和葡萄牙的联系协定、与土耳其的联系协定等欧共体缔结的国际协定的有关条款以直接效力，而 GATT1947 中的保障措施、协商程序、争端解决机制等在这些具有直接效力的协定（以下简称直接效力协定）中也有规定。欧洲法院对二者为何要采取双重标准、“厚此薄

彼”呢？实质上，除了上述明言的原因之外，还有其他一些在判决书中无法找到的因素使得欧洲法院不能或不愿赋予GATT1947以直接效力。

（一）GATT1947与直接效力协定的性质与目的不同

GATT1947的序言表明对等和互惠是缔约方削减贸易壁垒和取消国际贸易中歧视性作法的基础，而直接效力协定却旨在设立某种不对称的义务或者促进共同体与其协定伙伴的经济一体化特殊关系的建立。例如前述的《雅温达协定》给予产自非加太国家进口到共同体的产品以非对等的免税待遇。葡萄牙和欧洲经济共同体的自由贸易协定的目的在于消除二者之间所有的关税和其他贸易壁垒。与土耳其签订的联系协定则旨在建立比自由贸易区更高一级的关税同盟。因此，直接效力协定的性质和目的使其更易于产生直接效力。

（二）欧共体在GATT1947中的地位与其在直接效力协定中的地位不同

GATT1947是一个多边协定，而直接效力协定绝大部分是双边协定。直接效力协定缔约方的整体经济实力和谈判能力都比欧共体弱，亦即欧共体实际上具有支配地位。由此可见，欧共体具有对直接效力协定的其他缔约方的政策产生重要影响的能力。然而在GATT1947的框架下，由于美国、日本具有与欧共体同样的谈判实力，欧共体就必须与其他缔约方进行谈判与对话；因此在GATT1947中，欧共体不具有影响其他缔约方政策的那种强势地位。如果欧洲法院给予GATT1947以直接效力而其他缔约方却不给予，那么欧共体就将处于一种非对等的不利地位；而事实上，美国、日本是拒绝给予GATT1947以直接效力的。[1]

---

① 张智勇：“论关贸总协定在欧共体法中的直接效力”，《中外法学》2002年第2期。

此外，欧共体与其在直接效力协定下的缔约方具有历史上的特殊关系，而此种关系在GATT1947的缔约方中是不存在的。例如，在欧洲法院审理Kupferberg案时，葡萄牙已经提交了加入欧共体的申请；而《雅温达协定》中的非加太国家在历史上则有很多都属于欧共体成员国过去的殖民地。

国际协定的国内效力通常是一国自由决定的事项，也是国家主权较为敏感的一个问题。因此，欧洲法院在给予国际协定以直接效力方面，一直是比较严格的。在1980年的Polydor案[①]中，欧洲法院认为，如果共同体签定的国际协定与欧共体基本条约和机构立法的性质和目的不同，即使此类国际协定的某些条文的措辞与欧共体基础条约相关条文相同或相似也不能导致该协定的条文具有直接效力。因此，在欧洲法院看来，尽管GATT规则与共同体规则有相似之处，某些共同体规则甚至还来源于GATT规则，却不能因为共同体规则具有直接效力就得出GATT规则也具有直接效力的结论。

第三节　WTO协议在欧盟法律体系中的直接效力

与在关贸总协定中的地位相比较，欧共体在1995年正式成为了世界贸易组织法律上的成员。[②] 乌拉圭回合谈判后所达成的WTO协议对GATT1947进行了许多重大修改，WTO协议大大削弱了GATT1947所具有的“巨大弹性”。其表现在于新签订的《保障措施协定》和新制定的《关于争端解决规则和程序的谅

① Case 270/80, Polydor and RSO Records v. Harlequin Records Shops and Simons Records, [1982] ECR 329.

② 参见曾令良：“欧共体及其成员国在WTO中的双重法律地位以及对中国的影响”，《法学评论》1999年第2期。

解》（以下简称DSU），一举改变了旧有机制的弊端。尤其是DSU所带来的改进，包括反向协商一致概念的引入以及常设上诉机构的设立，显示了WTO体制具有一种走向司法化（judicialization）的趋势，并且其更加注重法治理念。[①] 鉴于GATT的巨大弹性在WTO协议中似乎已经不复存在，一贯拒绝赋予GATT直接效力的欧洲法院不得不面对这样一个问题，即WTO协议对GATT1947所作的巨大革新是否已足以使其在欧盟法律体系中具有直接效力呢？

一、欧盟政治机构的立场

欧盟委员会（欧委会）曾明确建议要排除WTO协议及其附件的直接效力。在有关实施乌拉圭回合最后文件的建议中，委员会指出："……这些（乌拉圭回合最后文件）是政府间协定，因此有必要确保作为自然人或法人的个人在成员国法院或欧洲法院不能直接援引它们。"[②] 原因也很简单，因为"直接效力是指个人（自然人或法人）在国内法中能够援引WTO协定及其附件。WTO各协定及其附件不具有直接效力是非常重要的。众所周知，美国以及我们的许多重要的贸易伙伴都将明确排除这样的直接效力。如果在欧共体的文件中不明确排除它们的直接效力，将导致在履行WTO义务上欧共体和其他国家之间出现重大失衡"。[③] 可见，欧委会的提案试图影响WTO协议在欧共体的适用，并进而影响欧洲法院对实施乌拉圭回合文件的立法的审查。另外，欧委会虽没有提及共同体成员国，但"第一香蕉案"的判决已经明确了欧洲法院在其诉讼程序中将成员国如同个人一样对待，因此

---

① Carlos D. Esposito, "The Role of the European Court of Justice in the Direct Applicability and Direct Effect of WTO Law", 16 Berkeley Journal of International Law (1998), p. 147.

② Uruguay Round of Multilateral Trade Negotiation, COM (94) 414, final.

③ Uraguay Round of Multilateral Trade Negotiation, COM (94) 414, final.

成员国也不能直接援引 WTO 协议的相关条款。

在 1994 年 12 月 22 日通过的《关于代表共同体缔结乌拉圭回合代表团谈判达成的协定的决定》(即第 94/800 号决定)① 中部长理事会赞同委员会的这个建议，明确地排除了 WTO 各项协定的直接效力，即“……根据其性质，建立世界贸易组织协定，包括其附件，不能由欧共体或其成员国的法院直接援引”。尽管这种宣言不是立法，没有制定法的法律效力，从分权角度来看欧洲法院可以不受其拘束而承认 WTO 法的直接效力，但迄今为止欧洲法院及欧共体成员国法院都完全尊重理事会关于 WTO 协议不具有直接效力的宣言。

二、欧洲法院有关 WTO 协议直接效力的典型判例

近年来，欧洲法院多次面临着因 WTO 协议在欧盟法律秩序中的地位问题而引起的案件。这些案件大都涉及两个方面的问题：即法院是否可以依据 WTO 协议审查有关欧共体措施的合法性，以及个人是否可以请求法院针对违反 WTO 协议的欧共体措施判决损害赔偿。但是在葡萄牙诉欧共体理事会案②之前，欧洲法院在 Affish 案③、T. Port 案④和 Hermès International 案⑤中，均对 WTO 协议是否具有直接效力这一问题予以了回避。不过，在 Hermès International 案中，欧洲法院认为它有权对 TRIPS 第 50 条进行解释，其依据在于 WTO 协议是由共同体缔结并由成员国批准的，但是对于由此而产生的对 WTO 其他成员的法律义务并未

① EC Council Decision of December 22 1994, O. J. L336/1, 1994.

② Case C – 149/96, Portugal v. Council, [1999] ECR I – 8395.

③ Case C – 183/95 Affish BV v Rijksdienst voor de keuring van Vee en Vlees, [1997] ECR I – 4315

④ Joined cases C – 364/95 and C – 365/95 T. Port GmbH & Co. v Hauptzollamt Hamburg-Jonas, [1998] ECR I – 1023

⑤ Case C – 53/96 Hermès International v FHT Marketing Choice BV, [1998] ECR I – 3603

在共同体与其成员国之间进行分配。在此基础上，当某一规则既能适用于国内法，同时又能适用于共同体法时，那么为了欧共体的利益，以及避免今后在解释上出现分歧，该规则都应得到统一的解释而不论其所适用的情形。①

直到1999年，欧洲法院才在葡萄牙诉理事会案（Portugal v. Council）的判决书中首次就WTO协议在欧共体法律体系中的地位，尤其是WTO协议能否作为审查欧共体措施合法性的标准这一问题作出了明确的回答。通过对该案的判决，欧洲法院从此就确立了其对WTO协议直接效力的基本态度。

（一）葡萄牙诉理事会案

1996年2月，欧共体理事会通过第96/386号决定，同意签署欧共体与印度及巴基斯坦有关纺织品市场准入安排的两个备忘录，这两个备忘录旨在逐步取消影响两国纺织品进口的关税和非关税措施。1996年5月，葡萄牙政府向欧洲法院起诉，请求欧洲法院宣告该决定无效。葡萄牙认为该决定违反了WTO协议，特别是GATT1994、《纺织品及服装协定》以及《进口许可证程序协定》的某些规则和基本原则。欧共体理事会则辩称，WTO协议具有特别的特征，这些特征使得欧洲法院有关GATT1947不具有直接效力的裁决亦可适用于WTO协议。欧共体理事会还认为，欧洲法院先前确立的两种例外情况无法适用于第96/386号决定，因为该决定并不是欧共体为将《纺织品及服装协定》中的某些条款转化为欧共体法而采取的措施。

---

① Hermès International案的判决表明，欧共体对WTO协议主张统一解释和适用。在这方面，共同体与其成员有义务保持共同立场，使得共同体法律体系的运作在对外关系上以统一形象出现。但是法院回避对于管辖权问题作出明晰的、进一步的解答，比如当案件涉及的WTO条款完全不在欧共体的权限范围，只属于成员国的范围，法院是否有管辖权？因此，欧洲法院面临的挑战是为其管辖和解释整个WTO法律、而不止是其专属权限内的条款的正当性提供一个理论。参见张若思：《从欧洲法院的判例看WTO协议在欧共体的适用》，《欧洲法通讯（第四辑）》，法律出版社2003年版。

在欧洲法院作出判决之前，欧洲法院的法律总顾问（Advocate General）Saggio 就 WTO 法的直接效力和其作为法律有效性的标准问题进行了激动人心的分析。他认为 WTO 其他成员的法律体系中缺乏直接效力不能影响 WTO 协议在欧共体法律秩序中的法律效力。只有在 WTO 其他成员不遵守 WTO 规则时（而不是缺乏直接效力时），欧共体才有权中止 WTO 协议的实施。他明确主张 WTO 协议应被视为对欧共体法令进行司法审查的有效依据，这样做也不会造成与 WTO 其他成员在履行 WTO 协议中的失衡。但令人惋惜的是，欧洲法院最后在上述两个问题上都没有采纳他的观点。①

1999 年 11 月 23 日，欧洲法院对本案作出了判决：首先，法院认为，虽然按照国际法基本原则，国际条约的缔约方在履行条约时应遵循善意原则，但缔约方原则上有权自由决定履行其所承担义务的合适的法律方法，除非该条约，根据其内容和目的进行解释，已明确规定了这些方法。法院考查后认为 WTO 协议并未具体规定其义务如何在其成员范围内实施。其次，欧洲法院认为，尽管 WTO 与 GATT1947 相比发生了很大的变化，尤其是其强化了 GATT1947 的保障措施和争端解决程序，但是 WTO 协议仍特别重视缔约方之间的谈判。法院强调，DSU 第 22 条规定：当不能立即采取执行措施时，争端当事方可以选择通过谈判达成补偿协议。因此，如果以 WTO 成员的法律与 WTO 协议不符为由主张前者无效，将剥夺 WTO 成员的立法和行政机构依据 DSU 第 22 条通过谈判来解决有关分歧的权利。第三，法院认为 WTO 协议仍然建立在谈判原则以及“互惠互利安排”的基础之上。WTO 协议的这种特性与直接效力协定的特性显然不同。在直接效力协定中，双方的义务不对称，或者产生了与欧共体一体化的特殊关系。法院注意到欧共体的主要贸易伙伴（如美国、日本

---

① Alan Rosas, “Implementation and Enforcement of WTO Dispute settlement Finding: An EU perspective”, 4 Journal of international Economic Law (2001), p. 143.

等）也拒绝给予 WTO 协议直接效力，如果欧共体单方面承认 WTO 协议的直接效力，在基于“互惠互利安排”的 WTO 体系中，将导致实施 WTO 规则方面的失衡。而且欧共体一旦承认 WTO 协议的直接效力，与 WTO 协议不符的欧共体法就会受制于欧洲法院的司法审查，这就剥夺了欧共体立法和行政机构的自由裁量权和政策灵活性。综上所述，考虑到其性质和结构，WTO 协议原则上不属于欧洲法院审查欧共体机构立法合法性时所要适用的规则。①

在整体否定 WTO 协议的直接效力的同时，欧洲法院也承认了 Fediol 案和 Nakajima 案所确立的两项例外：只有在欧共体法令明确提及 WTO 协议的特定条款，抑或被审查的欧共体法令旨在实施一项特定的 WTO 义务时，才能在欧洲法院援用 WTO 协议主张欧共体法令无效。但是法院认为，在本案中，理事会第 96/386 号条例仅仅是批准与印巴订立的谅解备忘录，而不是旨在实施一项特定的 WTO 义务，也没有明确地提及 WTO 的特定条款，因而葡萄牙政府无权援用有关 WTO 协议。法院最终判决：葡萄牙共和国有关第 96/386 号条例违反了 WTO 协议的某些规则及基本原则的诉讼请求不予支持，并拒绝赋予 WTO 协议在欧共体法律体系中的直接效力。

将欧洲法院对本案所作的判决与其先前对 GATT1947 的直接效力问题所作的一系列判决进行比较，可以看出，欧洲法院判决理由的侧重点，已由 GATT 条款总体上所具有的巨大弹性这一“结构性缺陷”，转向了 WTO 作为一个达成互惠及互利安排（reciprocal and mutually advantageous arrangements）的“谈判场所”（a forum of negotiations）的性质。欧洲法院借助本案判决，第一次发出了明确的信号，即 WTO 协议在欧共体法律体系中不具有直接效力，它也不准备偏离从国际水果公司案开始就已经确立的

① Allan Rosas, “Annotation of Case C - 149/96 Portugal v. Council”, 37 Common Market Law Review (2000), p. 797.

判例法。该判决还清楚地表明，欧洲法院认为“WTO中的贸易关系更应由政治而不是法律来规范”；它牺牲“政治应服从法律的原则”而实行“实力政策”原则的目的，就在于“为共同体的政治机构留出余地”。[①] 因此欧洲法院的观点虽倍受学术界的指摘，但在现实政治的环境中却是无法避免的。

在欧共体成员国葡萄牙诉理会（Portugal v. Council）案之后，欧洲法院改变了其先前对WTO协议在欧共体法律体系中的直接效力问题所持的那种回避态度，并在一系列案件中对此问题发表了意见，以下仅对其近年审理的两个案子进行简要分析。

（二）Dior与Assco联合案

Dior与Assco联合案[②]是一个由荷兰法院就TRIPS第50条第6项[③]是否具有直接效力请求初步裁决的案件。欧洲法院在裁决中，首先以其在葡萄牙诉欧共体理事会一案中阐述的理由为依据，否定了TRIPS条款的直接效力。但是由于TRIPS第50条第6项是一个与诉讼程序有关的条款，该条款应由欧共体及成员国的法院采取与其承担的义务相符的方式予以适用，因此该条款不具有直接效力的结论并没有完全解决荷兰法院提出的问题。欧洲法院接着将适用TRIPS所涉及的领域分为了共同体已有立法的领域和共同体尚未立法的领域，它分析道：在一个适用TRIPS且共

---

① Geert A. Zonnekeyn, “The Status of WTO Law in the EC Legal Order”, 34 Journal of World Trade (2000), p. 125.

② Joined cases C－300/98 and C－392/98, Parfums Christian Dior SA v TUK Consultancy BV and Assco Gerüste GmbH and Rob van Dijk v Wilhelm Layher GmbH & Co. KG and Layher BV, [2000] ECR I－11307.

③ TRIPS第50条是关于成员方司法当局有权命令采取迅速有效的临时措施以阻止任何侵犯知识产权行为的发生或保护与被指控侵权行为相关的有关证据的规定。其中，第6项规定，在不违反第4项规定的通知义务和给予被申请人请求复查权利的前提下，如果申请人没有在合理的期限内提起诉讼，司法机关应被申请人的请求，对已采取的临时措施，应当予以撤销或终止其效力。申请人提起诉讼的合理期限在内国法律允许的情况下，由司法机关确定，如果内国法律未授权司法机关确定，则应依该条规定的期限，不超过20个工作日或31个日历日，以两者中较长的为准。

同体已经立法的领域中，共同体法要求成员国的司法机构，在被请求依照国内法采取临时措施保护属于上述领域内的权利时，必须尽可能地按照 TRIPS 第 50 条的措辞和宗旨来适用其国内法。但是，在一个共同体尚未立法并因此属于成员国权能范围的领域中，对知识产权的保护以及司法机构为此目的而采取的措施并不属于共同体法的范畴；因而共同体法既未要求也未禁止成员国的法律制度，赋予个人直接依据 TRIPS 第 50 条第 6 项的规定而产生的权利，或者要求成员国内的法院依照其自身的方式适用该规定。

欧洲法院对本案的判决传达了一项重要信息，即欧洲法院在坚持否定 TRIPS 协定在欧共体法律秩序中具有直接效力的前提下，愿意按照严格的条件，赋予 TRIPS 协定的特定条款在成员国法律体系中的直接效力（本案即为 TRIPS 第 50 条第 6 项）。这一严格条件就是：欧共体未就适用 TRIPS 协定的有关知识产权领域进行立法，并且该领域属于成员国国内法的管辖范围之内。欧洲法院在本案中阐述的有关 TRIPS 第 50 条第 6 项在成员国法律体系中具有直接效力的意见，无疑是对其在 Portugal v. Council 案中所阐述的 WTO 协议在欧共体法中不具有直接效力这一观点的完善。本案的判决标明，虽然欧洲法院在拒绝给予 WTO 协议以直接效力方面态度仍很坚决，但是它显然愿意在不影响欧共体利益的前提下，对这一问题采取相对灵活的态度。①

（三）香蕉系列求偿案

WTO 争端解决机构于 1997 年 9 月 25 日裁定欧共体关于香蕉进口和销售的安排违反了 WTO 的规则。为执行 WTO 的这一裁定，欧共体理事会于 1998 年 7 月 20 日通过第 1637/98 号条例，修改了引起争端的第 404/93 号条例（香蕉进口体制）。委员会

① 张燕，邱达春：“欧洲法院对 WTO 协议的适用及对我国法院的启示”，《比较法研究》2002 年第 2 期。

随后于同年10月28日通过第2362/98号条例，制定实施理事会条例的细则。理事会的这一条例导致了几起以委员会为被告的赔偿诉讼。① 在这些诉讼中，德国的水果贸易商以第2362/98号条例违反GATT、GATS和《进口许可证程序协定》为由向欧共体初审法院起诉，要求委员会赔偿他们因此而遭受的损失。其中，在1999年的T. Port案中，原告T. Port公司认为，GATT的有关规定构成了上位法规则，而其中禁止歧视和最惠国待遇条款应被认为是保护私人的规则。WTO协定及其附件构成了一个真正的拥有自身法律制度和管辖领域的世界贸易秩序；新的WTO法是不可谈判的，而且其包含有严格的禁令，即它只能由WTO的措施、而不能由成员国单方面的措施，予以限制或暂时取消；因此WTO法的一些条款规定可以直接适用于欧共体法。T. Port公司承认，欧洲法院在葡萄牙诉欧共体理事会一案中判决WTO协议在欧共体法律体系中不具有普遍直接效力，但是认为这一判决不适用于本案指控共同体机关滥用权力（misuse of powers）的情况。WTO争端解决机构裁定欧共体香蕉进口和销售安排违反WTO规则，这一裁定本身具有既判力（the force of res judicata），并且共同体已承诺修改有关安排以与WTO规则相一致，从而共同体机构就不能再制定违反WTO规则的规定了；否则共同体的行为就违反了“言行一致”原则（the principle of nemini licet venire contra factum proprium），而这一原则来源于善意原则并构成了欧共体法的一项原则，依据它，共同体司法机构可以评估共同体举措的合法性。委员会则认为，从欧洲法院在葡萄牙诉欧共体理事会一案的判决可以推断出，WTO协议的有关规定并未构成

① Case T－18/99, Cordis Obst und Gemüse Groβhandel GmbH v Commission of the European Communities, ［2001］ ECR II－913; Case T－30/99, Bocchi Food Trade International GmbH v Commission of the European Communities, ［2001］ ECR II－943; Case T－52/99, T. Port GmbH & Co. KG v Commission of the European Communities, ［2001］ ECR II－981. 这三个案件的诉请大同小异，而且欧洲法院是于同一天作出判决，均驳回原告诉求，因此只就其中一个案件进行分析。

评估共同体二级立法合法性的标准；WTO 争端解决机构裁定一项共同体二级立法违反 WTO 规则并不意味着该法令在欧共体法律体系中就必须被认定为是不合法的，因此不能使共同体根据欧共体条约第 215（2）条[①]承担非契约性责任。

初审法院在判决中重申了 Portugal v. Council 一案中的观点，并且指出，WTO 协议及其附件并无意赋予个人权利，共同体也不能因为违反 WTO 协议而承担侵权责任。法院还反对指责共同体机构滥用权利的主张，并认为委员会的第 2362/98 号条例并不具备使法院审查其合法性的条件，因为 WTO 争端解决机构通过的报告中均不包含任何需要委员会在该条例中履行的特殊义务，而且该条例也未明确提及来源于 WTO 机构报告的任何特定义务以及 WTO 协议的任何特定条款。也就是说，该案并不属于 Fediol 案和 Nakajima 案所确立的两项例外情况。

本案初审法院的判决书中不仅认定 WTO 协议本身不具有直接效力，而且暗示一项业已通过的 WTO 专家小组或上诉机构的报告并没有对共同体施加任何的法律义务；[②] 这一结论无疑是令人感到吃惊的，同时也引出了与 WTO 协议的直接效力问题密切相关但又有明显区别的另一个至关重要的问题，那就是 WTO 争端解决机构的裁决在欧共体中的直接效力问题，本书第三章将就此结合具体案例展开论述。

从欧洲法院及其初审法院对上述案例所作的法理分析中可以看出，尽管在 WTO 成立后，WTO 体制较 GATT 体制已发生了根本性的变革，但这并没有促使欧共体（包括其立法、行政和司

---

① 现第 288（2）条。

② 初审法院在其判决书中明确声称，“WTO 专家小组 1997 年 5 月 22 日的报告和 DSB 于 1997 年 9 月 25 日通过的上诉机构 1997 年 9 月 9 日作出的报告，在判例法意义上，均不包含有委员会通过第 2362/98 号条例“旨在执行”的任何特别义务。” See Case T－18/99 Cordis Obst und Gemüse Grosshandel v. Commission [2001] ECR II－913 at para. 59; Case T－30/99 Bocchi Food Trade International v. Commission [2001] ECR. II－943 at para 64; Case T－52/99 T. Port v. Commission [2001] ECR II－981 at para. 59.

法机构）改变其一贯立场：即从整体上否定 WTO 协议的直接效力。可以认为，在相当长的时期内，允许个人在欧洲法院和成员国法院中以与 WTO 协议不符为由，提请对欧共体及其成员国国内立法或行政措施进行司法审查的可能性微乎其微。

第四节　欧洲法院拒绝赋予 WTO 协议直接效力的原因分析

作为欧共体法“守卫者”的欧洲法院不遗余力地赋予共同体基础条约及其二级立法以直接效力，甚至共同体对外与第三国缔结的国际协定也被赋予了直接效力；而同样属于共同体缔结的国际协定的 WTO 协议却一而再、再而三地被欧洲法院拒绝赋予直接效力，这其中的“奥秘”何在呢？除了前文欧洲法院拒绝给予 GATT1947 以直接效力所论及的原因之外，还有无其他因素导致欧洲法院不改“初衷”呢？笔者认为，欧洲法院之所以拒绝给予 WTO 协议以直接效力，这既有法律上的原因，也有政治上的考量，而政治考量则占主导地位。具体而言，则主要有以下几点因素：

一、WTO 协议的宗旨和总体框架

欧洲法院拒绝给予 WTO 协议直接效力的一个重要原因，就是在它看来，WTO 协议的性质、宗旨与总体框架与 GATT1947 并无实质性差别。

首先，WTO 协议的序言与 GATT1947 的序言相类似。这说明 WTO 与 GATT1947 一样，其目的并不在于建立欧共体成员国之间那样的一种内部市场，它仍然只是其成员进行政府间谈判的一个场所：“WTO 应为其成员就本协定附件中的各协定下的多边

贸易关系的谈判提供场所。WTO还应为其成员多边贸易关系的进一步谈判提供场所，为部长会议通过的谈判结果提供实施框架。”①

其次，尽管《保障措施协定》确实极大地削弱了GATT1947第19条“保障条款”的弹性，但该条款的弹性并未因《保障措施协定》的制定而消失，其理由在于：第一，虽然《保障措施协定》第2条要求成员方进行公开调查以证明损害的存在，但该协定第3条仍然将“严重损害”的决定权留给了成员方的职权机构，成员方据此可以使用保障措施对领域广泛的损害进行补救，并在决定是否需要采取保障措施方面享有广泛的自由裁量权；第二，保障条款的弹性也是由其自身的性质所决定的，因为“贸易自由化协议中的保障条款总是代表着两个相互冲突目标之间的联系：其一是政府对它们有关贸易自由化承诺的尊重；其二是政府保持自由裁量的范围以使它们能够通过在必要时采取限制性措施来保护国内市场”。② 这两个目标冲突的结果，便是保障措施得以在贸易自由化的协议中存在并保有相应的弹性。

再次，尽管WTO争端解决机制不同于GATT1947的争端解决机制，但作为GATT1947特征的协商、谈判并没有在WTO争端解决机制中消失。虽然DSU已使WTO争端解决机制变得更为法律化，但它并未以对WTO协议的严格优先适用来取代政府之间的协商。DSU的规定虽然表达了对争端当事方实际履行DSB裁决的偏爱，但同时也对“补偿”这种可能的救济方法表示了支持；而且，败诉方的政治意愿仍然在执行对其不利的裁决方面起着关键性的作用。由此可见，DSU实质上是一个政治性意味相当浓厚的协定。

---

① 《建立世界贸易组织协定》第3条第2款。

② Kees Jan Kuilwijk, The European Court of Justice and the GATT Dilemma: Public Interest versus Individual Rights? Beuningen: Nexed Editions in co-operation with the Center for Critical European Studies, 1996, p. 136.

二、维护共同体的整体利益

从欧共体自身利益来说，与个人利益相比较，欧洲法院更注重保护共同体的利益，而通过否定 WTO 协议的直接效力将使得个人借助 WTO 规则来挑战共同体立法的合法性成为不可能。事实上，由于欧共体条约在共同体法律秩序中具有直接效力，排除了 WTO 协议的直接效力也就意味着欧共体成员国法院不能以 WTO 规则为标准来审查成员国国内法的合法性，而只能根据欧共体条约进行审查，这就保证了欧共体条约的实施优先于 WTO 协议。而如果 WTO 协议具有直接效力，那么原告就可以利用欧洲法院来挑战旨在协调成员国国内法与促进区域经济一体化的共同体二级立法的合法性；也就是说，自然人和法人（尤其是跨国公司）都可以毫无限制地直接援用 WTO 规则来挑战欧共体机构的立法权威，这将使欧共体陷入失去保障其共同利益的“安全阀”的一种危险境地；另外，那些产品已经进入欧共体市场并受到这些二级立法影响的外国公司，也会提出损害赔偿要求。这一方面会给共同体带来巨大的财政负担，另一方面也将导致欧共体法律秩序的混乱，不利于共同体法律的统一实施，进而影响到欧洲一体化的深入发展。

然而，欧洲法院在维护共同体的整体利益方面仍然面临着很多困难，这主要来自以下两个方面：

第一，欧洲法院虽然否定了 WTO 协议的直接效力，但它却日益感到不能对 WTO 法视而不见，如何协调二者之间的关系已经成为其必须考虑的问题（如 DSB 对欧共体的香蕉进口体制、荷尔蒙牛肉禁令及普惠制反毒品安排所作出的裁决已迫使其在政策和法律方面做出了相应调整）；[①]

---

① 本书第五章将对欧共体贸易政策与法律的调整及其原因展开论述。

第二，正如德国诉欧共体理事会案[①]（第一香蕉案）所暴露的，欧共体与其成员国的冲突也时刻影响着它所关心的“整体”利益，如何调节欧共体和其成员国在某一事件或某一具体法律问题上的分歧，也是欧共体出于自身利益不得不考虑的问题。

因此，如何在实施 WTO 协议的同时最大限度地维护欧共体的整体利益，不仅是一个法律问题，更是一个现实的政治问题。

三、维护共同体的机构平衡及权力平衡

欧洲法院拒绝赋予 WTO 协议直接效力的一个重要理由是，由欧洲法院依照 WTO 协议对欧共体法进行审查将使欧共体立法与行政机构受到不必要的束缚，并使它们不能享有欧共体主要贸易伙伴的类似机构所享有的自由裁量权。这与西方宪政理论中的分权原则是相一致的：法院并不适于评判有关社会、经济或政治的一般政策抉择，这一职责最好应由执行性机构在立法机构规定的限度内履行。而 WTO 协议的直接效力会增加行政机构、个人以及法院的权利：行政机构有权无须特别的国内立法而直接依据 WTO 协议的规定采取举措，个人可以直接按照 WTO 协议的规定享有权利和承担义务；更为重要的是，二者都可以运用此种权利来挑战国内法；最后也是最为重要的是，法院被置于与政府和立法机构同等的地位，它可以依据国际法优先原则来推翻与 WTO 义务相抵触的国内法。[②] 简言之，WTO 协议的直接效力对国内的公、私主体之间的宪法权力关系产生了重要影响。因此，欧共体和其他主要贸易伙伴都基于同样的政治理念而采取了一致的基本策略，即力图使 WTO 法在本国之外产生最大的影响以扩大本国享有的市场准入权，而同时又尽可能地保持本国传统的、宪法规

---

① C－280/93, Federal Republic of Germany v. Council of the European Union, [1994] ECR I－4973.

② 孔祥俊：《WTO 法律的国内适用》，人民法院出版社 2002 版，第 85 页。

定的权力分配不受影响。[①] 就欧共体来说，立法权和对外交往权主要掌握在欧共体委员会、部长理事会等政治机构手中，欧洲法院则是司法机构。一旦承认 WTO 规则的直接效力，欧洲法院就有权宣告共同体立法机关的二级立法因违反 WTO 规则而无效，欧共体法律因此受到法院更多的司法控制，其他机构的权力将受到限制，共同体现行的权力分配格局也将受到影响。而对于如何适用 WTO 协议，政治机构总是希望最大限度地保留其自行决定权和政治灵活性的，这就要求欧洲法院进行自我约束，实行司法自制（judicial self-restraint）。

具体而言，欧洲法院通过拒绝给予 WTO 协议以直接效力而对自身的权力进行了约束：首先，从政策的角度考虑，赋予 WTO 协议直接效力，由欧洲法院对欧共体法是否符合 WTO 协议进行审查，将削弱欧共体立法和行政机构根据不同的环境采取对外政策的自由，并将束缚欧共体谈判者的手脚；其次，通过拒绝给予 WTO 协议以直接效力，欧洲法院就可避免对 WTO 协议进行解释这一难题；再次，通过拒绝给予 WTO 协议以直接效力，欧洲法院还可避免因自身司法权的扩张而干涉专属于 WTO 机构的事务。

此外，从 WTO 的角度而言，如果各成员均给予 WTO 法以直接效力，也未必对 WTO 自身就更为有利。正如 WTO 上诉机构前成员艾勒曼（Ehlermann）所说的：承认 WTO 法具有直接效力，不仅会使法院相对于政府和议会的权力得到加强；而且这还会导致因成员国给予直接效力而引起大量的损害赔偿诉讼，从而使专家小组和上诉机构相对于 WTO 其他政治机构来说得到进一步的加强，最终会对 WTO 自身造成损害。[②]

---

① Francis Snyder, "The Gatekeepers: The European Court and WTO Law", 40 Common Market Law Review (2003) p. 332.

② 转引自 Francis Snyder, "The Gatekeepers: The European Court and WTO Law", 40 Common Market Law Review (2003), p. 335.

四、WTO 协议的国内执行方面缺乏“互惠”

WTO 协议本身并没有具体规定其成员如何实施承担的 WTO 义务，绝大多数 WTO 成员都制定了与 WTO 协议相一致的国内法，而没有把 WTO 协议并入国内法。作为欧共体重要贸易竞争对手的美国和日本①并未在其国内法中规定 GATT/WTO 规则的直接效力，如果欧共体率先承认了 WTO 协议的直接效力，那么欧共体和它们在履行义务方面就会存在严重的不平衡。这一点集中体现于欧洲法院对“葡萄牙诉欧共体理事会”案所作的判决中，欧洲法院指出，鉴于 WTO 协议是建立在互惠及互利安排的基础之上，并且该协议从事实上有别于欧共体与非欧共体成员国签订

---

① 美国是通过国内立法明确排除了 WTO 协议在美国法院的直接效力。从历史上看，GATT 原来系采用议定书方式“临时适用”的，故在美国不属于自动执行条约。1994 年 12 月 8 日，美国总统克林顿签署了《乌拉圭回合协定法》，该法对美国批准和实施 WTO 协议以及国内法律的相应修改作出了详细具体的规定，且开宗明义地规定了“协定与美国法律和州法律的关系”，其中规定：“在发生冲突时美国法律优先。乌拉圭回合协定的任何规定以及任何此种规定对任何人或者情况的适用，如果与美国的任何法律不一致，即不具有效力”；“任何州法律或者此种州法律的适用，均不得以其与乌拉圭回合协定的规定或者适用相抵触为由，而被宣告无效，除非采取了宣告此种法律或者适用无效的行动”。因此，WTO 法只有在“转化”为具体实施多边贸易协议的美国国内法或行政命令之后，才是美国法院和海关可以适用的法律渊源。日本宪法则规定日本缔结的国际条约须善意遵守，国际条约在日本通过并入方式成为日本法的一部分，但国际条约在日本司法实践中是否具有适用效力却没有得到完全解决。尤其在 GATT/WTO 领域，日本迄今并未承认其在日本具有直接效力。在 1990 年日本法院判决的“京都领带案”中，当事人提出日本政府违反了 GATT 规定，其立法行动本身不合法，日本法院则认为，如属违反 GATT，其后果也只是其他缔约方可要求与日本进行磋商或对日本采取报复措施，因此日本的这个立法行为并不违法。尽管日本在缔结 WTO 后尚未有相关的规定或案例，但可以肯定，在美国及欧盟均否定 WTO 法的直接效力的情况下，日本法院面对私人以日本国内法律违反 WTO 法为由提起的诉讼，绝不可能裁定日本法律无效。See J. H. Jackson and A. O. Sykes, Jr., Implementing the Uruguay Round, Oxford: Clarendon Press, 1997, pp. 64 - 166. 另参见李旺：《国际条约在国内的效力及实施问题——日本的相关制度》，张乃根主编：《21 世纪的中国与国际法》，上海人民出版社 2002 年版，第 235—246 页。

的、设立某种不对称的义务或与欧共体建立一体化特殊关系的协定，而欧共体的贸易伙伴在赋予WTO协议直接效力方面缺乏互惠将导致对WTO规则的不一致适用，因此，欧洲法院基于互惠性和权利义务相平衡的考虑拒绝赋予WTO协议以直接效力。并且，如果欧共体承认了WTO协议的直接效力，而其他WTO成员却不这样作，那么与第三国的竞争者相比，共同体的个人将处于不利的地位。因为第三国竞争者可在共同体成员国援引WTO规则以保护其权利，而共同体的个人在第三国则无法援引WTO规则。

另外，从国际政治和经济角度来考察，欧共体在WTO中的地位与作用取决于它在整个国际经贸关系中与美国、日本已形成的政治与经济力量上的“三足鼎立”形势以及世界各国对这种力量对比关系的认可。当美国、日本这两大世界主要贸易强国确定了其拒绝WTO规则直接效力的立场后，欧共体从任何角度讲，当然也只能选择拒绝了。事实上，拒绝WTO规则的直接效力反映的是上述主要贸易国家中主导生产商的利益，因为在他们看来，单边直接实施WTO规则不啻为一种贸易减让。

五、代替“直接效力”的其他法律控制方法

虽然在“葡萄牙诉欧共体理事会案”中，欧洲法院拒绝赋予WTO协议以直接效力，但是该判决“并未剥夺WTO协议与欧共体法的关联性”，[①] 这种关联性体现在，欧洲法院为了将拒绝给予WTO协议直接效力的不良影响降至最低，发展出了其他的依据WTO协议对欧共体机构所采取举措的合法性进行审查的方法，从而使WTO法在欧共体法律秩序中具有了间接效力。这些方法主要包括：

---

① Geert A. Zonnekeyn, “The Status of WTO Law in the EC Legal Order”, 34 Journal of World Trade (2000), p. 124.

首先，欧洲法院发展出了“一致解释理论”（the doctrine of consistent interpretation），要求欧共体成员国的法院在其国内法允许有不同解释的时候，应依照WTO协议的规定对其国内法进行解释。在1996年的德国奶制品案①中，欧洲法院明确指出：在欧共体二级立法可以有一种以上的解释时，应尽可能优先选择与欧共体条约相一致的解释，而实施性法规应作与基础性法规相一致的解释。同理，欧共体缔结的国际协定优先于欧共体的二级立法，这意味着欧共体的二级立法应尽可能以与国际协定相一致的方式进行解释。在Hermès International案和Dior案中，欧洲法院否定了TRIPS条款的直接效力，但认为：由于共同体是TRIPS的成员方，因此各成员国法院为保护知识产权的目的根据国内法采取临时措施时，必须尽可能地按照TRIPS第50条的措辞和宗旨来解释其国内法。欧洲法院之所以将一致解释原则作为拒绝赋予TRIPS条款直接效力的替代方法，其原因可能在于：WTO法在解释国内法的过程中起着非同寻常的作用，而且与直接效力原则可能推翻国内法的激烈作用相比，一致解释可在不推翻国内法的前提下，使国内法尽可能地与WTO的义务相符。② 欧洲学者则从在成员国国内法律秩序中以国际法和共同体法进行一致解释的角度进行分析，认为：一致解释并非要取代直接效力，它可与直接效力共同发挥作用并对其进行补充，而且在逻辑上优先于直接效力，由此，即便一项国际规范具有直接效力，法院仍然可以参照

---

① Case C－61/94，Commission v. Germany，［1996］ECR I－3989.

② 有学者认为，根据一致解释原则，国内法院在对个人在条约下的权利进行司法保障时，所受的限制也较大：它取决于国内法的存在与性质。没有国内立法，便不能进行一致解释；如果对国内法只能有一种解释，也不可能进行一致解释。而且，进行一致解释时不得导致国内法在具体个案中被条约替代适用，更不得导致国内法的无效。因此，从表面上看，一致解释原则可以尽最大可能地同时维护国内法和国际法，但其实质还是在于维护国内法。余敏友、陈卫东：《欧共体围绕WTO协议直接效力问题的争论及其对我国的启示》（一），《法学评论》2001第3期。

国际法来适用本国法律从而避免直接冲突。①

其次，欧洲法院在总体否定 WTO 协议直接效力的基础上，还通过上述 Fediol 案和 Nakajima 案创立了适用 WTO 协议的两项例外。按照这两项例外，如果欧共体二级立法明确提及了 WTO 协议的特定条款，或打算实施在 WTO 框架内承担的某项特定义务，欧洲法院将以 WTO 协议为依据对欧共体立法的合法性进行审查。②虽然从欧洲法院审理的涉及 GATT/WTO 协议的判例可以看出，欧洲法院对这两个例外的适用规定了严格的前提条件，并且即使这两个例外在少数案件中得以适用，欧洲法院在按照 WTO 协议的相关规定对欧共体的立法进行审查后，也一般会裁决欧共体的立法没有违反 WTO 协议的规定。但是，这两个例外的作用显然是不容低估的，因为这两个例外的存在，就如同悬在欧共体机构头上的达摩克利斯之剑，它使得欧共体机构在制定立法时，不得不考虑 WTO 协议的规定，并对 WTO 协议表示应有的尊重。而且，对于什么是“明确提及 WTO 协议的特定条款”、什么是“意在实施 WTO 框架内的特定义务”，欧洲法院并未作详细说明，这就使欧洲法院在以后的审判实践中给自己留下了较大的自由裁量余地。因此，借助这两项例外，欧洲法院实际上使 WTO 协议在欧共体法律体系中处于能够威慑但却无法干涉欧共体机构的地位，而 WTO 协议所起的这种不愠不火的作用，恰是欧洲法院追求的目标。正如英国欧盟法专家 Snyder 教授所说：在 WTO 法与欧共体法的关系方面，直接效力理论并不如上述两

---

① Gerrit Betlem and André Nollkaemper, “Giving Effect to Public International Law and European Community Law before Domestic Courts. A Comparative Analysis of the Practice of Consistent Interpretation”, 14 European Journal of International Law (2003), p. 569. 这似乎意味着在处理欧共体内部关系上，当 WTO 法和欧共体某一成员国的法律发生冲突时，WTO 法可能成为判断欧共体成员国行为合法性的基准。

② 国外有学者将这两项例外统称为“执行性例外”（implementation exception）。See Piet Eeckhout, “Judicial Enforcement of WTO Law in the European Union: Some Further Reflections”, 5 Journal of International Economic Law (2002) p. 99.

项例外和一致解释那样更为有效。[①]

可见，欧洲法院拒绝给予WTO协议直接效力的原因并非主要在于WTO协议的性质或者特点（如保障措施协定的弹性、争端解决机制的缺陷等），而是与政治考虑息息相关。实质上，在处理WTO协议在欧共体法律秩序中的效力问题时，欧洲法院所扮演的并不是一个纯粹的司法角色，而是一个政治角色或者说是政策执行者的角色。[②] 简而言之，欧洲法院出于对欧共体整体利益及其内部政治架构和权力平衡的维护而拒绝给予WTO协议直接效力的做法是可以理解的。从煤钢联营到三个共同体的建立，从关税同盟到共同市场的建设，从经济货币联盟的建成到以缔结宪法条约为标志的“欧洲联邦”的初具雏形，从初创时的6个国家扩大到现今的28个成员国，这每一项一体化成果的取得都是来之不易的；而欧共体作为由主权国家组成的区域性一体化组织，其对内的凝聚力（合力）是要大大弱于主权国家的，因此它比其成员国更加注重对其“核心利益”的维护。这些“核心利益”不仅包括经济上欧共体总体及其成员国的利益，而且包括体制上共同市场的建立和巩固、法律上欧共体法的至上性（supremacy），还包括欧共体对其成员国的有效管理等。而WTO协议的复杂性、不可预期性以及其对国（区域）内法和国（区域）内社会的强大渗透力，加之其日益增多的议题（投资、环境、人权等）[③] 使欧共体感到，如果赋予WTO协议以直接效力，那么它对上述核心利益的维护将遭遇到巨大的挑战。正如美国学者Sara Dillon所说：很难想象还有另一项国际贸易协定能如此威胁到

---

① Francis Snyder, “The Gatekeepers: The European Court and WTO Law”, 40 Common Market Law Review (2003) p. 313 - 367. 通过本文第三章关于DSB裁决直接效力的最新判例分析，欧洲法院后来对所谓“执行性例外”进行了限制性解释，其实际效用对于个人诉求仍很有限。

② 陈海波：《世贸组织协议在欧盟法中的法律地位：欧共体法院在区域一体化抗拒全球化过程中的作用》，载范思红、丛林：《我们眼中的欧洲法律——中欧法律和司法合作项目学术论文精选》，中国法制出版社，2005年版，第1—27页。

③ 在欧共体看来，WTO日益增多的议题无疑大大增加了赋予其直接效力后的不可预期性。

共同体立法机制的管制性裁量权；也很难预见到会有另一项国际协定能提供如此多的诉因以出人意料且富于创造性的方式来挑战共同体立法的合法性。[①] 换言之，正是 WTO 法律体系的演进性（an evolving system of law）使得欧洲法院发展出判例法来过滤掉其对共同体法律秩序广泛而无法预知的影响。

总之，欧共体/欧盟作为由主权国家组成的一个经济高度一体化的区域性组织，其贸易政策与法律，不仅受制于成员国之间立场与利益的冲突与协调，而且受制于欧共体与成员国之间在 WTO 事务上的分工与合作。在法律上它不愿也不能轻易地改变微妙的现行权力分配模式，在政治上它不肯也不敢冒丧失其执行 WTO 协议的灵活性的风险，主观上它不能容忍在执行 WTO 协议时与其他成员权利义务的失衡，客观上它无法预见 WTO 协议直接效力所带来的后果，自然而然，它就对 WTO 协议的直接效力抱着这样一种消极的态度。[②] 实际上，欧共体的这些考虑也普遍存在于其他 WTO 成员，特别是经济大国当中。

欧洲法院虽然通过一系列判决从总体上否定了 WTO 协议的直接效力，可是近年来欧盟域内的私人当事方，尤其是那些受到不

---

① Sara Dillon，International Trade & Economic Law and the European Union，Oxford，Portland：Hart Publishing，2002，p. 384. 有学者提出，WTO 法对欧共体法律秩序带来如下挑战：首先，欧洲法院（以及其他共同体机构）能否适用与解释 WTO 法？如果答案是肯定的，那么二者间的整体关系怎样的？其次，究竟是 WTO 法构成共同体法律秩序的一部分，还是共同体法是世界贸易体制的一部分？虽然二者在管辖范围上有重合，但是二者是否均是自主性的法律体制？第三，WTO 法在欧共体法律秩序中到底具有何种效力，亦即 WTO 法能否约束共同体机构，其在效力等级上是否优先并且能在共同体内直接适用？最后，WTO 的裁判机构，主要是常设上诉机构的裁定能否在共同体法律秩序中具有约束力并得以直接适用？简而言之，即欧洲法院解释与适用 WTO 法的权限；欧共体与 WTO 法律制度的整体关系；WTO 法在欧共体法律秩序中的效力；WTO 争端解决报告在欧共体法律秩序中的地位。See N'Gunu N. Tiny，Judicial Accommodation：NAFTA，the EU and the WTO，Jean Monnet Working Paper 04/05. New York：New York University School of Law，NY 10012. 本书主要结合后两个问题进行了探讨，但在论述过程中对其他两个问题也有涉及。

② 余敏友、陈卫东：“欧共体围绕 WTO 协议直接效力问题的争论及其对我国的启示”（二），《法学评论》2001 第 4 期。

利影响的香蕉贸易商，却“锲而不舍”地一再依据DSB的相关裁决或建议向欧洲法院提出损害赔偿或无效宣告之诉，而且其诉讼理由层层递进，使得欧洲法院及其初审法院不得不面对DSB裁决的直接效力这一问题，第三章将就此展开论述。

第三章　DSB 裁决在欧盟法律体系中的地位与效力

WTO 争端解决机构（以下简称 DSB）裁决的直接效力问题，即个人是否可以援引 DSB 裁决（包括已采纳的专家小组报告和上诉机构报告）主张其权利，是 WTO 协议直接效力问题的必然延伸。在欧洲法院发展出有关 WTO 协议在欧共体内的直接效力问题的判例法之前，就有学者提出，应给予 WTO 专家小组和上诉机构报告一定的直接效力，因为这样做不仅不会使 WTO 法具有整体的直接效力，而且可以确保 WTO 的裁决得到适当的执行。此外，一旦 WTO 作出裁决，也就不应再对 WTO 法的确定性和牢靠性抱有怀疑态度了。① 对于 DSB 裁决的效力问题，学术界一直存在着激烈的争论；② 笔者认为，所谓 DSB 裁决的效力问题实际

---

① Piet Eeckhout, "Judicial Enforcement of WTO Law in the European Union: Some Further Reflections", 5 Journal of International Economic Law (2002), p. 104.

② 至于"先例"效力，有学者认为，"在 GATT1947 体制下，一种普遍接受的观点是经采纳的专家组报告中的结论和建议对涉案的缔约方是有约束力的，但是以后的专家组并不认为其受以前专家组报告细节和（法律）推理的约束。" See: E-U Petersmann, The GATT/WTO Dispute Settlement System, Kluwer Law International, 1997, P. 76. WTO 明确涉及这一问题的案件是日本酒税案，该案的上诉机构详细分析和阐述了 GATT 缔约方通过的专家组报告的法律地位问题，认为"各专家组确实经常引用其他专家组报告中的意见……但专家组报告除了对个案当事方具有约束力外，并没有其他约束力。"已经通过的专家组报告经常为后来的专家组所考虑，它们在 WTO 成员间产生了合理期待，因此，在与某一争端相关时应加以考虑。"参见杨国华：《论 WTO 专家组和上诉机构报告的效力》，《北大国际法与比较法评论》（第 1 卷），北京大学出版社 2002 年版，第 190—199 页。

上涉及到三个层次的法律问题，第一，从WTO自身的角度来说，前案裁决所采纳的专家组和上诉机构报告是否对后案具有约束力，即所谓的“先例”效力（stare decisis）；第二，DSB裁决在国际法层面的效力问题；第三，则是DSB裁决的直接效力问题，即个人是否可以援用该裁决在国内法院主张相关权利。本章主要是从理论和实践上对后两个层次的法律效力问题进行论述；首先对有关DSB裁决效力的学术争论进行理论概述，对各方观点进行评析，以廓清对WTO争端解决机制，乃至整个WTO体制的种种误解；然后结合欧洲法院一系列判决，尤其是近期的案例，来探寻DSB裁决在欧盟法律体系中的地位与效力，最后对欧洲法院否定DSB裁决直接效力的原因进行简要评论。

第一节　有关DSB裁决法律效力的学界争论概述

DSB裁决所采纳的报告，不论是专家小组报告，还是上诉机构的报告，其法律效力问题都存有疑义。根据WTO《关于争端解决的规则和程序的谅解》（DSU）的有关规定，如果专家小组或上诉机构报告裁定争议措施与WTO相关协议相悖，专家小组或上诉机构应作出要求败诉方“使其措施与有关协议规定相符”的建议，并提出履行这些建议的各种方法。可问题在于：DSB采纳的报告是否具有法律效力，即争议成员是否因此负有使其国内法与WTO协议相一致的义务？换言之，成员是否有权在执行和支付赔偿之间进行选择？从国际法角度而言，依照DSU所作出的报告是否具有国际法的拘束力？还是须再得到当事国的同意？对此，国外学者之间产生了激烈争论。

一、否定DSB裁决法律效力的学说

对于WTO规则及其裁决或建议的效力，《美国国际法杂志》编委朱迪斯·贝诺女士（Judith Bello）于1996年在该刊物上撰文认为：与之前的GATT规则一样，WTO规则在传统意义上完全不具备法律约束力。WTO规则依赖于国家对它的自觉遵守。GATT/WTO体系具有兼容国家主权行为的灵活性，它同时通过激励措施来促进对贸易规则的遵守。贝诺认为当违反WTO规则或不遵守WTO专家组对某成员不利的裁定时，不能指望会有监禁、强制性救济、对损害的赔偿或警察式的强制执行。WTO没有监狱、没有保释担保人、没有蓝盔部队（联合国维和部队）、没有警棍和催泪瓦斯。……WTO改进了GATT的争端解决机制，但没有从本质上改变它的外交协商的特点。贝诺还借用专家组成员的话认定，对WTO规则的遵守是选择性的而非强制性的。[①]在她看来，当WTO成员的法律或措施受到挑战时，有关成员可以有三种选择：第一种，撤销违反WTO规则的法律或者措施。第二种，继续维持该法律或措施，但提供相应赔偿以恢复各成员方通过关税减让谈判达成的（权利义务）平衡状态。第三种，继续维持违反WTO规则的法律或者措施并且不提供相应赔偿，从而接受可能的WTO机构授权的针对其出口产品的报复措施。根据贝诺的论述，WTO显然只是旨在“维持通过协商谈判达成的成员方之间权利义务平衡”的游戏规则而非法律规则。

贝诺的观点代表了一部分学者的看法，他们认为WTO规则所确立的义务不是严格意义上的法律义务，相应的WTO规则也不是严格的法律规则；芝加哥大学的塞克斯教授（Alan O. Sykes）基于国内合同法的有关理论，更进一步提出：（1）根

---

① Judith Hippler Bello, “The WTO Dispute Settlement Understanding: Less Is More”, 90 American Journal of International Law (1996), pp. 416, 416-17.

据DSU第3条、第21条的规定，执行DSB裁决或建议，撤销与WTO协议不符的措施只是争端解决机制通常情况下（Usually）的首要目标，而不是在任何情况下（Always）的首要目标，这暗示着在某些情况下可以首先选择其他的责任承担方式。（2）一些国家特别是美国国内的合同法，允许违约方向对方支付损害赔偿，而不再履行该合同的义务。而WTO争端解决程序中也应允许这种“有效违反”（efficient breach），无论采用哪种方式，只要能维持权利义务的平衡即可，责任承担的方式之间没有优先之说。[①] 实质上，贝诺和塞克斯都是主张WTO义务可以根据所谓“平衡”或“效率”之类的理由而忽视“效力”，这类主张在根本上否认、贬低或曲解了WTO法的国际法性质。在方法上，显然是以国内法特别是“私法”的某些原理进行论证，而这类私法原理并不适合于作为国际“公法”的WTO法。

二、肯定DSB裁决法律效力的学说

杰克逊教授对贝诺的观点予以了反驳。[②] 他指出，国际法义务（的执行）是存在贝诺所说的没有监狱、没有保释担保人、没有蓝盔部队、没有警棍和催泪瓦斯的弱点，国际法还不具有主权国家的国内法那样的“单一强制力”。强制执行的国际法规则与强制执行的国内法规则在本质上是不同的。当违反已被采纳的WTO专家组报告所确立的国际法义务时，国际法提供了多种方式来处理违法问题，虽然这些方式并不总是有效的。但是这与

① Alan O. Sykes, “The Remedy for Breach of Obligation under WTO Dispute Settlement Understanding: Damages or Specific Performance?”, New Directions in International Economic Law, Marco Bronckers and Reinhard Quick (eds.), Kluwer law International, 2000, p. 349.

② John H. Jackson, “The WTO Dispute Settlement Understanding-Misunderstandings on the Nature of Legal Obligation”, 91 American Journal of International Law (1997), p. 60

WTO 规则是否具有传统意义上的法律拘束力是两个不同的问题。WTO 规则当然具有传统国际法意义上的拘束力。他还援引了 DSU 的若干条款①证明 WTO 规则并不是选择性规范，成员方对规则的遵守是首要的，当违法行为发生时，撤销违法措施始终都优先于补偿措施。他后来进一步指出，争端解决程序最重要、最核心的政策目标是为多边贸易体制提供保障和可预见性。WTO 争端解决机制被设计为一个可以信赖的、客观的和非政治性的（没有偏见的）机制。大国富国有更强的选择责任形式的实力，如果允许选择责任形式，则会为大国富国提供便利，这会损害上述基本政策目标。另外，无论是“重新平衡”和“有效违反”都不是、也不应该是争端解决程序的中心目标。国内法上的“有效违反”不能被简单地移植到 WTO 争端解决程序中来。② 还有学者提出，应当区别对 WTO 的初级义务（WTO 协定规定的义务）的遵守和对所谓次级义务亦即 DSB 裁定和建议的遵守。从法学逻辑上说，是初级义务决定了次级义务的范围，而不是相反。所谓次级义务决定了初级义务的范围，实质上相当于认为是

---

① 即 DSU 第 3 条第 7 款、第 19 条第 1 款、第 22 条第 1 款以及第 22 条第 8 款，其中第 3 条第 7 款规定：“……在无法找到相互同意的解决办法时，争端解决机制的首要目标通常是求得撤销那些不符合涵盖协定规定的有关措施。只有马上撤销该措施不现实可行时，才诉诸补偿的规定，而且是作为在撤销不符合涵盖协议的措施前的一种临时措施。本谅解给引用争端解决程序的成员提供的最后的可诉诸的手段，是经 DSB 批准，单独对另一方中止适用涵盖协议规定的减让或其他义务。”；DSU 第 19 条第 1 款规定：“凡专家组或上诉机构认为某措施不符合一个涵盖协议，它应建议该成员使该措施符合该协议。……”；第 22 条第 1 款规定：“补偿和中止减让或其他义务属于在建议或裁决未在合理期限内执行时可采取的临时措施。但是无论是补偿还是中止减让或其他义务均非可取的选择，最好是全面履行建议使被诉措施符合该涵盖协议。”；第 22 条第 8 款规定：“减让或其他义务的中止是暂时性的，只能实行到下述时间为止：被认定为不符合涵盖协议的措施被取消，或者应执行建议或裁决的成员提出了解决被抵消或损伤利益的办法，或达成了相互满意的解决办法。……”

② John H. Jackson，“International Status of WTO Dispute Settlement Report：Obligation to Comply or Option to ‘buy out’?”，98 American Journal of International Law（2004），p. 117—119.

WTO法的遵守决定了WTO法的性质。①

本书赞同杰克逊教授为代表的“国际法义务论”学者的观点，② 应该说WTO下的法律救济形式呈现了明显的等级性，其中，终止不法行为是WTO法律救济首要的和主要的形式，其他的责任形式如补偿和接受报复（胜诉的成员方中止履行义务）只是在不能立即停止违法措施或违法行为方选择继续违反WTO义务的条件下才能适用。其中，报复的适用还要在补偿之后，即无法适用补偿的情形下（受害成员方与违法成员方在合理期限届满20天内未能达成补偿协议）才能适用。并且补偿和报复都是临时性和权宜性的，其目的还是为了诱导违法成员方停止不法行为，继续履行法律义务，一旦对方已停止不法行为，补偿和报复就要立即终止。显然，WTO下的法律救济形式是逐步升级的、

---

① Jeff Waincymer, WTO Litigation, Procedural Aspects of Formal Dispute Settlement, p. 659 – 664, Cameron May, 2002. 有些学者将国际法规则分为三个不同的等级，即“初级规则”、“次级规则”和“三级规则”。初级规则（the primary rules）或称一级规则，指的是确定主体行为的合法性或非法性以及责任内容的规则；次级规则（the secondary rules）或称二级规则，指的是确定不法行为的存在及其法律后果的规则；三级规则（the third category rules）是有关责任的履行及其所产生的其他法律后果的规则。从内容上而言，初级规则属于实体法规则，例如“主权平等原则”、“不干涉内政原则”、“外交使团不可侵犯原则”等。当代国际法中的实体法已经是相当发达的。次级规则构成国际责任法（the law of international responsibility），一般适用于不管任何渊源的国际不法行为。三级规则是有关履行责任的规则，包括有关处理国际求偿的规则与惯例、争端解决程序、国际性法庭和其他机构的管辖权问题以及执行与制裁，基本上属于程序性规则。See: Oscar Schachter, International Law in Theory and Practice, 1991, p. 202；而另有些学者（如哈特）将国际法规则分为初级规则和次级规则两类：初级规则为确定权利和义务的规则，次级规则指实施规则。See also H·L·A· Hart, The Concept of Law, 1961, p. 89 – 96. 转引自江国青：《略论国际法实施机制与程序法制度的发展》，《法学评论》2004年第1期。

② See John H. Jackson, “Dispute settlement and the WTO”, 1 Journal of International Economic Law（1998）, p. 335. 我国大多数学者也支持此观点，具体参见赵维田：《世贸组织（WTO）的法律制度》，吉林人民出版社2000年版；赵维田：《WTO司法机制的主要特征》，《北大国际法与比较法评论》（第1卷），北京大学出版社2002年版。张乃根：“论WTO争端解决机制的几个主要国际法问题”，《法学评论》2001年第5期；张乃根：“试析WTO争端解决的国际法拘束力”，《复旦学报（社会科学版）》2003年第6期。

层层递进式的，它们在适用上存在先后。反过来讲，如果否定救济形式的这种等级性，而允许 WTO 成员任意选择，其结果将是成员方可以任意维持违反 WTO 义务的措施，从而使 WTO 协定变为一纸空文，并与贸易自由化的目标背道而驰。尽管此时成员方通过补偿和接受报复也达到了维持利益平衡的效果，但是此时的利益平衡等于是各方在原有的自由化水平上各自倒退而达到的平衡，这种不断递减的平衡将使多边贸易体制最终不复存在，从而使各成员相互之间不再有利益可循。

前 WTO 总干事拉米也表达了和杰克逊教授相同的观点，他强调：WTO 争端解决机制的着眼点在于促进对规则的遵守而非对违反义务的补偿。① 当然 WTO 争端解决机构和国际法院（ICJ）一样，并不能直接对国家强制执行裁决和实施制裁，但这一点也正符合国际法本身的特性，即国际法的实施方式与国内法不同，它是依赖国家的单独或集体的行为“自助”实施的，归根结底，国际法的实施必然依赖于国家和属于国家的机关忠实于国际法。“和所有的法律一样，国际法最终依赖于受该法律约束的人对它的主观意愿，这一点无论是否存在对于违法的制裁都一样。WTO 法也是如此，从这点上讲，WTO 法与其他国际法律规范只有程度上的区别而没有种类上的不同。最终，守法的意愿是必需的。”②

上述学理争论对我们了解 WTO 体制的特性有所帮助，有利于廓清对于 WTO 争端解决机制的种种误解与不切实际的幻想。而从欧洲法院在有关判决中所体现的法理分析和逻辑推理来看，

① Pascal Lamy, “The Place of the WTO and Its Law in the International Legal Order”, 17 European Journal of International Law (2006), p. 996.

② James Bacchus, “Groping Toward Grotius: The WTO and the International Rule of Law”, 44 Harvard International Law Journal (2003), p. 547.

DSB 裁决在共同体法律体系中的法律地位甚至还不如 WTO 协议；[①] 起初欧洲法院一般不承认 DSB 裁决的直接效力，即个人不能援用 DSB 相关裁决在法院主张其权利，并把 DSB 裁决的“可援用性”与 WTO 协议的直接效力混同。尽管欧洲法院在涉及“荷尔蒙牛肉案”[②] 的案件中似乎倾向于允许个人在法院援引 DSB 裁决，并试图将其与 WTO 协议的直接效力加以区别；可在随后的一系列判决中它都“不改初衷”、毫不犹豫地拒绝赋予 DSB 裁决以直接效力，而无论原告是基于何种诉由。以下将就相关案例进行简要分析，以便能体察出欧洲法院在这一问题上的微妙态度。

第二节　欧洲法院有关 DSB 裁决直接效力的判决

就共同体法律秩序而言，WTO 专家小组或上诉机构裁决的效力问题已经在欧洲法院的多个判决中提起。在香蕉争端诉讼过程中，有多个案件诉诸欧洲法院，试图援引 DSB 的相关裁决以宣告香蕉进口条例无效或要求损害赔偿。欧洲初审法院首先采取的方法是通过缩小 WTO 专家小组或上诉机构裁决的范围来回避该问题，从而拒绝就整个香蕉关税配额体制进行审查。

---

① 虽然欧洲法院及初审法院的一系列判决均是否定 DSB 裁决的直接效力或可援用性，但其推理过程中的判决理由实际上针对的是 DSB 裁决在国际法意义上的拘束性，正是通过贬损 DSB 裁决的国际法拘束力而达到否定其直接效力的结果。

② Appellate Body Report, European Communities—Measures Concerning Meat and Meat Products (Hormones), WTO Docs. WT/DS26/AB/R & WT/DS48/AB/R (Jan. 16, 1998) (adopted Feb. 13, 1998).

一、Chemnitz 案和 Atlanta 案

(一) Chemnitz 案[①]

原告 Chemnitz 公司是一家德国水果贸易公司。1996 年，它根据欧共体理事会第 404/93 号条例（香蕉进口体制）第 30 条向欧共体委员会申请香蕉进口许可证。但委员会拒绝了这一申请。原告便根据《欧共体条约》第 230 条（原 173 条）向欧洲初审法院起诉，主张委员会的该决定无效。其理由是：WTO“欧共体香蕉进口体制案”的上诉机构已确认第 404/93 号条例的某些规定与 WTO 协定不符。[②] 而任何基于“不合法”的条例的决定应当被确认为无效。委员会认为，WTO 上诉机构报告不能被个人援用，理由是：首先，该报告仅仅具有建议（recommendation）性质，而并未对 WTO 成员施加修改其立法的义务。WTO 成员可以以作出补偿或被对方报复为代价，保留不符合 WTO 协定的国内措施。其次，就 GATT1994 的性质而言，它是不能被直接援用来起诉共同体法的有效性的。而且，承认欧共体之外的一个司法或准司法机构的裁决的可援用性将侵蚀欧洲法院的司法垄断地位。1999 年 9 月 28 日，欧洲初审法院作出判决。它认为，欧共体已通过了第 1637/98 号条例，对 404/93 号条例进行了修正并已符合 WTO 上诉机构报告。而且，原告未能在 WTO 上诉机构报告和无效之诉之间确立必要的联系。如果个人要援用 WTO 上诉机构的报告，那么他必须证明该报告对欧共体施加了无条件的、足够清楚和精确的义务。但本案的原告不能满足这些要求。最终欧洲初审法院判决原告败诉，但它回避了

---

① Case T－254/97，Eruchthandelsgesellschaft mbH Chemnitz v. Commission [1999] ECR II－2743.

② 参见 1997 年 9 月 9 日 WTO 上诉机构针对欧共体“香蕉进口体制”提交的报告。WT/DS27/AB/R，European Communities － Regime for the Importation，Sale，and Distribution of Bananas.

WTO 上诉机构报告是否有直接效力的问题。

（二）Atlanta 案[①]

Atlanta 也是德国的一位香蕉贸易商，曾根据《欧共体条约》第 288 条（原第 215 条）向欧洲初审法院起诉，诉由是欧共体第 404/93 号条例（香蕉进口体制）损害了其利益，并要求损害赔偿。1996 年 11 月 11 日，欧洲初审法院作出判决，否定了原告的诉求。Atlanta 因而向欧洲法院上诉，理由是 WTO“欧共体香蕉进口体制案”的上诉机构的报告已确认 404/93 号条例与 WTO 协定不符，证明了其损害赔偿要求是正当的。Atlanta 还强调，其援用的并不是 WTO 实体规则，而是 WTO 上诉机构的报告。1999 年 5 月 6 日，欧洲法院法律总顾问 Mischo 在向法院提交的一份法律意见中指出：欧共体个人不能援用 WTO 上诉机构报告来主张权利。他认为，基于一项国际协定建立的（司法）机构的决定在欧共体法中的地位，取决于该国际协定在欧共体法律体系中的地位和效力。同时，上诉机构裁决某一成员的立法措施违反了 WTO 协议，可其并没有向该成员施加任何必须立即修改其立法措施的义务。根据 DSU 第 21 条第 3 款，WTO 成员有“合理期间”来执行上诉机构裁决并使其立法与 WTO 法相符。而且，DSU 第 22 条还规定：如果争端当事方就合适的补偿已达成协议，那么 WTO 成员在合理期间届满后仍可维持适用其国内立法。因此，法律总顾问认为个人不能依据上诉机构报告来支持其主张，包括损害求偿的权利；欧洲法院则根本没有关注该问题。[②]

欧洲法院及欧洲初审法院在上述两案的判决中，都触及到了

① Case C-104/97, P Atlanta v European Community, [1999] ECR I-6983.

② Geert A Zonnekeyn., “the Status of Adopted Panel and Appellate Body Reports in the European Court of Justice and the European Court of First Instance”, 34 Jounnal of World Trade (2000), pp. 93-108.

WTO 上诉机构报告在欧共体法律秩序中的地位这个敏感问题，可是二者对其都采取了较为谨慎保守的态度，就好像不愿意打开一个充满了未知数的“潘多拉盒子”一样。对此，有学者发表了不同意见，认为，通过研究欧洲法院以前所作的第 1/91 号意见[①]可以看出，对某一国际协定缔约方之间的争端作出的司法裁决是否具有拘束力并不取决于该协定是否具有直接效力。欧洲法院在第 1/91 号意见中的判例法表明，它准备接受专家小组和上诉机构在有关案件中对 WTO 法做出的有拘束力的解释。考虑到 WTO 争端解决机制的司法性，这是应遵循的推理思路。留给 WTO 成员是否执行专家小组和上诉机构裁决的自由裁量空间，不应成为争端当事方在欧洲法院和初审法院的诉讼中援引这些裁决的障碍。[②]

二、葡萄牙诉理事会案及香蕉系列求偿案

葡萄牙诉理事会案（Portugal v. Counci）[③] 是欧洲法院明确拒绝赋予 WTO 协议直接效力的首例案件。在审理过程中，欧洲法院以 DSB 裁决的执行效力为主要对象，对于 WTO 争端解决机制进行了性质认定，并且在此基础上，作出 WTO 协议在共同体法

---

① Opinion 1/91, Draft agreement relating to the creation of the European Economic Area, [1991] ECR I-6079. 该意见中的主要观点是：“在国际条约设置了自己的法院体系，包括对一个解决成员方之间就该条约所产生的争议拥有管辖权以及由此而对解释该条约的条款具有管辖权的法院的情况之下，该法院的裁决对欧共体机构具有约束力。如果欧洲法院于初步裁决程序或直接诉讼程序中被要求对该国际条约作出解释，那么只要该条约是欧共体法律体系的组成部分，该法院的裁决就仍然具有约束力。”可见，按照欧洲法院的观点，如果 WTO 专家小组和上诉机构是一个类似于法院（Court-like）的机构，并且 WTO 协议是欧共体法律体系的组成部分，那么 WTO 专家小组和上诉机构对 WTO 协议所作的解释即对欧洲法院具有约束力。

② Geert A. Zonnekeyn, “The Status of Adopted Panel and Appellate Body Reports in the European Court of Justice and the European Court of First Instance The Banana Experience”, 34 Journal of World Trade (2000), p. 108.

③ Case C-149/96, Portugal v. Council, [1999] ECR I-8395.

律体系中不具有直接效力的判决。因此，该案对于理解 DSB 裁决在共同体法律体系中的法律地位问题，具有十分重要的意义。

在法院看来，即使 DSB 作出了 WTO 成员的措施不符合 WTO 规则的认定，WTO 争端解决机制仍然相当重视当事方之间的协商谈判。① 具体而言，根据 DSU 第 3 条第 7 款和第 22 条的规定，WTO 争端解决机制的主要目标，原则上看，是确保败诉方撤销被认定违反 WTO 规则的措施。如果不能立即撤销违反 WTO 规则的措施，可以申请确定延迟执行的合理期间。败诉方仍然不能在合理期间届满前执行 DSB 裁决和建议的，还可以在合理期间届满前与胜诉方进行补偿谈判。如果在合理期间届满后 20 天之内没有达成补偿协议，胜诉方可以请求 DSB 授权对败诉方中止减让或 WTO 协议所要求的其他义务。DSB 裁决的整个执行过程中，当事方均可以进行谈判磋商，以达成满意的解决办法。法院提出，要求法院阻止实施违反 WTO 协议的国内法规则（即欧共体立法或措施），会剥夺立法或行政机构依据 DSU 第 22 条规定通过谈判达成满意的解决办法的可能性。

虽然葡萄牙诉理事会案并不直接涉及 DSB 裁决直接效力问题，但是欧洲法院的上述认定对于此后有关 DSB 裁决直接效力问题的认定，产生了重要影响。在该案之后，欧洲法院还审理了有关共同体与美国等国家香蕉贸易战的 Cordis 案、T Port 案、Bocchi 案和 OGT 案等一系列案件。② 前三个案件中，初审法院重申了在葡萄牙诉理事会案中的观点，认为 WTO 规则无意赋予私人权利，共同体不能因为违反 WTO 规则而承担非契约责任。

---

① Allan Rosas, "Annotation of Case C-149/96 Portugal v. Council", 37 Common Market Law Review (2000), p. 797.

② Case T-18/99, Cordis Obst und Gemüse Groβhandel GmbH v Commission of the European Communities, [2001] ECR II-913; Case T-30/99, Bocchi Food Trade International GmbH v Commission of the European Communities, [2001] ECR II-943; Case T-52/99, T. Port GmbH & Co. KG v Commission of the European Communities, [2001] ECR II-981; Case T-174/00, C-307/99, OGT Fruchthandelsgesellschaftv. Hauptzollamt Hamburg (OGT), [2001] ECR I-3159.

1998 年关于欧共体香蕉体制的修正案并不具备使法院审查其合法性的条件。同时，法院拒绝适用 Nakajima 例外和 Fediol 例外，认为欧共体既非 Nakajima 例外意义上的意欲执行 WTO 法，也没有明确提及 DSB 裁决中的特别义务或者《WTO 协定》所附协议的特别条款。据此，初审法院驳回原告（德国香蕉贸易商）以涉案措施违反《WTO 协定》所附协议或者滥用权力为由所提出的诉讼请求。在 OGT 案中，欧洲法院援引了在葡萄牙诉理事会案、Dior 案等案件中的判决，认定该案不能适用 Nakajima 例外和 Fediol 例外，GATT1994 第 1 条和第 13 条在欧共体法律体系中不具有直接效力。欧洲法院拒绝适用 Nakajima 例外和 Fediol 例外的理由是，尽管从表面上看，这些香蕉体制修正案与 DSB 裁决相关联，但是其意图不在于履行 WTO 义务。有学者认为这些修正案的内容及理由都清楚地表明是一种对于 WTO 或者 WTO 框架下专家组报告的履行行为，所以欧洲法院的这一理由遭到了严厉的批评。①

香蕉系列求偿案提出了这样的问题：DSB 裁决是否对共同体产生了一项特别而有约束力的使其措施与 WTO 规则相符的义务？如果 DSB 裁决创设了这样的特定义务，接下来的问题就是这一义务在欧共体法律体系中能否产生直接效力？从香蕉系列求偿案的判决似乎可以看出，欧洲法院认为 DSB 裁决对共同体创设了要求其措施与 WTO 规则相一致的义务，但是由于“缺乏互惠性”，WTO 规则不具有直接效力，共同体的立法或措施既非实施特定的 WTO 规则，也未明确提及特定的 WTO 条款，因而即使创设了义务，该义务在欧共体法律体系中也不产生直接效力。葡萄牙诉理事会案含蓄地回答了这两个问题，而香蕉系列求偿案可被视为欧洲法院对前案裁决理由的适用。其后，欧洲法院在 WTO 上诉机构报告的直接效力问题上的态度变得更为精明而微妙，与

① Piet Eeckhout, “Judicial Enforcement of WTO Law in the European Union: Some Further Reflections”, 5 Journal of International Economic Law (2002), p. 108.

荷尔蒙牛肉案[1]紧密相关的Biret案就是一个明证。

三、Biret公司案

Biret International是一家法国肉制品公司，它与其母公司Etablissements Biret et Cie. SA于2000年6月依据欧共体条约第288（2）条[2]向欧洲初审法院提起诉讼，请求判定共同体应对其未履行WTO上诉机构有关荷尔蒙牛肉案的裁决承担损害赔偿责任。[3] Biret公司的诉由主要有两点：首先，自WTO协议生效以来，共同体的荷尔蒙体制就与WTO协议、动植物卫生检疫协定（SPS协定）相冲突；其次，本案诉讼与共同体传统的否定WTO法直接效力的判例不同，因为此处的被诉措施受到了DSB的明确批评，并且自共同体表示其将不顾现有的科研水平而继续维持该禁令时起，该禁令就持续地违反了WTO协议。显然，本案原告只请求法院单独审查DSB裁决的可援引性问题，而不要理会WTO协议的直接效力问题。欧洲初审法院驳回了原告的诉讼请求，并指出，根据长期以来确立的判例法，私人不能依据WTO规则向法院提起诉讼，即使DSB所作的有关裁决也不能改变这一结论；它还强调，WTO协议的目的在于调整国家和区域性组织之间的经济一体化问题，而不在于对私人权利的保护。

Biret公司对欧洲初审法院的判决提出了上诉，从而使得欧洲法院法律总顾问Alber有机会发表对本案的意见。总顾问出人意料地支持了原告的观点，认为：自由贸易是私人在欧共体法律体

① Appellate Body Report, European Communities—Measures Concerning Meat and Meat Products (Hormones), WTO Docs. WT/DS26/AB/R & WT/DS48/AB/R (Jan. 16, 1998) (adopted Feb. 13, 1998).

② 该条款具体内容为：在非契约责任方面，本共同体应根据成员国法律所共有的一般原则，赔偿其机构或公务员在履行职责时造成的任何损害。

③ Biret International SA v Council of the European Union [2002] ECR II-17 and Case T-210/00, Etablissements Biret et Cie. SA v Council of the European Union [2001] ECR II-47.

系下所享有的一项基本权利，如果拒绝对私人因共同体不履行WTO裁决而遭受的损失提供救济，那么这一作法不仅会在私人和国家之间形成不公平待遇，而且将构成对公民基本权利的侵犯；此外，承认私人在国内法院援引DSB的裁决，其本身并不意味着私人有权要求国家遵循WTO裁决，简言之，私人只能就共同体不履行WTO裁决所遭受的损失要求赔偿，而无权强迫共同体以特定方式履行裁决。因此，允许私人依据DSB裁决提起诉讼并不一定会限制共同体在执行WTO规则方面所享有的自由裁量权。总顾问最后明确表示，如果DSB裁决认定共同体违法并且共同体在履行裁决的"合理期间"内没有遵守该裁决，那么DSB的这一裁决就具有直接效力。

在法律总顾问提出上述观点和建议后，学者们纷纷发表意见并对欧洲法院的态度与判决结果进行相应的预测。例如Zonnekeyn将法律总顾问的观点积极评价为"革命性的创新"（A Copernican Innovation），认为是对WTO法和DSB裁决直接效力进行的首次预测。法律总顾问对于WTO争端解决机制进行了有益的分析，并且得出了正确的结论。同时，他也明确表示，可能由于这一主张过于"革命性"，欧洲法院很可能不会支持这一"革命性的创新"。[①] 也有学者对法律总顾问的建议理由提出了批评，认为法律总顾问没能就DSB裁决为何会产生欧共体条约第288(2)条项下责任提出令人信服的理由，法律总顾问就除执行DSB裁决外别无其他合法选择、互惠性原则和法律公平原则、私人享有获得赔偿的权利等问题提出的理由也不具有说服力。[②]

---

① G. A. Zonnekeyn, "EC Liability for the Non-Implementation of WTO Dispute Settlement Decisions - Advocate General Alber Proposes a 'Copernican Innovation' in the Case Law of the ECJ", 6 Journal of International Economic Law (2003), p. 787.

② Jochem Wiers, "One Day, You're Gonna Pay: The European Court of Justice in Biret", 31 Legal Issues of Economic Integration (2004), p. 147.

欧洲法院于2003年9月30日作出了终审判决①，从总体上驳回了上诉；但是，从欧洲法院的法理分析中，不难发现其在执行DSB裁决方面承认私人作用的某种意向。欧洲法院首先批评了初审法院的错误，认为初审法院不应将DSB裁决的可援引性问题与WTO协议的直接效力问题相混淆，并指出这种逻辑并不足以处理原告的诉讼请求。欧洲法院还批评了初审法院没有将共同体的牛肉进口禁令放在WTO对荷尔蒙牛肉案已作裁决这一大的背景之下来考察，认为该裁决事实上为欧洲法院审查共同体法的合法性预留了空间。可以看出，欧洲法院似乎已接受了共同体法可能会受到DSB裁决制约的观点。但是欧洲法院提出，依据法院的既定判例法，《欧共体条约》第288条第2款对于共同体承担非契约责任提出了三项条件，即：存在欧共体机构的不法行为、遭受实际损失，以及损失与欧共体机构的此项行为之间存在因果关系。最终欧洲法院以事实依据不足为由驳回了Biret公司的诉讼请求：由于该公司于1995年就已停止营业，而共同体15个月的履行期间到1999年5月才到期，因此该公司在履行期间期满后不可能遭受任何损失，从而也就不具备提出损害求偿的资格；因为如果认可私人有权主张履行期间到期之前所遭受的损失，那么WTO给予败诉方一个合理的履行期间就会变得毫无意义了。不过，从该案判决中仍然可以看出，对于私人援引DSB裁决要求共同体赔偿的可能性问题，欧洲法院似乎又开了个口子。欧洲法院强调：仅从直接效力的角度来分析DSB裁决的性质可能会具有一定的误导性，DSB裁决的可援引性与WTO协议的直接效力其实是两个概念；因此，否定WTO协议的直接效力，并不意味着一定要在国内法上否定WTO争端解决机构裁决的法律地位；而且，赋予私人损害求偿的权利并不意味着承认WTO

① Case C-93/02 Biret International SA v Council of the European Union [2003] ECR I-10497 and Case C-94/02 Etablissements Biret et Cie. SA v Council of the European Union [2003] ECR I-10565.

规则的直接效力，而只是承认 WTO 所作的裁决。

从某种意义上说，欧洲法院对 Biret 案的判决确实具有若干突破性：首先，它明确指出了 WTO 争端解决报告的可援引性与 WTO 协议的直接效力是两个不同的概念，因此不能以 WTO 协议没有直接效力为由而否定 WTO 争端解决机构裁决的可援引性；① 其次，在该案判决中，欧洲法院并没有提及在否定 WTO 协议直接效力的判例中经常援用的“互惠原则”，这似乎意味着共同体在这个问题上的态度将不以其他成员方接受上述观点为前提；② 最后欧洲法院在该案判决中的逻辑思路似乎表明了它接受这样一种意见，即：“一旦措施被确认违反了 WTO 协议，则 WTO 协议的拘束力和合法性原则比所谓缺乏直接效力更胜一筹”。③ 简言之，在 DSB 作出判定被诉方违反 WTO 协议的裁决后，为了使该裁决具有执行力，就不应以缺乏直接效力为由而否定该裁决的可援引性。

Biret 公司案是否标志着欧洲法院对 WTO 争端解决机构的裁决在欧盟法律秩序中的效力问题发生了根本性的转变呢？个人（法人和自然人）今后是否可以直接依据 DSB 的裁决请求损害赔偿呢？共同体的这一作法是否意味着随着 WTO 争端解决机制的逐步司法化，WTO 的成员方有可能在未来的多边谈判中就规范 DSB 裁决的国内效力问题达成一项多边协议呢？DSB 裁决在欧共体内的执行与实施④这一老大难问题是否从此就“柳暗花明”了

---

① Alberto Alemanno, “RECENT DEVELOPMENT: Judicial Enforcement of the WTO Hormones Ruling Within the European Community: Toward EC Liability for the Non-Implementation of WTO Dispute Settlement Decisions?”, 45 Harvard International Law Journal (2004), p. 547.

② Sunwinder Mann, “Beefing Up the Direct Effect of WTO Agreements Within The European Community”, 9 International Trade Law & Regulation (2003), pp. 133 – 138.

③ Piet Eeckhout, “The Domestic Legal Status of the WTO Agreement: Interconnecting Legal Systems”, 34 Common Market Law Review (1997), p. 53.

④ 关于 GATT 时期及 WTO 成立最初五年 DSB 裁决在欧共体内的执行与实施问题，可参见陈卫东：“从国际法角度评欧共体对 WTO 争端解决机制的政策与实践”，《法学评论》2000 年第 4 期。

呢？事实上，就在人们欣喜于欧洲法院可能为赋予 DSB 裁决以直接效力打开大门的时候，欧洲法院却主动关闭了这扇尚未真正开启的大门。

四、Van Parys 案和 Chiquita 案

在 Van Parys 案①和 Chiquita 案②中，欧洲法院表现出不同于 Biret 案的态度，明确拒绝赋予 DSB 裁决以直接效力。这两宗案件均与 WTO 香蕉案以及欧共体 1999 年香蕉进口体制有关。

（一）Van Parys 案

1999 年 2 月 23 日和 5 月 21 日，Van Parys 作为私人进口商，就 Belgium Intervention and Refund Bureau（BIRB）拒绝向其签发香蕉进口许可证的决定，先后向比利时最高行政法院提起两项诉讼。在其诉讼请求中，Van Parys 提出，由于 BIRB 据以作出决定的欧共体香蕉进口体制条例不符合 WTO 规则，BIRB 因此作出的决定不合法。依据比利时法院的判例法，比利时法院不应审理欧共体措施的合法性，鉴于此，比利时最高行政法院决定中止审理，将这一问题提交欧洲法院作初步裁决。

法律总顾问建议欧洲法院基于 DSB 于 1997 年 9 月作出欧共体香蕉进口体制违反 WTO 法的裁决，以及 1999 年 5 月再次确认其不合法性的 DSB 裁决，认定涉案欧共体香蕉进口体制不合法。但是欧洲法院没有采纳总顾问的建议，而是认定，即使 DSB 已经表明欧共体立法不符合相关 WTO 规则的规定，私人仍然不能据以请求共同体成员国法院认定该欧共体立法不合法。

① Case C – 377/02 Léon Van Parys NV v. Belgisch Interventie- en Restitutiebureau (BIRB)［2005］ECR I – 1465.

② Case T – 19/01 Chiquita Brands International, Inc., Chiquita Banana Co. BV and Chiquita Italia, SpA v. Commission of the European Communities［2005］ECR II – 315.

欧洲法院认为，在作出判定之前，有必要回答在DSB裁决欧共体立法和为遵从WTO规则而通过的后续立法不符合WTO规则的情况下，WTO协议是否赋予欧共体私人据以指控欧共体立法合法性的权利这一问题。欧洲法院的判例法认定，鉴于WTO协议的性质与结构，原则上，WTO协议不属于欧洲法院据以审查欧共体机构措施合法性的依据。只有在欧共体意图执行WTO框架下某一具体义务，或者欧共体措施明确提及WTO协议的明确条款时，欧洲法院方可适用Nakajima和Fediol这两项例外，依据该WTO规则审查涉案欧共体措施的合法性。

但是，在DSB裁决通过后，欧共体并未意图承担WTO框架下的某项具体义务，欧共体第1637/98号条例以及涉案规则也不能被解释为确保在欧共体法律体系中，执行某项具体WTO义务的措施。此类条例与措施也没有明确提及WTO协议的特别规定。因此，上述两项例外不予适用。有学者认为欧洲法院没有对涉案共同体措施进行细致的条文研究，而是以共同体措施的目的在于执行DSB裁决为由，直接、原则性地拒绝适用Nakajima例外，这表明DSB裁决不应被视作Nakajima例外意义上的WTO框架下的某项具体义务。①

欧洲法院再次提出“互惠”理由。认为首先需要注意的是，即使DSB作出了WTO成员的措施不符合WTO规则的认定，正如法院在葡萄牙诉理事会案已经认定的那样，WTO争端解决机制仍然相当重视当事方之间的协商行为。依据DSU第3条第7款和第22条的规定，WTO争端解决机制的主要目的是确保撤销被认定与WTO规则不相符合的涉案措施，但是在不能立即撤销不符合WTO要求的涉案措施时，当事方仍然可以进行诸多方面的协商以解决争端，例如达成补偿协议或者其他满意的解决办法。就本案所涉DSB争端而言，欧共体于2001年先后与美国和

① See：Pieter-Jan Kuijper and Marco Bronckers，“WTO Law in the European Court of Justice”，42 Common Market Law Review（2005），pp. 1313 - 1355.

厄瓜多尔进行谈判，签订了相应的备忘录。在这种情况下，要求法院阻止实施与 WTO 协议不相一致的欧共体内部立法性措施，会剥夺 DSU 第 22 条赋予当事方立法或执法机构对外达成协议或临时协议的可能性。DSB 确定的执行期限届满，并不预示着欧共体已经用尽 DSU 规定的所有可能解决争端的措施。因此，如果只因合理期间届满，就要求欧共体法院依据 WTO 规则审查涉案欧共体措施的合法性，会损害欧共体试图找到当事方共同接受的符合 WTO 规则的争端解决方法的努力。

欧洲法院重申，正如其在 Portugal v. Council 案判决中所提出的，法院认为，欧共体最重要的贸易伙伴从 WTO 协议的内容与目的，已经得出其法院不能依据 WTO 协议审查国内法规则合法性的结论。如果欧共体法院承担这样的“审查”义务，确保欧共体法与 WTO 法相一致，会剥夺欧共体立法或执行机构与欧共体贸易伙伴相应机构相对应的裁量自由，这种非互惠性将会带来 WTO 规则上适用的异常。欧洲法院最终得出结论：即使 DSB 已经宣称欧共体立法与某些 WTO 规则不相一致，当事方仍然不得向欧共体成员的法院提出欧共体立法与特定 WTO 规则不相一致的请求。①

有学者认为，实质上原告在 Van Parys 案中提交给初审法院的实体问题是：如果 DSB 已经判定共同体某项立法以及嗣后为遵守相关 WTO 裁决而通过的立法均与 WTO 规则不符，那么 WTO 协议是否赋予了共同体公民以权利在法律诉讼程序中依据该协议来挑战共同体立法的效力？法院给出了否定答案。忠实于在 Portugal v. Republic 案所作的法理分析，法院给出了拒绝赋予直接效力的三个基本原因：政治机构达成相互可接受的解决办法的自由；互惠原则；WTO 争端解决机制所涵盖规则的性质。第

---

① Delphine de Mey, “The Effect of WTO Dispute Settlement Rulings in the EC Legal Order: Reviewing Van Parys v Belgische Interventie- en Restitutiebureau (C – 377/02)”, 6 German Law Journal (2005) pp. 1 – 35.

三项原因非常重要，它提供了理解以上法理分析的另一个层面。运用共同体香蕉体制的范式以及鉴于争端即将获得共同体所满意的解决方案，法院审视了整个争端，并且实际上是暗中鼓励政治机构利用WTO体制所允许的这种策略空间以达成共同农业政策的内在要求与共同体对非加太（ACP）地区国家的义务二者之间的协调。在法院看来，政治机构对这种自由的运用“与这些规则是相一致的”。同时，无视互惠原则会“导致WTO规则适用上的异常”。由此，政治机构的自由与互惠原则不仅从共同体的视角是具有意义的，而且它们作为原则对于正确适用WTO规则，尤其是内含于DSU中的规则也是大有裨益的。[①] DSU的性质使得法院认为有必要推翻Biret判决，因为即便在执行期限（deadline for compliance）届满以后，仍然存在谈判空间以符合DSU的规定。

可以看出，欧洲法院依然固守葡萄牙诉理事会案的判决理由，不愿在DSB裁决认定共同体立法或措施“违法”的情况下，赋予共同体私人据以挑战共同体立法合法性的权利。换言之，在涉及宣告共同体措施无效的诉讼中，DSB裁决在欧共体法律秩序中仍然不具有直接效力。Van Parys案再次打消了人们扩大WTO协议直接效力适用范围的希望。

（二）Chiquita案

在本案中，原告Chiquita公司主张，由于通过第2362/98号条例并继续维持在拉丁美洲国家间分配香蕉进口许可和关税配额，欧盟委员会严重违反了保护或赋予私人权利的多项法律规则；因此对被告欧盟委员会提出了损害赔偿的请求。2001年，应被告的请求，初审法院决定将案件程序分为两个阶段：第一个

① Fabrizio Di Gianni and Renata Antonini，“DSB Decisions and Direct Effect of WTO Law：Should the EC Courts be More Flexible when the Flexibility of the WTO System has Come to an End”，40 Journal of World Trade（2006），pp. 777 – 793.

阶段主要解决的问题是确定应否受理原告的此类起诉行为，以及确定被告是否存在不合法的行为。在审理过程中，2003 年被告曾经请求法院中止审理，等待欧洲法院对 Van Parys 案作出终审判决，但是初审法院并未同意被告的这一请求。初审法院经过审理，于 2005 年 2 月作出了相应的判决。在确定原告的这一起诉行为可予受理的情况下，初审法院驳回了原告的诉讼请求。[①]

初审法院认为，DSB 裁决的约束力不能与 WTO 成员国内法律体系中法院判决的约束力相提并论。从 WTO 协议的规定事项与目标看，WTO 协议没有为确保在成员方国内法律体系中得到诚信实施提供适当的法律手段。尽管 WTO 争端解决机制得到了加强，可这一机制仍然相当重视当事方之间的协商行为。初审法院再次援引葡萄牙诉理事会案关于 WTO 争端解决机制非常倚重当事方协商谈判的理由认定，虽然合理期间已经届满，但是涉案 DSB 争端尚未最终解决，共同体司法机构因此不能对涉案共同体措施的合法性进行审查。

针对原告提出适用 Nakajima 例外的请求，初审法院对 Nakajima 例外进行了限制性解释。在初审法院看来，既然 Nakajima 判决是私人不得请求欧洲法院直接援引 WTO 规则这一原则的例外，就应当作严格的限制性解释。而且，欧洲法院援引 Nakajima 例外的情形迄今为止仅限于确定反倾销立法与措施是否符合 WTO 反倾销协定的案件。除此之外，在诸多案件中，欧洲法院都拒绝适用 Nakajima 例外。正如原告所提出的，Nakajima 例外并不预先限定于反倾销领域，也可以适用于其他领域，但是前提是相关的 WTO 协议与被指称违反该 WTO 协议的欧共体立法或措施在性质和内容上，必须与适用 Nakajima 例外的反倾销规则以及与将 WTO 反倾销规范转换（transposition）为欧共体法的反倾销立法与措施相当。换言之，Nakajima 例外只适用于为“执行 WTO 协

---

① Nikolaos Lavranos, “the Chiquita and Van Parys Judgments: An Exception to the Rule of Law”, 32 Legal Issues of Economic Integration（2005）, pp. 449 – 460.

议意义上的特定义务”而通过或采取的欧共体立法与措施，而该欧共体立法与措施已将 WTO 协议的有关内容转换为欧共体法。

初审法院在提出应当区分“为遵守（comply with）WTO 法而采取的共同体措施”和“为执行（implement）WTO 法而实施的共同体措施”后，重申香蕉系列案中的判决，认为涉案 DSB 裁决并未包含共同体意欲执行的 Nakajima 例外意义上的任何特定义务。共同体措施的目的也不是要确保在共同体法律体系中执行 GATT 意义上的某一具体义务，因而，涉案共同体措施是为“遵守”WTO 法而采取的，未能表现出 Nakajima 例外意义上的“执行”特性。初审法院继而判定不能适用 Nakajima 例外，对原告提出的共同体违反 WTO 协议项下义务的主张不予支持。有学者认为，依据初审法院的观点，“遵守 WTO 法”这一措辞的范围比“执行 WTO 法”的范围广得多。共同体使其法律体系与 DSB 裁决相一致的措施被视为“遵守 WTO 法”的措施，而“执行 WTO 法”的措施则必须特别地将 WTO 协议的有关规定转换为共同体法。如此一来，Nakajima 例外的适用性将会受到严重削弱。①

欧洲法院的上述一系列判决似乎预示着我们，DSB 作出的有关成员国内法或措施不符 WTO 规则的裁决，在该被诉成员域内不产生任何法律效力；被诉方完全可以在其域内维持被诉措施。进而言之，WTO 成员所承担的相关义务，只是一种国际层面的义务，违反国际义务本身并不导致相关措施在国内（或域内）法律秩序中失去效力，或者成为国内程序中提出赔偿诉讼的法律依据。

---

① Nikolaos Lavranos, “the Chiquita and Van Parys Judgments: An Exception to the Rule of Law”, 32 Legal Issues of Economic Integration (2005), pp. 449 – 460.

第三节 关于DSB裁决域内效力问题的评论

WTO法对于欧共体法律秩序所带来的最后一项挑战,[①] 与DSB裁决在欧共体法律体系中的地位与效力有关。欧洲法院晚近关于DSB裁决直接效力的一系列判决，引起了欧洲法学界和实务界的热议，以下就一些争议性问题进行简要分析。

一、欧洲法院在DSB裁决直接效力问题上的立场

有位欧洲学者曾指出，欧洲法院对于WTO法的直接效力问题有三种立场可供选择：第一种是维持现状，只在极为特殊的情形下承认直接效力；第二种是彻底取消Nakajima这样的例外情形，直接否认直接效力，认定WTO法不得作为判定共同体措施合法性的依据，不再允许私人或共同体成员国在欧洲法院依据WTO法主张权利；第三种是同意援引WTO法和DSB裁决。第三种选择的理由在于WTO已成功增进全球福利，造福于私人。因此可以不必给予所有WTO规则以直接效力，但是可以给予某些贸易救济领域以外的DSB裁决以直接效力，从而扩展Nakajima例外的适用范围。[②] 他认为，欧洲法院在Biret公司案中的判决似乎显示出其选择了第三种立场。但是，对于Van Parys案和Chiq-

---

① 四项挑战依次为：欧洲法院解释与适用WTO法的权限；欧共体与WTO法律制度的整体关系；WTO法在欧共体法律秩序中的效力；WTO争端解决报告在欧共体法律秩序中的地位。See：N'Gunu N. Tiny，Judicial Accommodation：NAFTA，the EU and the WTO，Jean Monnet Working Paper 04/05. New York：New York University School of Law，NY 10012.

② See：Marco Bronckers，"The Relationship of the EC Courts with other International Tribunals：Non-committal，Respectful or Submissive?"，44 Common Market Law Review (2007)，pp. 601，615 -617.

uita案作出的判决则显示出另一种方法，这种方法与上述第一种选择相近，再次提及Nakajima但又排除这一例外的适用，再次依据缺乏互惠驳回原告诉求，再次认为WTO争端解决机制过于倚重当事方之间的磋商谈判。由此可见，欧洲法院将选择第一种立场、第二种立场，抑或第三种立场？以目前的判例法来看，欧洲法院似乎还难以提供一个确定的答案。

但也有学者认为，Chiquita案和Van Parys案的判决实际上反映了欧盟司法机构对DSB裁决直接效力问题的根本立场。欧洲法院认定即便在合理期间届满之后，共同体机构的谈判空间也不应受到干涉。这并非单纯的政策考虑。法院强调，DSU第21.6条和22.8条的规定在本质上表明，只要争端双方对遵守问题未达成合意，那么该问题就仍在DSB议事日程上。初审法院甚至走的更远，声称司法干预会有损于第21.6条的效力，而且WTO争端解决机制也并非是与国内法院判决具有同等拘束力的司法机制。欧洲法院则强调从1998年共同体未能成功执行DSB裁决以后，直到2001年争端最终解决（当然是否真正意义上得到最终解决还有疑问）的一系列事实，认为DSB裁决如具有直接效力将会不利于这一结果的达成，而且合理期间届满之后，谈判的可能性也并未终结。但是应该认为，执行合理期间届满之前和届满之后存在明显区别。正如杰克逊（Jackson）教授所说，遵守DSB裁决是一项清楚的国际法义务，因此合理期间是否届满至关重要，几乎所有DSB裁决都是预期性的，要求成员使其法律规章与WTO一致；对此，必须有一段合理期间以便执行。但是一旦期间届满，那么一项完全法律意义上的义务就此产生。DSB确实规定：只要遵守问题未达成合意，该问题就仍在DSB议程上；在持续不遵守的情况下，当然有诸如中止减让之类的救济措施产生。但是说通过一项国内司法裁决对违反WTO的行为进行救济会有损于DSB裁决的效力则是不对的，恰恰相反，这一裁判事实上有利于实现目标，即迅速遵守。[①] 还有学者提出，欧洲法院如果认定共同体措施违反 WTO 义务，可能会使一些政治机构的选择余地缩小甚至完全消失。但是，只有在依据《欧共体条约》第 234 条的规定就共同体立法是否有效进行初步裁决，以及依据《欧同体条约》第 230 条的规定宣布共同体立法无效的诉讼中，才会出现这种选择余地缩小甚至完全消失的情况。对于 Biret 案、Chiquita 案等诉请因涉案共同体措施而遭受损失的损害赔偿案件而言，无需宣布涉案共同体措施无效。因此法院仍应依此项立法，对原告的赔偿请求进行审理，这与上述政治机构的选择余地没有什么关系，欧共体机构的灵活性也将得以维持。[②]

更有学者从遵守国际法的角度对欧洲法院的立场予以批评，认为欧洲法院的判决没有遵从国际法上的一条最根本的原则，那就是“条约必须信守”原则（*pacta sunt servanda* principle）；[③] 如果欧共体不愿意给予 DSB 裁决以任何国内法律效力，那么人们就确实要问一问共同体对国际法是否尊重的问题了。[④] 虽然很多学者呼吁赋予 WTO 法在欧共体法律秩序中以更多的可执行性（enforceability），但给与 DSB 裁决以直接效力的前景并非很乐观，因为欧洲法院的法官们总体上对此类呼吁充耳不闻。

---

① Antonis Antoniadis, “The European Union and WTO law: a nexus of reactive, co-active and proactive approaches”, 6 World Trade Review (2007), pp. 65 – 67.

② Fabrizio Di Gianni and Renata Antonini, “DSB Decisions and Direct Effect of WTO Law: Should the EC Courts be More Flexible when the Flexibility of the WTO System has Come to an End”, 40 Journal of World Trade (2006), pp. 777 – 793.

③ Nikolaos Lavranos, “The Chiquita and Van Parys Judgments: An Exception to the Rule of Law”, 32 Legal Issue of Economic Integration (2005), pp. 449 – 460.

④ Piet Eeckhout, Does Europe’s Constitution Stop at the Water’s Edge? Law and Policy in the EU’s External Relations, Groningen: Europa Law Publishing 2005, pp. 17.

二、DSB 裁决的域内效力与 WTO 协议的直接效力是否相关

有的欧洲学者认为，DSB 裁决对于包括司法机构在内的共同体机构具有约束力；其约束性实际上源自于 WTO 协议构成共同体法律秩序不可分割的一部分①。根据第 1/91 号意见，DSB 裁决的拘束力并不取决于 WTO 法是否具有直接效力。但是，DSB 裁决只有在欧洲法院认定共同体立法或措施违反了 WTO 法时，才能被援引；而作为原则问题，共同体机构如不遵从或不执行该 DSB 裁决，将导致共同体依据《欧共体条约》第 288（2）条的规定承担有关责任。② 另有学者则认为，从法律角度看，（认定共同体机构或措施违反 WTO 法的）DSB 裁决是否构成共同体法律体系的一部分，以及 DSB 裁决是否约束共同体机构，都是未决的开放性问题。③ 另外，如果 DSB 程序已经启动但尚未作出裁决，则不应赋予 WTO 法以直接效力，因为此时欧共体无论在法律上还是事实上，仍然有其他的选择。最后，如果 DSB 作出裁

---

① 也有学者认为，欧洲法院的早期判例认定所有由欧共体缔结的国际协定（包括 GATT）是共同体法律秩序不可分割的一部分，但迄今为止，法院未对这一论断的意思做出进一步的澄清。WTO 法构成共同体法的一部分意味着多种可能性。比如，它可能意味着两个法律体系都是自主性的，通过转换（transposition），WTO 法成为欧共体法的一部分；它还可能意味着，在国际贸易法领域，本来就只有一个法律体系，即共同体法，WTO 法成为欧共体法律秩序的次级体系部分。很明显，前者类似于“二元论”方法，后者则更接近于“一元论”方法。See：N'Gunu N. Tiny，Judicial Accommodation：NAFTA，the EU and the WTO，Jean Monnet Working Paper 04/05. New York：New York University School of Law，NY 10012.

② Geert A. Zonnekeyn，“The Status of Adopted Panel and Appellate Body Reports in the European Court of Justice and the European Court of First Instance”，34 Journal of World Trade（2000），pp. 103 – 106.

③ J. H. J. Bourgeois，“The European Court of Justice and the WTO：Problems and Challenges”，in J. H. H. Weiler（ed.），The EU，the WTO and the NAFTA：Towards a Common Law of International Trade（Oxford and New York，Oxford，2000），pp. 120 – 121.

决认定共同体违反了WTO法，那可能也要拒绝赋予该DSB裁决以直接效力，因为此类裁决都是预期性的（prospective）。

依据欧洲法院已经确定的判例法，WTO协议是共同体法律体系的一个组成部分，可以约束欧共体机构，但是却又缺乏直接效力。这给DSB裁决的法律地位带来如下问题，即DSB裁决是否具有直接效力应当取决于DSB裁决是否为共同体法律体系的组成部分，还是取决于WTO协议是否具有直接效力呢？Atlanta案的法律总顾问似乎持后一种观点，主张判定一项DSB裁决是否具有直接效力，应取决于WTO协议是否具有直接效力。从后来的法院判例来看，除Biret公司案外，欧洲法院正是通过紧守“WTO协议在欧共体法律体系内不具有直接效力”这一底线来否定DSB裁决的域内效力的。而且欧洲法院还有将这一“WTO模式”扩大适用到其他国际法庭之有效裁决的趋势。欧洲法院曾以《联合国海洋法公约》的性质与宽泛的逻辑为由，否认其可依据公约审查欧盟条例的合法性。依照法院在WTO协议及DSB裁决相关判例中的法理分析，该公约项下国际海洋法庭相关裁决的直接效力恐怕会因公约之不能直接适用而被否决。

三、个人援引DSB裁决在欧洲法院提起赔偿诉讼的可能性

从以上分析可知，关于个人可否直接援引DSB裁决的争议，实际上攸关欧共体未执行DSB裁决的责任问题。欧洲法院的判决认为DSB裁决在原则上并不具有直接效力，个人也不得直接援引DSB裁决向欧共体求偿。除非在例外情况下，法院才有可能引用DSB裁决作为其判决的依据。即便如此，在实务上也无先例可供参考。欧共体作为WTO的成员，虽然深知保护个人利益的重要性，但同时也要在WTO争端解决机制中谋求其他重大利益，而此等利益未必与个人利益相吻合。然而近年来，个人及

非政府组织提出主张或实际参与WTO争端解决机制运作的趋势,[①] 使欧共体倍感压力。在Biret案中,欧洲法院事实上接纳了原告的主张,将WTO协议是否具有直接效力的问题与个人可否援引WTO争端解决报告的问题加以区别,从而改变了以往基于WTO相关协定不具有直接效力的理由而排除个人援引DSB裁决的见解。如果顺着该案的思路,我们似乎可以进一步推论,当欧共体未在合理期间内执行DSB裁决,从而导致个人蒙受损害时,欧洲法院似乎不排除个人可直接援引DSB所采纳的争端解决报告而提出损害赔偿之诉的可能性。不过,在欧共体法上,个人是否能实际获得赔偿,还须满足若干条件。欧共体条约第288(2)条规定:在非契约责任(non-contractual liability)方面,本共同体应根据成员国法律所共有的一般原则,赔偿其机构或公务员在履行职责时造成的任何损害。而依据欧洲法院的判例,若要使欧共体承担非契约责任,则原告必须证明欧共体机构行为的违法性、实际损害,以及行为与损害之间存在因果关系。此外,如果立法措施涉及经济政策的选择(choice of economic policy),原告依据第288(2)条提起诉讼时,还必须满足另一项条件,即严重违反保护该个人的更高一级法律规则(flagrant violation of a superior rule of law)。[②] 然而许多可能引起求偿问题的欧共体法规,均涉及经济政策与欧共体机构裁量权的行使,尤其是有关农产品贸易的欧共体法规最具有代表性,这从前述涉及欧共体内部香蕉市场组织条例的诉讼案件就可见一斑。不过由于上述条件在适用上还须满足一些条件,因此原告胜诉并获得赔偿的几率就更小了。

以所谓"违反保护个人的更高一级法律规则"为例,这一条件明显涉及欧共体违反WTO协议所引起的责任问题。首先在

---

① Paolo Mengozzi, "Private International Law and the WTO Law", 292 Academie de-la Haye, Recucil des Cours (2002), pp. 286-317.

② 参见曾令良:《欧洲联盟法总论——以〈欧洲宪法条约〉为新视角》,武汉大学出版社2007年版,第325页。

"保护个人"的层面上，虽然WTO基本上属于政府间国际组织，[①] 个人并未在其中直接扮演任何角色，不过在多边贸易体系中，个人却是直接受益者。个人可从政府进行贸易谈判所签订的协议性规则中获益，并借此拓展出口机会。在WTO美国301条款案中，专家组曾就此发表意见，认为WTO协议确实含有保护个人权益的规则。[②] 彼得斯曼也曾提出过类似观点，并进一步指出：就国家权利义务的角度来签订国际贸易规则，并无碍于个人主张自由贸易与非歧视等明确且无条件的既定规则，例如欧共体条约中有关关税同盟的规则以及GATT/WTO贸易规则均属于此等既定规则。[③] 可是从欧洲法院及其初审法院的判例考场来看，

---

① Zonnekyen对此发表了不同观点，他认为WTO规则加强了解决多边问题的力度，因而必须享有高于区域性规则的优先权。鉴于WTO已经发展成为一个国际性的规则体系，在这个规则体系中通过有约束力的争端解决机制使责任得以贯彻，因而将WTO协议仅看作是政府间性质的观点已落后于时代。See：Geert A. Zonnekeyn，"The Status of WTO Law in the EC Legal Order"，34 Journal of World Trade（2000），p. 125.

② 关于参与经济活动的个人的意义，专家组的分析首先指出，"GATT/WTO没有创立一个新的法律秩序，其主体既包括缔约方或成员又包括其国民"。但专家组接着反思WTO的作用，并且作出推测：……认为个人的地位与GATT/WTO法律基础无关是完全错误的。成员的许多利益，作为接受GATT/WTO各种纪律的结果，取决于单个经济经营者在国内和全球市场的活动。随后，以这一论证为基础，专家组得出了一个意义深长、令人吃惊的结论，即"多边贸易体制必然不仅由国家组成，而且，甚至主要是，由单个经济经营者组成。"专家组认为，这些经营者的需要应当是确定一个特定的WTO条款是否被政府违反的因素。根据专家组的观点，使单个经营者承担政府违反WTO规则行为的风险本身可以构成对WTO的违反，因为它造成"令人灰心的后果"，使经营者丧失信心。WT/DS152/R，第7.73段，第7.76段。有关WTO与个人权利保护问题的详细分析可参见［美］斯蒂夫·查诺维兹著，张若思译：《WTO与个人权利》，《环球法律评论》2002年秋季号。亦可参阅Paolo Mengozzi，"Private International Law and the WTO Law"，292 Academie dela Haye，Recucil des Cours（2002），pp. 286－317.

③ Petersmman将WTO体系称为对国内保护主义的"宪法上的限制"（constitutional restraint）。在他看来，授予私人援引WTO规则的权利是为了确保政府履行非歧视和开放国内市场的国际承诺。具体分析参见［德］E. U. 彼得斯曼著：《国际经济法的宪法功能与宪法问题》，何志鹏、孙璐、王彦志译，高等教育出版社2004年第1版。亦可参阅Ernst-Ulrich Petersmann，"Justice as Conflict Resolution：Proliferation，Fragmentation，and Decentralization of Dispute Settlement in International Trade"，University of Pennsylvania Journal of International Economic Law，Vol. 27，No. 2，2006，pp. 273－366.

我们却发现并非如此。在前述香蕉系列求偿案中，初审法院就再度重申葡萄牙诉理事会案案所确立的立场，认为 WTO 协定原则上并不意欲赋予个人以权利（the WTO rules are not in principle intended to confer rights on individuals），由此欧共体并不因违反 WTO 协议而产生非契约责任。

其次，在所谓“更高一级法律规则”的层面上，欧洲法院采取两种不同的方式予以界定：第一，所谓的“更高一级”（superior）等同于“重要”（important）；第二，欧洲法院最常采用的是形式主义方法，即考量法律规则的等级或位阶。① 在大多数案例中，欧共体法的一般原则被视为更高一级法律规则，例如合理期待原则、相称性原则、平等待遇原则，以及禁止权力滥用原则等。② 至于基本权利的保护，诸如财产权以及进行经济活动的自由等权利，也被视为更高一级法律规则。可 WTO 规则能否被视为更高一级法律规则，无论在学术界还是实务界都存在极大的争论。另外，由于欧洲法院在 WTO 协议不具有直接效力问题上的立场没有丝毫松动，因此 WTO 协议不能作为审查欧共体机构举措合法性的基准。从另一个角度而言，要想克服或排除 WTO 协议不具有直接效力的难题，只有在特定个案中满足 WTO 协议能在例外情况下直接适用的条件，即欧共体法令明确提及 WTO 协议的特定条款，抑或被审查的欧共体法令旨在实施一项特定的 WTO 义务，也就是所谓“执行性例外”的情况下才有些许可能。但欧洲法院对这一例外又作了非常严格的限制性解释，迄今还没有个人援引该项例外而胜诉的案件。综上所述，从目前欧洲法院的判例来看，就满足所谓“保护个人的更高一级法律规则”这一条件而论，个人要想依据欧共体条约第 288（2）条提起损害赔偿之诉，确实是困难重重。

---

① Paul Craig and G. de Burca, EU Law, Oxford UP, 1998, p. 519.

② 参见曾令良：《欧洲联盟法总论——以〈欧洲宪法条约〉为新视角》，武汉大学出版社 2007 年版，第 326 页。

对于个人无法援引 DSB 裁决进行求偿的问题，欧洲学者发表了不同看法。有人认为：现在看来，个人确实并未拥有多少法律救济措施来敦促欧共体遵守 WTO 法。但 WTO 拥有一套非常完备的争端解决机制可供共同体个人和企业通过《贸易壁垒条例》（Trade Barriers Regulation，TBR）来提起诉讼，而 TBR 的适用由欧洲法院进行司法监督。[①] 共同体贸易政策的控制权就应该掌握在适当的机构手中（而赋予 WTO 法以直接效力这一“武器”会使这种控制权转移到私人手中）。TBR 设置了共同体利益这个“过滤网”，便是考虑了上述因素。至于个人是否应承受由于贸易政策违反 WTO 法的后果问题，他认为很难借助于非契约责任这一点诉由进行求偿，因为共同体责任法是建之于允许有权机关犯错误的基础上的，只要这一错误不太严重。虽然 WTO 法在欧共体内没有直接效力，但是通过一致解释方法、TBR 适用上的司法监督、立法或贸易政策机构在极端情况下的非契约责任赔偿，以及“税负平等”原则（*e′galite′ devant les charges publics*）的使用，欧洲法院在贸易政策的控制权与个人权利之间取得了较好的平衡。[②] 还有学者从从全球治理的角度进行分析，认为欧洲法院作为欧共体法律秩序的守护者（gatekeeper），其否定 WTO 协议及其 DSB 裁决直接效力的做法与欧共体在全球法律多元主义背

---

① TBR 作为重要的贸易保护政策工具为欧共体个人间接利用 WTO 争端解决机制提供了可能，有关详细论述请参阅本文第五章。

② Pieter-Jan Kuijper, in Pieter-Jan Kuijper and Marco Bronckers “WTO Law in the European Court of Justice”, 42 Common Market Law Review（2005）, p. 1313, 1323 - 1328. 也有学者认为，虽然初审法院承认税负平等原则（e′galite′ devant les charges publics）属于共同体法规范，不过适用该原则须具备一项条件，即存在异常损害；法院认为面临 DSB 授权报复的风险并非“异常”风险。因此，实际上利害关系人很难以欧共体机构在适用 WTO 协议上的过失责任或无过失责任为由而请求损害赔偿。See：Marco Bronckers，“From ‘Direct Effect’ to ‘Muted Dialogue’：Recent Developments in the European Courts’ Case Law on the WTO and Beyond”, 11 Journal of International Economic Law（2008）, pp. 885 - 898.

景下，通过国际制度间的协调来进行多边治理的战略是完全吻合的。[①] 从欧盟宪政意义上讲，WTO 法有利于制度发展与拓展，促进政策整合，强化多元治理法律文化的兴起，但就目前而言，WTO 对于个人诉诸于司法途径则无甚裨益。更有学者提出应以成员国取代个人来监督共同体对 WTO 法的遵行，他认为：从根本上说，欧洲法院有关 WTO 的判例法都是关于互惠问题的。考虑到第三国立法或执行机关有不受约束的违反 WTO 协定的酌处权，法院也不希望干预共同体政治机构的有关政策。因此，欧洲法院排除了成员国在共同体内提起以 WTO 规则为基础的司法审查。法院的这一做法实质上遵循了其他 WTO 成员的政策和制度架构。[②] 但是，共同体过于重视共同立场的维持，而没有给予欧共体所承担的国际义务以足够的重视，除非立法机构明确表示其在争议性立法中要遵守国际义务。这种完全的“二元论”会给共同体的国际地位和信誉带来负面影响，尤其是在欧共体高度倡导“规则导向的合作共同体”这一全球治理“欧洲模式”的背景下。如果欧共体在国际上重视法律和法律的执行，那么欧洲法院是否也应在内部决策过程中对国际规则予以足够重视？短期来看，立法机构自发遵守国际义务的意愿还不够强烈。因此，通过赋予 WTO 法以直接效力从而使单个公民扮演遵守 WTO 协议的监督员角色并不现实，但也不必走的如此极端，因为法院可以允许成员国担负起此种角色。从共同体的角度而言，法院没有意识到成员国也是 WTO 的独立成员，并且成员国并没有将所有涉及 WTO 事项的权能全部交给共同体。法院似乎没有认识到共同体的现状与架构，而成员国在通过欧共体条约第 230 条[③]对共同体

---

① Francis Snyder, “The Gatekeepers: The European Court and WTO Law”, 40 Common Market Law Review (2003) pp. 335 – 350.

② See: Marco Bronckers, in Pieter-Jan Kuijper and Marco Bronckers “WTO Law in the European Court of Justice”, 42 Common Market Law Review (2005), p. 1313.

③ 现《欧盟运行条约》第 263 条。

措施的合法性进行司法审查方面曾起到过至关重要的作用。①

四、欧洲法院否定DSB裁决直接效力的根本原因

自WTO成立以来，人们从关注WTO协议在共同体法律体系中的法律地位与效力问题，开始转向关注DSB裁决在共同体法律体系中的法律地位与效力问题。其原意可能有三：

首先，尽管欧洲法院的判决理由一直受到很多学者的强烈批评，但是欧洲法院已经将原则上不赋予WTO协议以直接效力以及相应的判决理由确立为“既定判例”和“恒定法理”。似乎只有Nakajima和Fediol这两项例外可以成为案件原告“做文章”的目标。但是从初审法院在Chiquita案对于Nakajima例外所作的严格解释来看，这一例外的适用范围极为有限。因此，不赋予WTO协议直接效力几乎已经成为定论，难以撼动。

其次，认定共同体立法或措施违反WTO规则的DSB裁决，既体现出与WTO协议密切相关、可视为WTO协议的“延伸”的特点，又明确提出败诉方应承担执行DSB裁决与建议的要求。特别是后者，既明确了具体的WTO协议所设定的义务，又明确了共同体立法与措施的“违法”之处，可以使败诉方实际承担相应的国际法义务，进而直接将共同体因不履行相应WTO义务而须承担相应责任的问题置于欧洲法院面前。因此，如果DSB裁决被赋予可援用性，其将成为继Nakajima和Fediol两项例外之后的第三项例外，可扩大WTO协议直接效力的适用范围，从而促使共同体立法及措施与WTO规则相符。

最后，对于WTO协议，欧洲法院可以“一致解释”为要求，促使共同体立法与措施和WTO协议相一致，同时也可以避

① See：Marco Bronckers，in Pieter-Jan Kuijper and Marco Bronckers“WTO Law in the European Court of Justice”，42 Common Market Law Review（2005），pp. 1313，1333－1338.

开 WTO 协议的直接效力这一敏感问题。但是，对于 DSB 裁决，共同体将很难适用“一致解释”原则，而必须依据 DSU 的规定，按照 DSB 裁决承担相应的国际法义务与责任，或者寻求相互满意的争端解决办法。

然而，恰恰是 DSB 裁决的“明确性”、“直接性”和“无条件性”，使欧洲法院更加谨慎行事，绝不轻易打开直接效力这一“潘多拉的盒子”。欧洲法院试图维护其与 WTO 之间相对的司法管辖界限，因此其法律解释活动只限于共同体法。欧洲法院在司法实践中也会对 WTO 法有所考量，但是不会直接、明示、正式地提及 DSB 裁决。[①] 否则将暗示着，也确实会扰乱 WTO 法与共同体法这两种法律体系之间的司法管辖界限。[②] 尽管有学者批评欧洲法院拒绝赋予 DSB 裁决以直接效力的做法将导致不公平的结果，[③] 即欧共体贸易伙伴有权在共同体没有遵守 WTO 协议义务时获得补偿，而欧共体个人就同一项违反 WTO 协议的行为，请求欧洲法院撤销欧共体立法或措施的诉讼请求反而会被驳回。笔者认为，基于上述“苦衷”，欧洲法院仍然会坚持既有的判决理由，并通过对缺乏“互惠”的扩张适用和对 Nakajima 例外的限制性解释，继续守卫欧洲一体化的既有成果。

上述涉及 DSB 裁决直接效力问题的判例均围绕着著名的

---

① 有学者将这种潜移默化的互动关系，称之为“无声的对话”。See：Marco Bronckers，“From ‘Direct Effect’ to ‘Muted Dialogue’：Recent Developments in the European Courts’ Case Law on the WTO and Beyond”，11 Journal of International Economic Law（2008），pp. 885 – 898.

② 有学者提出，在国际贸易法领域，规范渊源的多元化和法律规则的多样性，使得不同贸易体制之间的一致性问题变的更为重要，因为全球贸易市场的运转及其可预见性和法律确定性正是有赖于各个贸易制度之间的互动和彼此协调。从这种意义上说，规范的一致性并不是目的，而是达到目的的手段。在一个彼此间是横向关系的、没有等级的体系范式中，如果提出规范的至上性或法律的等级/位阶之类的问题，那将不会得到答案。法律多元化更关注的是包容和调整，而不是优先和排斥。See：N’Gunu N. Tiny，Judicial Accommodation：NAFTA，the EU and the WTO，Jean Monnet Working Paper 04/05. New York：New York University School of Law，NY 10012.

③ Geert A. Zonnekeyn，“The Status of WTO Law in the EC Legal Order”，34 Journal of World Trade（2000），p. 124.

WTO香蕉案和荷尔蒙牛肉案。共同体在这两宗案件中的立场非常坚决，前者是要“捍卫”欧共体与ACP国家之间的特惠贸易安排，后者是要“捍卫”欧盟内部的食品安全和卫生健康政策。为了维护其政治、经济与社会政策，欧盟宁愿接受胜诉方的报复。如果赋予DSB裁决在共同体法律体系中的直接效力，一方面将使共同体立法机构或执行机构受到共同体内部的“责难”，甚至要承担相应的经济赔偿责任；另一方面，也是更为重要的因素，如果让欧洲法院扮演宣告欧盟上述政策“违法”的角色，那么它将难以实现或继续维持欧盟“区域一体化”至上的终极目标，而这正是欧洲法院不愿看到的结果。WTO法的域内法律效力问题正是欧洲法院从司法角度“捍卫”区域一体化成果必须面对的问题。① 由于欧共体在WTO中居于被动地位，这使得欧洲法院甚至不打算依据DSB裁决审查欧共体措施的合法性。因为这将意味着最终的决断权将转交给另一个裁判机构，即DSB，这可能是欧洲法院不愿给予DSB裁决直接效力的真实原因。②

从欧洲法院的司法判决及其推理过程，我们可以看出，它似乎单方面强调了被诉方的我行我素，但其实质与WTO争端解决机制的要求是一致的，就是强调争端方对争端解决办法的相互满意性。何为争端方相互满意的解决办法，特别是何为被诉方满意的解决办法，则要取决于争端方对满意的看法。因此决定争端最

---

① 陈海波：《世贸组织协议在欧盟法中的法律地位：欧共体法院在区域一体化抗拒全球化过程中的作用》，载范思红、丛林：《我们眼中的欧洲法律——中欧法律和司法合作项目学术论文精选》，中国法制出版社，2005年版，第1—27页。

② 欧洲法院一直将欧共体法律秩序看作是不同于传统国际法而更类似于国内宪法的一种“超国家法”（supranational law）；欧洲法院自身则并非一般意义上的国际法庭，其地位更接近于联邦国家的最高法院。因此，共同体法律秩序之外的其他法庭或争端解决场所，例如DSB，都无力操控欧共体法律秩序，而只能由欧洲法院——这一“自治性法律秩序”中的最高法院——对其进行最终的、具有法律约束力的解释。在欧洲法院看来，除此之外的任何其他解释都只会损害其历经四十余年才建立起来的共同体法律体系的的有效性和统一性。

终解决的，不是 DSB 的法律裁决，更不是道义压力，而是成员自己的贸易利益需要。[1] 可见，尽管 DSB 裁决的法律效力问题在学界争论中已趋于一致，即大多数学者均持“国际法义务说”，可是这一实证法结论却日益受到 WTO 成员“国家”实践的挑战，DSB 裁决的执行问题已成为困扰 WTO 争端解决机制发挥更大作用的主要障碍。欧洲法院所强调的政治机构的“活动空间”或“选择余地”以及“互惠”原则这些理由都是对现实政治的一种“屈从”。正如一位学者所说，直接效力问题是一个政治决断。[2] 从欧盟法律实践来看，赋予 DSB 裁决以域内效力（无论是直接效力还是间接效力）目前最大的障碍还是政治因素；而从 WTO 争端解决裁决的执行角度来看，改善 DSB 裁决的国内法律环境、调动支持 DSB 裁决和建议国内执行的各种积极因素本质上就是一个政治问题。

欧洲法院以 DSU 本身存在的法律漏洞为理由，否定了 DSB 裁决在欧盟法律体系中的直接效力，这似乎再次表明了欧盟对 WTO 体制的一种“抗拒”；[3] 可是，当我们考察欧盟在 WTO 争端解决机制中的实践时，却发现无论是作为投诉方还是作为应诉方的次数，欧盟都仅次于美国位居第二，这似乎形成了一个悖论，里面的玄机何在呢？下一章将结合具体数据就此问题展开论述。

---

① 韩立余著：《既往不咎——WTO 争端解决机制研究》，北京大学出版社 2009 年版，第 46 页。

② Joel Trachtman，“Bananas，direct effect and compliance”，10 European Journal of International Law（1999），p. 664.

③ 陈海波：《世贸组织协议在欧盟法中的法律地位：欧共体法院在区域一体化抗拒全球化过程中的作用》，载范思红、丛林主编：《我们眼中的欧洲法律——中欧法律和司法合作项目学术论文精选》，中国法制出版社 2005 年版，第 1—29 页。

第四章 欧盟参与 WTO 争端解决机制的政策与实践

WTO 争端解决机制是多边贸易体制的主要支柱，那么，作为世界上最大的贸易集团，欧盟参与和运用 WTO 争端解决机制的政策与实践具有什么特点呢？欧共体拖延或变相执行 DSB 裁决的原因何在？这些无疑都是值得探讨的问题，本章将就此展开论述。

第一节 欧盟参与 WTO 争端解决机制的实证分析

从参与和运用 GATT/WTO 争端解决机制的实践来看，欧盟对多边贸易体制的认识也是不断净化的。在 1980 年以前，欧共体很少利用 GATT 争端解决机制，更倾向于用外交和政治的方式解决贸易纠纷，因为当时欧共体的主要精力都投入到自身的区域一体化建设中。而在内部得到较好的整合之后，欧共体开始以一个单一的贸易实体和强烈的进取态度将 GATT/WTO 争端解决机制作为一种贸易政策工具加以利用。①

---

① 具体分析参见陈卫东："从国际法角度评欧共体对 WTO 争端解决机制的政策与实践"，《法学评论》2000 第 4 期。

一、欧盟参与 WTO 争端解决机制的有关数据统计

在欧盟看来，WTO 争端解决机制是世界贸易组织的奠基石之一。它使 150 多个 WTO 成员相信所有谈判达成的贸易协定将受到尊重，它不施加新的义务，强制实施那些已同意的义务。迄今为止，WTO 争端解决机制总体运转良好，解决了各种重大争端并避免了“贸易战”。总的说来，WTO 争端解决机制发挥了正面作用，有助于保障真正的市场开放，而且在速度和效率方面与其他国际争端解决制度形成鲜明对照。[①] 通过提供解决争端的多边场所，WTO 争端解决机制防止最强大成员对弱小成员采取单边行动。自 WTO 成立以来，欧共体/欧盟一直在积极、充分地运用争端解决机制以确保其在 WTO 各项协定下的权利。具体而言，截至 2014 年 12 月底，欧盟对 WTO 其他成员贸易法律和措施投诉 95 件，同时，欧盟应诉 80 件；[②] 而同一时期内美国为投诉 107 件，应诉 121 件。[③] 美欧分列 WTO 争端解决机制的第一和第二大用户。[④]

表 1　WTO 争端解决中欧盟投诉情况统计表（1995—2014）

（总计 95 件）

年度	争端及案号
1995	酒精饮料征税（DS8）；影响购买电信设备措施（DS15）
1996	古巴自由民主法案（DS38）；对来自欧共体某些产品提高关税（DS39）；电信行业政府采购法律法规和实践（DS40）；关于录音带措施（DS42）；进口海关估价（DS53）；影响汽车产业措施（DS54）；对来自前民主德国尿素实施反倾销措施终裁裁决（DS63）

① 从 1995 年成立至今，WTO 已受理了近 500 起案件，而二战后成立的国际法院在近 70 年时间里仅审理了 151 起案件。

② http：//www. wto. org/english/thewto _ e/countries _ e/european _ communities _ e. htm（2010 年 3 月 15 日访问）。

③ 截至 2015 年 3 月底，我国投诉只有 13 件，而应诉已达 33 件，在 WTO 主要成员中明显处于守势。

④ 欧盟也是仅次于日本的最活跃的第三方，迄今已参与 146 件争端的解决。

续表

年度	争端及案号
1997	影响猪肉进口的措施（DS66）；卫星通讯政府采购（DS73）；酒精饮料征税（DS75）；影响纺织品、服装和鞋类的措施（DS77）；对医药和农用化学产品的专利保护（DS79）；汽车行业的影响贸易和投资措施（DS81）；影响纺织品和服装措施（DS85）；酒精饮料征税（DS87）；影响政府采购措施（DS88）；进口农产品、纺织品和工业品数量限制（DS96）；实施某些乳品进口保障措施终裁（DS98）；影响进口禽类产品措施（DS100）；影响动物皮出口措施（DS107）；对外国销售公司的税收待遇（DS108）；酒精饮料征税（进一步涉及相关法律修改问题）（DS110）；医药产品专利保护（DS114）；
1998	影响进口支付条件措施（DS116）；影响电影分销服务措施（DS117）；港口维护税（DS118）；影响初级产品出口的措施（DS120）；进口鞋类保障措施（DS121）；1916年反倾销法案（DS136）；对英国产含铅和铋热轧碳钢产品征收反补贴税（DS138）；影响汽车产业的某些措施（DS142）；对从对欧洲进口的麦粉征收反补贴税案（DS145）；影响汽车行业的措施（DS146）；进口限制（1997—2002贸易政策中的措施）（DS149）；影响关税措施（DS150）；影响皮革的关税配额和补贴（DS147）；影响纺织品和服装措施（DS151）；1974贸易法第301—310条（DS152）；影响生牛皮出口和熟皮进口的措施（DS155）
1999	对从意大利进口钻头实施的反倾销终裁措施（DS157）；版权法第110（5）条（DS160）；进口许可和最低进口价格措施（DS183）；某些来自欧共体产品进口措施（DS165）；对进口麦粉实施保障措施终裁裁决（DS166）；1998综合调整法第211条（DS176）
2000	1930关税法第337条及其修正案（DS186）；影响剑鱼进口和过境措施（DS193）；1974贸易法第306条及其修正案（DS200）；对欧共体某些产品征收反补贴税（DS212）；对德国某些防腐碳钢板征收反补贴税（DS213）；对钢缆和环焊钢管实施保障措施终裁裁决（DS214）；继续实施2000倾销和补贴地消法（DS217）
2001	影响生牛皮出口和皮革进口措施（DS155）；对从德国进口木箱板和从意大利进口瓷砖实施反倾销仲裁措施（DS189）；对意大利无缝钢管征收反倾销税（DS225）

续表

年度	争端及案号
2002	对某些钢铁产品实施保障措施（DS248）；对德国和法国某些钢铁产品进行反倾销、反补贴措施日落复审（DS262）；影响货轮贸易措施（DS273）；根据2002—2007年进出口政策维持的进口限制（DS279）
2003	进口隔离措施（DS287）；计算倾销幅度的法律法规和方法（归零）（DS294）；对某些欧共体产品实施的反倾销措施（DS304）
2004	对欧共体橄榄油实施临时反补贴措施（DS314）；影响大型民用航空器贸易措施（DS317）；1930关税法第776条（DS319）；继续中止对欧共体的减让义务（荷尔蒙争端）（DS320①）；继续对欧共体中止减让义务（荷尔蒙争端）（DS321②）
2005	对从欧洲进口橄榄油、麦粉和桃子实施反倾销错终裁（DS330）；影响轮胎进口措施（DS332）；对影响大型民用航空器贸易措施的第二次投诉（DS353）
2006	影响汽车零件进口措施（DS339）；对欧共体橄榄油实施反补贴措施终裁（DS341）；归零方法继续存在和适用（DS350）；影响欧共体葡萄酒和烈酒进口及销售的措施（DS352）；葡萄酒和啤酒减免税（DS354）
2007	无
2008	对欧共体某些产品的海关估价（DS370）；影响金融信息服务与金融信息提供商的措施（DS372）；对进口葡萄酒及烈酒的税收及其他措施（DS380）
2009	与原材料出口相关措施（DS395）；对蒸馏烈酒征税（DS396）
2010	对欧盟钢铁紧固件征收临时反倾销税（DS407）
2011	对意大利线圈不锈钢板材征收反倾销税（DS424）；对欧盟X射线安检设备征收反倾销税（DS425）；与嵌入电价项目相关措施（DS426）
2012	与稀土出口相关措施（DS432）；影响货物进口措施（DS438）；
2013	对欧盟高性能不锈钢无缝管征收反倾销税措施（DS460）；机动车辆回收费（DS462）；与税收和收费相关措施（DS472）

① 由美国提出磋商要求。
② 由加拿大提出磋商要求。

续表

年度	争端及案号
2014	对欧盟生猪、猪肉及其他猪肉制品的进口措施（DS475）；对德国、意大利轻型商用车征收反倾销税（DS479）；美国丁香烟案援引 DSU 第 22.2 条（DS481）；农产品和制成品关税待遇（DS485）；对大型民用飞机的附条件税收优惠（DS485）；

表 2　WTO 争端解决中欧盟应诉情况统计表（1995—2014）

（总计：80 件）

年度	争端及案号
1995	扇贝贸易分类（DS7）；进口麦片征税（DS9）；扇贝贸易说明（DS12）；谷物进口征税（DS13）；扇贝贸易说明（DS14）；香蕉进口、销售和分销机制（DS16）；进口大米征税（DS17）；实施乌拉圭回合关于大米的承诺（DS25）
1996	有关肉类和肉制品措施（荷尔蒙）（DS26）；香蕉进口、销售和分销机制（DS27）；肉类或肉制品相关措施（荷尔蒙）（DS48）；某些电脑设备海关分类（DS62）
1997	某些影响禽肉产品进口措施（DS69）；影响黄油产品措施（DS72）；影响加工乳酪出口措施（DS104）；香蕉进口销售和分销机制（DS105）
1998	影响版权授予和相邻权的措施（DS115）；电影和电视节目知识产权的实施（DS124）；大米某些进口税限制（DS134）；影响石棉和含石棉产品措施（DS135）；影响加拿大针叶木进口措施（DS137）；关于非漂白棉布纺织品反倾销调查（DS140）；对印度进口棉布床单征收反倾销税（DS141）；影响咖啡差别和优惠待遇措施（DS154）；医药和农用化学品专利保护（DS153）
1999	香蕉进口销售和分销机制（DS158）；与航班管理系统开发相关的措施（DS172）；对农产品和食品商标和地理标识的保护（DS174）
2000	影响 SOLUBLE 咖啡措施（DS209）；对巴西铸铁管道和管件征收反倾销税（DS219）
2001	沙丁鱼贸易说明（DS231）；普惠制（DS242）；美国玉米粉饲料的关税配额（DS223）

续表

年度	争端及案号
2002	授予发展中国家关税优惠的条件（DS246）；某些进口钢铁产品的保障措施（DS260）；影响葡萄酒进口措施（DS263）；食糖出口补贴（DS265）；食糖出口补贴（DS266）；无骨冻鸡海关分类（DS269）
2003	食糖出口补贴（DS283）；无骨冻鸡海关分类（DS286）；农产品和食品商标和地理标识保护（DS290）；影响生物技术产品批准和市场推广措施（DS291）；影响生物技术产品批准和市场推广措施（DS292）；影响生物制品批准和促销的措施（DS293）；对韩国动态随机存取记忆芯片（DRAM）征收反补贴税（DS299）；影响商船贸易措施（DS301）
2004	商船帮助措施（DS307）；对印度的平轧铁和非合金钢材产品征收反倾销税（DS313）；一些海关事务（DS315）；影响大型民用航空器贸易措施（DS316）
2005	三文鱼保障措施中最终裁决（DS326）；三文鱼保障措施最终裁决（DS328）
2006	对挪威养殖三文鱼征收反倾销税（DS337）；影响冷冻和生鲜大蒜关税配额措施（DS349）；影响大型民用航空器贸易措施（第二次投诉）（DS349）
2007	香蕉进口机制（DS361）；香蕉进口销售和分销机制（DS364）；禁止海豹产品进口和市场推广的某些措施（DS369）
2008	某些信息技术产品的关税待遇（DS375①）；某些信息技术产品的关税待遇（DS376②）；某些信息技术产品的关税待遇（DS377③）；对从印度进口的聚酯征收反倾销和反补贴税的日落审查（DS385）
2009	影响美国禽肉及禽肉制品的措施（DS389）；对中国钢铁紧固件的反倾销措施（DS397）；禁止进口和销售海报产品的措施（DS400④）；禁止进口和销售海报产品的措施（DS401⑤）；对中国鞋类的反倾销措施（DS405）；

① 由美国提出磋商要求。
② 由日本提出磋商要求。
③ 由中国台北提出磋商要求。
④ 由加拿大提出磋商要求。
⑤ 由挪威提出磋商要求。

续表

年度	争端及案号
2010	对过境仿制药的查扣没收（DS408①）；对过境仿制药的查扣没收（DS409②）；
2011	0
2012	对从印度尼西亚进口脂肪醇的反倾销措施（DS442）；与进口生物柴油相关措施（DS443）；影响可再生能源发电产业的措施（DS452）；
2013	对进口和销售生物柴油的措施以及支持生物柴油产业的配套措施（DS459）；对大西洋—斯堪的纳维亚鲱鱼的措施（DS469）；对阿根廷生物柴油的反倾销措施（DS473）；成本调整方法和对俄罗斯进口产品的反倾销措施（DS474）；
2014	与能源产业相关措施（DS476）；对从印度尼西亚进口生物柴油的反倾销措施（DS480）；对巴基斯坦聚对苯二甲酸的反补贴措施（DS486）；

二、欧盟参与 WTO 争端解决机制的特点

一般来说，欧盟对 WTO 争端解决机制的运用呈现下列特点：

首先，从偏重“政治方法”解决贸易争端转向“法律方式”解决贸易争端。在争端解决机制运行的最初阶段，欧盟投诉的案件大部分在协商阶段解决，但近期发生的争端，欧盟要求建立专家组的情况增多。

其次，在利用争端解决机制解决贸易争端的成员中，欧盟作为投诉方提出争端解决的案件数量仅次于美国，位列第二。截止到 2014 年 12 月 31 日，欧盟共投诉 95 件，应诉 80 件，应诉案件占投诉案件的比例约为 84%。从 1995 年 WTO 争端解决机制开始运行起，欧盟主动利用争端解决机制投诉案件的数量多于应诉案件数量的年份为 11 年，占近 20 年争端解决机制运行的

① 由印度提出磋商要求。

② 由巴西提出磋商要求。

55%，这种状况在一定程度上反映出欧盟将 WTO 争端解决机制作为其实现贸易利益的政策工具。

第三，从欧盟作为当事方的案件所涉领域来看，在贸易类型和商品种类方面欧共体主要利用 WTO 争端解决机制处理农产品和食品、饮料（约为 20 多件争端），在其他非农产品中，欧共体投诉的争端则主要涉及纺织品、钢铁产品，以及汽车产品和产业。另外欧共体就大型产品的贸易措施提出 3 次投诉，分别涉及商船贸易和大型民用航空器；而服务贸易争端则主要涉及汽车产业和文化产品出版发行。从争端涉及的措施来看，欧共体针对 WTO 其他成员法律、法规和规章提出的投诉有 12 件，涉及贸易救济措施（反倾销、反补贴和保障措施）的争端 18 件，涉及政府采购的争端 3 件。可以看出，在贸易涉及的产品方面农产品以及与农产品有关的食品贸易是欧共体争夺利益的主要领域，而从提出投诉的措施来看，欧共体非常关注其他 WTO 成员国内法律、法规和规章对贸易的影响，注重构建自由贸易制度和公平的市场制度。而大量的对贸易救济措施的投诉与其说反映了欧共体的贸易政策，不如说反映了 WTO 成员中普遍存在的对多边贸易体制中的贸易救济制度及其适用的意见冲突。

第四，从争端涉及的对象来看，欧盟参与争端的对象以美国为主。双方的争端数量多，规模大，都把矛头对准了彼此的国内立法和措施，且大多进入了 WTO 争端解决的法律阶段。从数量上看，欧美贸易争端占据欧盟争端总数的 1/3 以上；从规模上看，意见分歧最大的案件几乎都发生在欧美之间，例如：香蕉案、牛肉案、反倾销法中的归零方法案等；从投诉的领域来看，欧共体把矛头主要对准美国的法律法规，在欧共体诉美国的 31 项争端中，以美国国内法律法规为投诉内容的案件为 12 件，占欧共体诉美国争端案件总数的 1/3 以上。近几年来，美国针对下列事项投诉欧共体：欧共体禁止进口美国激素饲料饲养肉牛的牛肉、禁止进口美国的基因食品、欧共体香蕉进口体制、空中客车公司补贴、制订歧视美国航空公司的降低飞机噪音规则等。欧共体针对下列事项投诉美国：美国《赫尔姆斯一伯顿法》、运用1974年贸易法“301条款”单方面制裁贸易伙伴、1916年反倾销法、马萨诸塞州政府采购法、通过给予外国销售公司的税收减免变相给予出口补贴，以及针对美国反倾销法律及其实施规则和政策的伯德修正案和归零方法的法律法规等。就DSB的裁决来看，双方各有胜负。

最后，对于争议较大、涉及敏感或核心议题的案件，欧盟在专家组或上诉机构报告对其不利时，往往采用“拖延”或“变相不执行”战术，“用尽”WTO争端解决机制所允许的所有程序。例如，在1995年开始的美欧香蕉贸易争端中，双方在近5年的时间内，使用了WTO争端解决机制几乎所有的程序，最后以专家组报告和上诉机构都裁定欧共体败诉，DSB授权美国施行惩罚性关税告终。但是，这一案件自始至终在WTO争端解决机制中运作，最大可能地拖延了美国的单边报复措施；而且，DSB授权的报复金额为1.914亿美元，远低于美国提出的5.2亿美元的要求。① 即便如此，欧共体的香蕉机制并没有实质性的改变，在香蕉案裁决过去近10年后，哥伦比亚②和巴拿马③再次就欧共体的香蕉机制提出投诉，欧共体的香蕉机制实际上在WTO的争端解决机制下得以维持，这与其说是欧共体的一个胜利，不如说是欧共体拖延执行DSB裁决、恶意玩弄WTO争端解决机制的鲜活实例。同样对于其他败诉案件裁决的执行，欧共体也尽可能利用WTO争端解决机制最大限度地维护其利益，例如，在牛肉案的执行阶段，欧共体坚持其采取的措施履行了WTO争端解决机

---

① See Mauricio Salas and John H. Jackson, Procedural Overview of the WTO EC-Banana Dispute, 3 Journal of International Economic Law (2000), pp. 145 - 166.

② 香蕉进口机制（DS361），http://www.wto.org/english/tratop_e/dispu_e/cases_e/ds361_e.htm，2008年12月13日访问。

③ 香蕉进口销售和分销机制（DS364），http://www.wto.org/english/tratop_e/dispu_e/cases_e/ds364_e.htm，2008年12月13日访问。

构上诉机构的裁决，因而对美国[①]和加拿大[②]采取的中止关税减让的报复措施不满，反过来利用争端解决机制就美国和加拿大的报复措施提出投诉。在生物制品销售案”（DS291）和民用大飞机贸易措施案（DS316）两个案件中，由于美国和欧盟在转基因产品管理制度、波音与空客战略产业经济利益冲突等方面的严重分歧，根本就不能充分执行 DSB 裁决，这也是为什么美国在欧盟宣布完全执行之后就迅速申请贸易报复的原因。此外，在很多案件的执行中，欧盟并不急于完全、迅速的执行 DSB 裁决，而是象征性地修改规则后，再同申诉方就其中的具体争端问题进行谈判协商，采取各个击破、息事宁人的策略。这样一来，一方面欧盟执行的压力得到缓解，双方实际上再次避开了 WTO 争端解决机制框架，通过双边谈判即可解决诸多问题；另一方面，这种“变相执行”避免了欧盟贸易法律制度发生剧烈变化，欧盟仍可通过原有制度安排维护内部利益，而在结果上欧盟的“变相执行”方法实际上达到了“变相不执行”的目的。诸多案件中双方签署的和解协议、谅解备忘录都呈现出这一特点。[③]

上述事例表明，拖延或变相执行是欧盟对 WTO 争端解决机制声誉与权威的最大挑战，[④] 本章以下部分将就导致欧共体拖延执行的内外诱因进行初步论证。

---

① WT/DS320 US - Continued suspension of obligations in the EC - Hormones dispute.

② WT/DS321 Canada - Continued suspension of obligations in the EC - Hormones dispute.

③ 左安磊：“欧盟执行 DSB 裁决实践立场及策略研究”，《时代法学》2013 年第 4 期。

④ 欧共体在其应诉的 17 个案件中有 14 个被 DSB 裁定为完全或部分违反义务，尽管 3 个案件在专家组散发最终报告之前就解决了。欧共体在所有这些案件中都承诺执行 DSB 裁决，在 Bed linen，GSP，Sardines，Trademarks/GIs，Sugar 等案件中，欧共体已部分或完全执行了 DSB 裁决，但香蕉案和牛肉案的执行问题时至今日仍没有解决。

第二节 欧盟拖延执行DSB裁决的外部诱因：WTO报复程序存在缺陷

尽管WTO争端解决机制按照“遵守—补偿—报复模式”（a compliance - compensation - retaliation model）建立，但在实践中只在美国版权案（US - Copyright case）这一个案件中给予过现金补偿，[①] 因此，WTO争端解决机制实际上按照“遵守—报复模式”（a compliance-retaliation model）运作。[②] 根据DSU第22条，WTO体制下的贸易报复首先应遵循以下先决条件：（1）违法成员的有关行为仍处于非法状态。即专家组或上诉机构裁定有关成员方未遵守对其适用的协议，因而产生了对另一成员利益的丧失或减损，而违法成员“合理期间”内并未履行DSB的建议或裁决。（2）争端当事方未在“合理期间”到期后的20天内达成双方都能接受的补偿协议。（3）请求报复成员（申诉方）获得DSU的授权，才能进行报复。报复措施依其所涉及的范围可以分为平行报复、跨部门报复和跨协议（交叉）报复三种。究竟选择哪种报复要视报复

---

① WT/DSl60/23.

② 迄今为止，WTO成员提出报复申请并得到授权的涉及下列6个案件，实际上采取报复措施的只涉及其中4个案件：第一，欧共体香蕉案，授权美国和厄瓜多尔对欧共体进行报复，只有美国采取了报复措施而且后来撤销了对欧共体的报复。第二，欧共体牛肉案，授权美国和加拿大对欧共体进行报复，二者都对欧共体采取了报复措施并且仍在继续对欧共体维持报复，但该案仍未解决还处于诉讼中。第三，巴西支线飞机补贴案，授权加拿大对巴西进行报复，但没有具体实施。第四，加拿大支线飞机补贴案，授权巴西对加拿大进行报复，但没有具体实施。第五，“美国外销公司税收待遇案”，授权欧共体对美国进行报，，欧共体采取了报复措施而后在美国撤销违法措施后就终止了报复。第六，“美国2000年持续倾销与补贴抵消法案”（伯德修正案），2004年9月DSB授权8个成员（巴西、加拿大、智利、欧共体、印度、日本、韩国和墨西哥）对美国进行报复，只有欧共体、加拿大、日本和墨西哥采取了报复措施。当前，只有加拿大和美国对欧共体（牛肉案）仍在继续进行报复，欧共体、加拿大、日本和墨西哥也仍在继续维持对美国（美国2000年持续倾销与补贴抵消法案）的报复措施。参见余敏友：《WTO争端解决活动——中国表现及其改进建议》，《法学评论》2008年第4期，第82—95页。

的作用和效果而定。报复的程度也应与其利益丧失或减损的程度相当。另外，被报复成员（被诉方）可以就报复的适当性问题提请仲裁。关于贸易报复的终止，DSU 仅规定：报复只是一种临时措施，在违法措施已被撤销、被诉方对申诉方所受的利益损害提供了解决方法、争端当事方达成了相互满意的解决方法的情况下，报复措施应当被终止。实际上，DSU 并没有直接使用“报复”一词，而是使用“中止对有关成员实施适用协定项下的减让或其他义务”这一术语。WTO 中的报复措施不具有惩罚性，法律性质上类似于国际法上的反措施，[①] 尽管 DSU 对报复措施作了相对严格的界定，可实际运作中却凸现了其不足之处，从而为欧共体拖延执行 DSB 裁决提供了外在诱因。

一、启动报复的程序条件模糊不清

DSU 执行条款与 WTO 争端解决机制的成败休戚相关。欧美香蕉案[②]表明，DSU 有关执行的规则需要进一步澄清，尤其在第 21.5 条与第 22.6 条的关系方面，美国和欧共体都试图通过本案为此确立对自己有利的先例。

一方面，DSU 第 21.5 条规定，“如在为执行建议和裁决所采取的各项措施是否存在或者是否符合某项适用协定的问题上发生争端，应通过这些争端解决程序（包括只要可能就交原专家组）解决。”如何理解“通过这些争端解决程序（包括只要可能就交原专家组）解决”？这些争端解决程序是普通程序，还是特别程序？

---

① 反措施（countermeasure，又译为对抗性措施）是指受害国针对责任国不承担其国际不法行为所引起的法律后果的责任而采取的措施，并为联合国国际法委员会《国家对国际不法行为的责任条款草案》所采用。参见贺其治：《国家责任法及案例浅析》，法律出版社 2003 年版，第 305—326 页。

② WTO Appellate Body Report, European Communities - Regime for the Importation, Sale and Distribution of Bananas（EC - Bananas III），WT/DS27/AB/R, adopted 25 September 1997. 有关欧美在该案争端解决程序中所采取的策略与技巧，可具体参见余敏友等著：《WTO 争端解决机制概论》，上海人民出版社 2001 年版，第 257—272 页。

如果是普通程序，那么DSU第6条至第18条是否都可以适用，即争端解决程序可能包括专家组和上诉机构审议两个阶段。在此种情况下，如果被裁定其举措违反WTO规则的一方没有诚意履行DSB裁决，那它只要在每次履行中对有关措施稍作调整，就可使争议双方进入一个周而复始、旷日持久的诉讼怪圈。[①] 另一方面，允许一方向DSB请求授权对没有执行DSB建议或裁决的另一方采取报复行动上是否先要适用DSU第21.5条，对此DSU第22条没有任何明确的规定。这是否意味着只有在用尽DSU第21.5条规定的程序后才能采取报复行动？在香蕉案中，欧共体认为，第21.5条意味着重新发动新一轮争端解决程序，即从投诉方正式提出协商请求开始到专家组、上诉、仲裁、执行等等所有阶段，第22条则隐含着只有在用尽DSU第21.5条规定的程序后才能请求DSB授权采取报复行动。在通过DSU第21.5条所规定的专家组所提出的确认有关措施不符合WTO规则的报告之前，DSB不能授予根据DSU第22条中止关税减让的权力。投诉方反对欧共体的立场。它们认为，第21.5条的规定是针对一种快捷程序而不是一种“新”的争端。美国主张，甚至在不经过第21.5条程序的情况下也可以根据第22条请求DSB授权采取报复行动。双方各执所见，针锋相对。

在1997年9月25日DSB裁定欧共体败诉后，欧共体对其香蕉进口体制进行了修正，并于1998年7月重新颁布了欧共体理事会第1637/98号条例，但胜诉方美国和厄瓜多尔对该条例并不满意，为此，欧共体和厄瓜多尔根据DSU第21.5条要求成立专家组审理欧共体的执行措施是否符合WTO有关协定。然而，美国却在专家组作出结论前，要求DSB授权其对欧共体进行报复，而欧共体主张报复应在专家组作出结论后。时任WTO总干事鲁杰罗促成美欧达成妥协，DSB推迟授权美国进行报复。作为交换，欧共体

① 这有可能成为一些贸易大国惯用的伎俩，而广大弱小的发展中成员却会因此长期受到不公平待遇。即使在一些贸易大国之间，有时出于某种政治利益考虑，人们也会利用这个法律漏洞来拖延争端解决，欧美香蕉案中欧共体的表现即提供了明证。

同意就报复水平进行仲裁。1999 年 4 月 6 日，重新成立的专家组提交报告，其结论是：欧共体理事会第 1637/98 号条例与 WTO 规则不一致，并就执行措施作出建议；而仲裁庭认为，没有理由等到第 21.5 条专家组程序作出结论后，才启动第 22.6 条进行仲裁（但不是申请授权报复）。仲裁庭还削减了美国要求的报复水平。4 月 19 日，DSB 授权美国对欧共体进行贸易报复。5 月 6 日，DSB 通过厄瓜多尔要求的专家组报告，确认欧共体执行措施违反 WTO 规则的裁定。[①] 11 月 8 日，厄瓜多尔要求 DSB 授权其对欧共体进行贸易报复，中止其根据 GATS 和 TRIPS 协定所承担的总额 4.5 亿美元的关税减让或其他义务。2000 年 3 月 24 日，就厄瓜多尔所要求报复的水平进行仲裁的仲裁报告散发，裁决厄瓜多尔可对欧共体实行价值为每年 2.016 亿美元的贸易报复，涉及 GATT1994、GATS 和 TRIPS 等协定。5 月 18 日，DSB 授权厄瓜多尔对欧共体实行价值为每年 2.016 亿美元的贸易报复。[②]

显然，在如何启动报复的程序方面，上述实践实际上采取了两种不同的作法：第一种就是美国没有援引第 21.5 条程序而是直接根据 DSU 第 22 条向 DSB 提出正式申请，要求授权其报复欧共体因不执行 DSB 裁定而对美国依据 WTO 协定享受的利益所造成的损失，尽管 DSB 是在合理期限届满后根据仲裁作出报复范围与水平的裁决作出报复授权的。第二种是厄瓜多尔在用尽第 21 条第 5 款程序后才根据 DSU 第 22 条向 DSB 提出正式申请，要求授权其报复欧共体因不执行 DSB 裁定而对它依据 WTO 协定享受的利益所造成的损失，DSB 也是在合理期限届满后根据仲裁作出报复范围与水平的裁决作出报复授权的。因此，DSU 第 21.5 条与 DSU 第

---

① 对欧共体执行措施的批评主要是：第一、将专为从 ACP 国家进口所保留的数额被搁置一边；许可证的分配制度完全没有取消对第三国香蕉经营者的歧视。http://europa.eu.int/comm/trade/miti/dispute/banabkg.htm（11 April 2008）.

② 厄瓜多尔获得报复授权，是 GATT/WTO 历史上的第一次“交叉报复（cross retaliation）”规定的应用。

22 条之间的先后次序问题急需处理。[①]

2001 年 4 月 11 日和 30 日，欧共体分别与美国和厄瓜多尔就解决香蕉贸易争端达成最终协议[②]和谅解[③]。根据这些协议与谅解，欧共体在 2006 年统一关税制度建立之前，将以过去贸易为基础分配的进口许可证，制定新的进口许可证制度。美国与厄瓜多尔则保证：积极支持欧共体获得所必需的 WTO 授权，一旦完成上述步骤，将明确撤消对欧共体的贸易制裁。如前所述，时至今日其他 WTO 成员仍在不厌其烦地监督欧共体切实执行 DSB 的裁决，并且争议不断。

二、终止报复的程序付之阙如

早在 WTO 成立之前，欧共体分别于 1981 年和 1988 年颁布三项指令，禁止为促进牲畜生长目的而使用含有激素作用的物质，并禁止销售或进出口使用这些物质的牛肉或牛肉制品。针对欧共体的进口禁令，美国当时就采取了报复措施。荷尔蒙牛肉争端是美国在乌拉圭回合极力促进 SPS 协定谈判的原因之一。[④] WTO 成立之后，欧盟以第 96/22 号指令取代上述三个指令，继续实施有关禁令。1996 年 1 月 26 日美国请求与欧共体磋商，7 月 28 日加拿大请求与欧共体磋商，美国和加拿大认为，欧盟禁止为促进生长目的使用 6 种特定荷尔蒙的牛肉或牛肉制品的进口，违反了

---

① 香蕉案后的数个争端案件，亦出现类似争议，更突显 DSB 裁决的执行问题。例如澳大利亚鲑鱼案（DS18）、澳大利亚皮革补贴案（DS126）等，均是由当事双方以协议方式暂时搁置第 22.6 条仲裁，至第 21.5 条小组报告公布后始继续进行相关程序。然而这种权宜作法仍无法解决 DSU 制度规范之不足，有待 WTO 进一步改革以解决。

② http：//europa. eu. int/comm/trade/miti/dispute/bana. htm，2008 年 12 月 26 日访问。

③ http：//europa. eu. int/comm/trade/miti/dispute/understanding. htm，2008 年 12 月 26 日访问。

④ See Daniel Wüger，“The Never Ending Story：The Implementation Phase in the Dispute between the EC and the United States on Hormone-Treated Beef”，in：Law and Policy in International Business 2002，p. 780.

GATT1994 第 3 条和第 11 条、SPS 协定第 2 条、第 3 条和第 5 条、TBT 协定第 2 条及农产品协定第 4 条。美国和加拿大分别于 1996 年 4 月 25 日和 9 月 16 日请求 DSB 设立专家组，DSB 先后于 1996 年 7 月 2 日和 11 月 4 日分别为美国和加拿大组成专家组。[①] 1997 年 8 月 18 日专家组提交报告并裁定欧盟的进口禁令与 SPS 协定第 3.1 条、第 5.1 及 5.5 条不符。欧盟提出上诉。1998 年 1 月 16 日上诉机构维持了专家组裁定欧盟进口禁令不符合 SPS 协定第 5.1 条的要求，并由此也违反了 SPS 协定第 3.3 条。1998 年 2 月 13 日，DSB 通过了上诉机构报告以及经过上诉机构修改的专家组报告。[②] 由于欧盟声称，风险评估需时甚多，不能立即撤销进口禁令，第 21.3 条仲裁员给予欧盟为期 15 个月的执行裁决的“合理期限”。[③] 在该期限于 1999 年 5 月 13 日到期后欧盟并未撤销进口禁令，美国、加拿大 1999 年 6 月 3 日要求授权其报复欧共体因不执行 DSB 裁定而对其各自依据 WTO 协定享受的利益所造成的损失，1999 年 7 月 12 日，在第 22.6 条仲裁程序确定报复水平与范围后，DSB 授权美国和加拿大分别对欧盟中止每年金额近 1.168 亿美元和 113 万美元的减让。2003 年 10 月 14 日，欧盟颁布并实施了第 2003/74 号指令，取代原第 96/22 号指令。欧盟声称，其已撤销被裁定与适用协定不符的措施，新的立法与 DSB 裁决和建议一致，建立在全面的风险评估基础上。欧盟随即向 DSB 通报了其措施及相关评估，表示其已完全执行荷尔蒙案的裁决和建议，美国和加拿大不再有理由针对欧盟继续中止减让。但是美国和加拿大认为新指令仍然违反 SPS 协定，并且拒绝为解决分歧而启动

---

① 美国（WT/DS26）和加拿大（WT/DS48）的要求实质上相同，而且审理两案的专家组成员相同、裁决基本一致。

② Appellate Body Report, EC Measures Concerning Meat and Meat Products (Hormones), WT/DS26/AB/R, WT/DS48/AB/R, adopted 13 February 1998.

③ 有趣的是，在确认欧盟选择执行方式的自主权的同时，该仲裁员认为，旨在证明一项业已被认定为不符的措施是符合的而进行的研究或专家咨询所需的时间，不能被接受为 21.3（c）项下的“具体情况”。参见仲裁报告（WT/DS26/15，WT/DS48/13）第 38—39 段。

DSU 第21.5条程序或与欧盟协商确定特别程序。由于DSU并没有规定如何终止报复的实施，因此各方对谁有权提起终止报复以及如何终止产生了新的争议。2004年11月4日欧盟请求与美国和加拿大磋商，2005年1月13日欧盟要求设立专家组以裁定：美国①和加拿大②没有通过多边机制，而是单方面认定新指令没有执行DSB裁决和建议，继续实施报复，违反了GATT和DSU的有关规定。欧盟强调，其旨在请求专家组澄清和确定，依据DSU，在执行成员采取措施并向DSB报告之后，维持报复措施的成员所应承担的义务。2008年3月31日专家组在提交给WTO成员的报告指出，美国和加拿大在程序方面违反了DSU第23.1条和第23.2（a）条，但没有违反DSU第22.8条，并建议DSB要求美国和加拿大采取使其措施符合根据DSU所承担的义务。专家组进一步建议，为了执行第23条项下的裁定和确保该争端的迅速解决，美国和加拿大应该不得拖延地诉诸DSU的规则与程序。2008年5月29日欧共体通知其决定，请求上诉机构对专家组报告中的某些法律问题和专家组的某些法律解释予以复查。

三、对WTO报复程序的应有认识

欧共体作为败诉方，因不能在合理期限到期时撤销或调整违法措施而遭受胜诉方的贸易报复，在香蕉案中，它试图阻止胜诉方启动报复程序，而在荷尔蒙牛肉案中，它寻求终止持续进行的报复。它在这方面的独特遭遇表明，在现行WTO争端解决机制中，败诉方阻止胜诉方启动报复程序难，终止胜诉方的“不当”报复就更难！作为全球最大贸易体的欧共体竟然陷入如此困境，这不得不令人深思。过去只认为弱小国家无法承受贸易报复之重，现在看来世界头号超级贸易体也难以承受贸易报复之轻！这一方

---

① WT/DS320 US - Continued suspension of obligations in the EC - Hormones dispute

② WT/DS321 Canada - Continued suspension of obligations in the EC - Hormones dispute.

面说明WTO争端解决机制的巨大威力，败诉方就应该迅速撤销或调整违法措施，真正善意地履行义务，否则就会陷入贸易报复困境；另一方面进一步揭示了DSU在贸易报复程序规则上的严重缺陷，急需改进与加强。如何改进？有必要根据GATT/WTO法的历史和实践做更进一步的分析。

WTO多边贸易体制，以授权胜诉方采取贸易报复措施来逼迫拒不悔改的加害方遵纪守法，是迫不得已的无奈之举，还是精心设计的制度安排？[①]

首先，GATT立法史表明：第23条第2款代表了《哈瓦那宪章》拟定者在国际经济关系中所引入的一项新的原则，即要求各缔约方授权国际组织限制其报复权。具体而言，就是谋求通过总协定驯服"报复"并绳之以法，使之受国际多边条约调控，控制其扩展与成长，最终使它从发动经济战争的一种武器转变为维护国际秩序的一种工具。利用"报复"具有建设性作用的积极方面，而限制它具有破坏性作用的消极方面。因此，这项原则排除了缔约方在总协定范围内采取单方面的报复措施。[②]

其次，在GATT48年的历史中，缔约方全体或理事会授权采取报复仅有一次，不仅从未发生过因受报复而退出总协定的情况，反而要求加入总协定的国家和实体越来越多。实际上，总协定在授权报复方面一向非常谨慎。据认为，其主要原因是：（1）充当调解人而非仲裁员的心态使缔约方全体或理事会谋求尽可能晚地实施总协定的最后手段；（2）对于争端双方而言，报复只会两败俱伤，更严重的是，报复可能引起报复与反报复的恶性循环，直至贸易战或政治对抗，最终可能导致总协定体制的崩溃；（3）报复是以各国的经济实力特别是其国际贸易实力作后盾的，一国报复能力的大小是与该国在受报复国进出口贸易中所占份额或地位成正比的。据说制裁的效力依赖于"经济体的规模"和"报复国

---

① 参见余敏友："论世贸组织争端解决机制的强制执法措施"，《暨南学报（哲学社会科学版）》2008年第1期。

② WTO, Analytical Index Guide to GATT Law and Practice, Vol. 2, 2003, p. 692.

的进口依赖性和被报复国的出口依赖性”。[①] 贸易小国的报复能力十分有限，这正是荷兰没有采取 GATT 授权的报复措施的原因。另外，报复威胁常常会具有很大的威慑力量，从而使它可能成为施加政治压力的一种有效的贸易外交手段。在这方面，总协定的某些缔约方（如美国、欧盟）制订了通过报复解决国际贸易争端的国内法。鉴于在实际运行中，有关国家（如美国）没有处理好其国内法手段与总协定多边争端解决机制的关系，不仅没有很好地补充和支持总协定多边争端解决机制，反而成为阻挠甚至取代总协定多边争端解决机制的手段和任意对其他缔约方进行恐吓或威胁的强权政治工具。因此，如何对报复进行更严格的多边控制，一直是 GATT 面临的一个重要问题。

第三，乌拉圭回合期间，DSU 的拟定者，为了尽最大限度地实现寻求迅速救济的投诉方与时刻警惕单方面报复性行动的应诉方之间的平衡，制订了新的执行规则，并设计了在执行阶段解决争端的手段和方法。乌拉圭回合结束后生效的 DSU，从原则和程序等方面，对有关成员的报复权及其行使做出了重大改进。不仅强化了报复措施的力度（允许采取“交叉报复”），改进了报复的授权程序（DSB 的消极协商一致决策程序）；而且也对胜诉方实施报复规定了一系列原则、程序、条件和标准，设立了对报复措施进行审查的仲裁程序；还规定了 DSB 和 WTO 成员对报复的监督制度。虽然 WTO 争端解决机制没有创立一种不受限制或者毫无节制的报复权，但是与 GATT 相比，受害国更容易获得报复权。

第四，历史表明，报复只有在经济实力相当的国家之间才是有效的，对于弱国来说它通常是毫无意义的。WTO 争端解决实践不仅没有推翻这一点，反而提供了新的证据。在 WTO 争端解决机制执行阶段的绝大多数争端主要发生在美国、欧共体、日本、加拿大、巴西之间，报复制度看来主要是贸易大国之间相互较量的

---

① Steve Charnovitz, “Rethinking WTO Trade Sanctions”, 95 American Journal of International Law (2001), p. 794.

一个重要工具。因此，这种制度明显对贸易大国有利。显然，WTO 争端解决机制中的报复仍然没有从根本上解决在权力不对称的国家之间报复的公平性问题，它不仅提高了强势成员违法的成本，但也突出了弱势成员与强势成员之间实力的不平等。

对此，有学者提出，发展中国家成员可以将 TRIPS 作为执行的工具。[①] 然而，厄瓜多尔在香蕉案中的情况表明，从发展中国家谋求促进遵守来说，在知识产权领域的交叉报复不大可能提供更有效的救济。[②] 为此，在学者中，有人建议引入“团结措施”(solidarity measures)，把联合国国际法委员会《国家责任法草案》和《维也纳条约法公约》第 61 条所规定的集体反措施与 WTO 争端解决机制结合，把现行单独报复改为集体报复，以便向集体救济体制转变。[③] 甚至有人认为，集体制裁在现行体制下本来就是可行的。[④] 在 WTO 成员对 DSU 改革的谈判中，墨西哥提出可以拍卖或转让贸易报复权，[⑤] 赞比亚代表最不发达国家集团提议增加“集体报复”。[⑥]

拍卖或转让贸易报复权虽然很有新意，[⑦] 集体报复却是老调重

---

① Arvind Subramanian and Jayashree Watal, “Can TRIPs serve as an enforcement mechanism for Developing Countries in the WTO?”, 3 Journal of International Economic Law (2000), pp. 403 - 416.

② 该案仲裁员指出，厄瓜多尔实施所授权的报复是不可行或不可能的，然而 DSU 对此没有解决办法。WT/DS27/ARB/ECU, 24 March 2000, para. 177.

③ Joost Pauwelyn, “Enforcement and Countermeasures in the WTO: Rules are Rules - Toward a More Collective Approach”, 94 American Journal of International Law (2000), pp. 335 - 347.

④ Bernard Hoekman and Petros Mavroidis, “Enforcing Multilateral Commitments: Dispute Settlement and Developing Countries”, The WTO/World Bank Conference on Developing Countries in a New Millennium, Geneva: WTO Secretariat, 1999, p. 10.

⑤ TN/DS/W/40, http://www.law.georgetown.edu/iiel/research/projects/dsureview/documents/W40.doc，2009 年 1 月 12 日访问。

⑥ TN/DS/W/17, http://www.law.georgetown.edu/iiel/research/projects/dsureview/documents/W17.doc，2009 年 1 月 14 日访问。

⑦ 报复权转让、金钱补偿等建议实质上都与 WTO 现行的既往不咎的价值取向相关。具体分析参见韩立余著：《既往不咎——WTO 争端解决机制研究》，北京大学出版社 2009 年版，第 52—55 页。

弹，二者都不是有效的解决方案。国际实践表明，无论是在联合国还是其他多边合作体制中，“集体制裁”是例外，并且执行难。而且，如何防止集体报复或制裁被滥用并对无辜受害者予以补偿，是联合国集体安全体制60多年来一直没有解决的重大难题。在现在国际社会仍然没有集体经济安全意识和建立有效的集体经济安全制度的情况下，集体报复也好，转让贸易报复权也好，难以适应全球化时代民族主义潮流及强化国家主权的要求与倾向，各国对外贸易政策，无不以“本国利益”为最高目标。WTO各成员虽说在贸易方面具有各自的比较优势，不仅是相互合作的伙伴，更是彼此竞争的对手，各种离心力，尤其是贸易大国的利己主义，使尚未遭到违反WTO法行为的直接损害的成员以及报复该违法行为对自己没有直接益处的成员，对集体制裁或集体报复可能不感兴趣而采取某种消极的态度，它们可能不愿在眼下做出现实的牺牲来积极参加统一行动。况且，即便集体报复被增补为一种救济手段，恐怕也得改变有关授予报复权的现行决策程序而不可能像现在这样如此容易获得报复权。

综上所述，WTO争端解决机制中的贸易报复措施，是WTO成员在现今国际社会结构制约下精心选择的次优安排。WTO争端解决机制的物质基础仍然是经济相互依赖和列国并存的国际社会。①而在“平行式”的国际社会里，即便聚统一性、强制性、排外性于一体的WTO争端解决机制，在执行DSB裁决方面，也未能建立统一而集中的强有力的执行制度，而只能继续依赖贸易报复这种传统的自力救济手段，尽管WTO在GATT数十年试验的基础上根据贸易全球化的新情况更新并改进了贸易报复权的获得与行使规则，但并没有从根本上实现国际贸易关系从权力政治向法治的质变，最多还只是新的量变。如何减少WTO贸易报复对无辜者的不利影响，如何遏制贸易大国滥用贸易报复权的单边主义倾向，从

① 余敏友等著：《WTO争端解决机制概论》，上海人民出版社2001年版，第69页。

而真正使贸易报复从发动贸易战的一种大规模杀伤性武器转变为维护国际贸易秩序的一种建设性工具是 WTO 今后必须面对的巨大挑战。①

第三节　欧盟拖延执行 DSB 裁决的内部因素：共同商业政策决策机制的复杂性

欧盟同商业政策不仅建立在关税同盟和共同关税的一套统一规则基础之上并规范其成员国与非成员国之间的商业关系，而且形成了比较完备的对外贸易政策制度（common trade policy regime）。但是其决策机制的复杂性，尤其是欧盟机构之间、欧盟机构和成员国之间的相互掣肘与制衡，以及包括跨国公司和非政府组织等在内的利益团体的决策参与，② 导致决策效能的降低，从而客观上使迅速撤销违反 WTO 规则的措施成为“不可能完成的任务”（Mission Impossible）。以下主要从欧盟在多边贸易谈判中的决策过程、决策机构的权力运作，以及最终决策时的多重考量因素三个角度展开论述。

一、共同商业政策的决策过程

在考察欧盟机构间关于对外贸易政策上的权力关系时，将它划分为授权（或确定谈判立场）、谈判和批准三个阶段有利于比较清晰地了解不同行为者的角色。一般而言，部长理事会在共同商

---

① 余敏友、陈喜峰：《多哈发展议程与 WTO 争端解决机制的改革》，载曾令良主编：《21 世纪初的国际法与中国》，武汉大学出版社 2005 年版，第 239—249 页。

② 与其他国际组织的决策过程相比，在欧共体的决策和立法过程中，政党政治和利益集团发挥作用是其一大特色。他们通过进入欧洲议会、理事会以及跨国联合的方式起着不可忽视的作用。关于政党和利益集团在欧共体决策过程的作用，参见刘文秀、［英］埃米尔 J. 科什纳：《欧洲联盟政策及政策过程研究》，法律出版社 2003 年版，第 86 – 91 页。

业政策的决策中拥有绝对权威，可以被看作是“委托人”，而欧盟委员会虽然拥有提议权和代表权，其事实上的权力则被限制在部长理事会特定授权下的谈判代理人这一范畴之内。[①] 根据欧共体条约第 133 条（现《欧盟运行条约》第 207 条）和第 300 条（现《欧盟运行条约》第 218 条），欧盟贸易政策的决策过程可以简单描述如下：

（一）授权阶段

在授权阶段，欧盟委员会就与第三国或区域性组织进行贸易谈判向总务和对外关系部长理事会提出建议；各成员国常驻欧盟代表委员会（COREPER）就此举行磋商，仔细研究并修改委员会的建议，并将其列入部长理事会会议议程；然后部长理事会讨论并表决是否启动一项贸易谈判，谈判的重点在于关税税率、缔结贸易协定、出口政策和保护性措施；通过后的决议或纲要成为对委员会启动谈判的授权。委员会在确定谈判立场时要一直参与国际讨论，以凭借其全面的信息和倡议权来制定出明确的政治日常，在这个“制定议程”的阶段，欧洲议会、各国议会以及非政府组织的非正式影响是最大的。[②]

（二）谈判阶段

在谈判阶段，委员会在授权范围内统一代表成员国对外谈判；在整个谈判进程中，委员会必须与“第 133 条委员会”（监督欧盟委员会谈判活动并确保其遵循部长理事会的授权，《里斯本条约》生效后变为“207 委员会”）随时保持联系和磋商；当谈判进展非常艰难时，委员会还可请求部长理事会澄清或修订授权内容，以

---

① Rafael Leal-Arcas, “The EU Institutions and Their Modus Operandi in the World Trading System,” 12 Columbia Journal of European Law（2006）, pp. 125 – 147.

② Rafael Leal-Arcas, “Is EC Trade Policy Up to Par?: A Legal Analysis Over Time – Rome, Marrakesh, Amsterdam, Nice, and the Constitutional Treaty,” 13 Columbia Journal of European Law 2007, pp. 305 – 399.

便继续下一步谈判。

在 GATT/WTO 关于货物贸易的谈判中，欧盟成员国代表可以参加欧盟代表团并到场，但无权代表本国发言。但在关于服务贸易、与贸易有关的知识产权保护及其他不属于共同体权限的政策领域，成员国代表不仅可以参加谈判，在理论上还有权在必要时代表本国利益发言。这种情况的出现是欧洲法院“第 1/94 号咨询意见”所澄清的权能分配的结果。然而，由于有保持紧密合作的义务和在部长理事会、“第 133 条委员会”内达成的一致为基础，欧盟委员会通常是对外谈判中的唯一发言人。尽管如此，欧盟委员会在谈判对手眼中形象仍然不佳。例如，在乌拉圭回合中，关于农业谈判最后阶段的例子就很能说明这一点。[①] 欧共体内部在 1990 年协调 GATT 谈判方针时，在农业问题上就陷入僵局，无法就应在多大程度上降低农业领域补贴这个问题上达成一致。委员会试图在没有理事会支持的情况下与美国及名为凯恩斯集团的农业出口国联盟进行协调。它这样做显然超出了谈判授权，此种授权由于在农业领域奉行强硬保守立场的成员国（法国、爱尔兰和德国）的运作，其活动余地十分狭窄。当委员会这种自作主张的行为被人们知晓时，欧共体成员国贸易和农业部长们便加以斥责。按照成员国的指示，预备性会谈被迫中断，这会破坏了委员会作为可靠的谈判伙伴的可信度；在以后的谈判中，美国一再藉此指责欧共体。[②]

（三）批准阶段

在批准阶段，如果涉及的谈判议题属于欧盟专属权能，则由部长理事会以特定多数表决（qualified majority vote）通过；但事

---

① 参见［德］贝娅特·科勒—科赫等：《欧洲一体化与欧盟治理》，顾俊礼等译，中国社会科学出版社 2004 年版，第 281—282 页。

② Rafael Leal-Arcas，“United We Stand，Divided We Fall - The European Community and its Member States in the WTO Forum：Towards Greater Cooperation on Issues of Shared Competence?”，1 European Political Economy Review（2003），pp. 65 - 79.

实上会努力避免出现以多数票迫使一成员国就范的情况，特别是让一些大国非正式地拥有一种否决权的地位。如果涉及的议题是属于共享权能，则除了部长理事会一致通过之外，各国议会还要分别批准才能使已达成的协议生效。显而易见，要在部长理事会内批准一项谈判协议已很困难，欧盟扩大到28国后只会进一步加大其批准的难度。在实践中，为避免在成员国的批准程序上花费较长时间以影响此类协定的意义，共同体通常采用两种变通方式：对于包含贸易因素的协定，共同体可缔结一项临时协定；此类协定属于欧盟专属权能领域，只需理事会以一般程序缔结即可。另外，《阿姆斯特丹条约》第300条第2款引入了“临时适用的决定”，使协定在生效之前提前适用，一定程度上减少了成员国批准程序的消极影响。《欧盟运行条约》第218条地款也作了类似规定，允许在协议生效前临时适用该协议。①

（四）授权与批准对谈判的影响

委员会能否进行有效的对外谈判，取决于部长理事会授权阶段发出的信号以及对批准阶段可能结果的预期。当部长理事会内困难重重时，欧盟委员会不得不等待明确指示，其谈判权力往往受到较大制约。

决策阶段众多的否定权，会导致委员会在国际舞台上的表现受到影响。当委员会与部长理事会的工作机构之间对有关谈判授权的理解或解释存在分歧时，极易就谈判策略产生冲突。在多边贸易谈判中，委员会被束缚手脚的情况并不少见。例如，在WTO西雅图部长会议期间，委员会获得的谈判授权比较宽泛，因此有较大的空间。但成员国官员几乎参加所有相关会议，并运用一切机会试图影响委员会的谈判立场。这表明，严格的和宽松的授权均会对委员会谈判产生制约。即使委员会在解释授权时有较大的

① 蒋小红：《欧盟对外贸易法与中欧贸易》，中国社会科学出版社2014年4月版，第264页。

灵活性，预见到批准阶段的艰难，委员会在同谈判对手打交道时也不会随心所欲地进行谈判。由于“欧盟成员国之间的磋商有时比同第三国谈判更加艰难”，[①] 因此欧盟委员会不时地被认为是“难以预料”的谈判对手。

可见，委员会与成员国在决策过程中的博弈，归根到底是要效率还是要控制权这两个不同的目标之争。在授权和谈判进行阶段，求效率的观点占上风，但在批准阶段则并非如此。除此之外，这也是因为在谈判进行阶段，成员国手中握有“第133条委员会”这样一个控制工具。[②] 因此，即便是在欧共体逐步享有专属权能的共同商业政策领域，其最终决策权还是掌握在成员国手里。

二、决策机构之间的运作关系

（一）部长理事会

部长理事会是欧盟决策的核心机构，它由各成员国在不同政策领域的部长级代表组成，是成员国国家利益交汇、互动之后制定共同体政策的超国家机构。部长理事会的日常工作由常驻代表委员会（COREPER）[③] 以及其他大量工作小组和委员会完成，只有那些复杂的和政治敏感性强的议题才由部长们讨论解决。

部长理事会拥有在欧盟共同商业政策上的最高权力，是实际的政策制定者。部长理事会不仅向欧盟委员会发布谈判授权，还负责批准谈判协议以使之生效。但部长理事会的缺陷在于，目前还没有单独的贸易部长理事会，而是由总务与对外关系理事会负责外贸政策。总务与对外关系理事会往往把更多的精力花在共同外交和安全政策等政治性事务上，有时对外贸政策关注不够。再

---

① Rafael Leal-Arcas, “The EU Institutions and Their Modus Operandi in the World Trading System,” 12 Columbia Journal of European Law (2006), pp. 125 – 147.

② 参见［德］贝娅特·科勒－科赫等：《欧洲一体化与欧盟治理》，顾俊礼等译，中国社会科学出版社2004年版，第283页。

③ 常驻代表委员会（COREPER）虽然不是真正意义上的决策机构，但却是成员国沟通和协商的重要场合，成员国的意见和利益在这里得到最大限度的沟通和妥协。

加上国际贸易谈判日益涉及具体的技术性问题，总务与对外关系理事会经常在谈判桌上要求快速决定时不能作出迅速反应，这容易导致共同商业政策的效率低下。例如，在1989—1990年，总务理事会关注的焦点是柏林墙的倒塌和冷战的结束，而在乌拉圭回合中把至关重要的农业谈判问题交给了欧共体农业部长理事会负责。使得部长理事会决策复杂化的第二个因素来自各成员国政府。不同的成员国负责协调贸易政策的部门不尽相同。当外贸事项涉及不同的业务部门时，不用等到部长理事会阶段，在一国国内各部门之间进行协调以达成一致立场就已经很困难。这种情况还可能因某国联合政府中不同党派负责不同部门而更加复杂。例如在乌拉圭回合中，一些欧共体成员国就缺乏充分的内部协调。①

此外，当谈判的贸易议题涉及不同业务部门时，其他专业部长理事会可能会从外交部长们手中“抢戏”。例如，尽管农产品仅占欧盟总出口的8%，但在乌拉圭回合谈判中农业问题争夺最为激烈，因此欧盟农业部长理事会在对外贸易谈判上的影响力明显增加。农业部长们建议总务理事会通过一项极为严格的谈判授权，从而导致欧共体在整个多边谈判中的孤立，并且大大拖延了该回合的谈判进程。这种制度性缺陷至少在一定程度上解释了为什么农业作为欧共体内一体化程度很高的政策部门仍然在WTO谈判中如此大费周折。由于WTO议程上的政策事项涉及越来越多的技术专长，可以预见，各专业部长理事会将对谈判施加更大影响力，这将增加共同商业政策决策的复杂性。况且，部长理事会内的不同表决方式也会产生新的效率问题。②

（二）第133条委员会

第133条委员会（以下简称133委员会）作为部长理事会的

---

① Rafael Leal-Arcas, “Polycephalous Anatomy of the EC in the WTO: An Analysis of Law and Practice”, 19 Florida Journal of International Law (2007), pp. 569 - 670.

② 尽管在有些事项上适用特定多数表决，但理事会在许多议题上的决议仍有赖于成员国的一致同意。对于较新的或有争议的问题，一般会适用一致同意的表决规则。由于决议的执行仍是在成员国国内层次，因此一致同意的决议更容易得到执行。

耳目，随时监督着欧盟委员会的谈判情况，并担负着理事会与委员会之间的桥梁作用。133 委员会是根据欧共体条约第 133 条成立的，由来自 27 个成员国的公务员和贸易专家以及欧盟委员会的代表组成。133 委员会是对共同商业政策进行日常讨论的论坛，尽管其法律地位仅相当于一个咨询机构，但通常被认为是“部长理事会下所有工作委员会中最有权和最活跃的”，在欧盟共同商业政策的决策过程中扮演着不可替代的 角色。① 作为部长理事会下属的工作委员会，133 委员会讨论影响欧共体的全方位贸易政策问题，从围绕启动 WTO 贸易谈判回合的战略问题到各个产品出口面临的具体困难，审议更广泛的欧共体政策的贸易方面，以便确保政策的一致性。在欧盟任何一次对外贸易谈判之前，它首先要认真审查欧盟委员会提出的谈判建议，并以一致通过的原则对有关建议进行必要的修改。此后，谈判建议被上呈给常驻代表委员会（COREPER）。

在欧盟委员会对外谈判过程中，133 委员会持续地对谈判进展作出评估并向部长理事会汇报，还可建议理事会就谈判内容发布新的指示。这些权力使得欧盟成员国获得额外的合法机会来监督欧盟委员会在前方的所作所为，并使得 133 委员会成为共同商业政策事实上的决策权力中心。在谈判中，欧盟委员会为与谈判对手达成协议，有时需要采取一些可能越过授权的策略性行动，但 133 委员会的严密监视使此类机会几乎难以出现。

133 委员会的职责在于确保欧盟委员会严格遵循部长理事会的谈判授权以及谈判结果能被理事会批准通过。但 133 委员会的一些特点容易对欧盟委员会谈判行动产生不利影响。首先，由于 133 委员会采取的是一致通过的工作原则，其规模和组成往往使其自身工作效率下降。随着贸易议题的政治化和非传统化，贸易政策的制定越来越专业化和部门化，对 133 委员会而言意味着更多的

---

① Rafael Leal-Arcas, “The EU Institutions and Their Modus Operandi in the World Trading System,” 12 Columbia Journal of European Law, (2006), pp. 125 - 197.

专家加入，而且人员的流动速度大大加快。其次，在对外谈判之前和期间，欧盟委员会均需要同133委员会就欧盟的谈判立场保持密切磋商，此类磋商往往既费时又费力。例如，在欧盟委员会谈判的关键时刻，133委员会成员经常要就特定问题与本国有关部门协调立场。这种等待对欧盟委员会谈判的信誉极为不利。第三，133委员会与部长理事会下的其他工作机构之间也时有摩擦。例如，它与COREPER下属的咨询机构——贸易问题小组之间就存在一种制度性权力之争。因两机构均试图维护自己在贸易问题上的特权，这种摩擦的消极影响也会干扰欧盟委员会的谈判。

（三）欧盟委员会

几十年来，欧盟委员会常被赋予“欧洲一体化的发动机”、“超国家一体化引擎”、“欧洲联盟的心脏”以及“欧洲一体化的晴雨表”等称谓。尽管名称不同，人们对委员会所具有的明显的超国家特性及其在整个欧盟体系中的核心地位并无异议。欧共体条约第300条赋予欧盟委员会在涉及共同体权限的政策领域对外谈判的权力。在谈判开始之前，欧盟委员会向部长理事会提出政策和立场建议。在部长理事会内经过激烈讨论达成一致立场后，欧盟委员会才能在此授权基础上开始与第三国或国际组织谈判。负责对外经济事务的欧盟委员会委员往往是谈判代表团团长。根据“委托—代理理论”在欧盟共同商业政策上的应用，成员国作为“委托人”不可避免地要运用各种机制来监督和控制作为谈判“代理人”的欧盟委员会，而这种监督又同时限制了“代理人”的自由。[①] 在对外谈判过程中，委员会“始终开展着一对平行的磋商”：一方面通过133委员会和成员国协商，或同部长理事会沟通以协调谈判立场；另一方面与谈判对手力争达成协议。欧盟法中对欧盟委员会与部长理事会必须保持“紧密合作”的要求并不能

① See Rafael Leal-Arcas, “The EU Institutions and Their Modus Operandi in the World Trading System,” 12 Columbia Journal of European Law, (2006), pp. 129 - 167.

减少两者之间的矛盾和分歧。

《欧共体条约》第133条规定，在谈判过程中，部长理事会可以随时就谈判的内容给欧盟委员会发布指令，这往往意味着成员国有诸多合法的机会干预谈判进程。此外，欧盟委员会在关键时刻一些谈判策略的运用往往受到来自133委员会的压力甚至批评。这些因素压缩了委员会谈判时的进退空间，在谈判关键时刻的一些策略无法运用，往往损害了委员会的信誉。有学者指出，部长理事会与欧盟委员会间的这种“紧张关系”成为欧共体在乌拉圭回合谈判中最显著的特征。[①] 他还注意到欧盟委员会内部结构对其开展对外贸易谈判的影响。随着更多的新议题如环境保护、劳工标准等进入贸易谈判范畴，欧盟委员会下相关政策领域的总司（DGs）均要求参与贸易政策制定的过程，形成委员会内部的协调问题。当各总司对特定议题意见不一时，会延缓在欧盟委员会内部就某贸易政策形成共同立场，在以后的阶段自然也会影响欧盟委员会在国际舞台上开展有效的谈判。

此外，欧盟委员会在制定和实施共同商业政策时还要考虑生产商、进口商、贸易商、用户和最终消费者的利益。在贸易政策方面，欧盟委员会一般通过全体会议、专题小组和特别会议向社会、商界和成员代表定期咨询意见。主要咨询机构除前述政府层级的咨询机构133委员会以外，还包括利益集团层级的咨询机构欧洲经济和社会委员会（European Economic and Social Committee）。欧洲经济和社会委员会作为欧盟咨询机构，代表雇主、工会以及中小企业、环境组织等经济和社会集团的利益，对欧盟决策提供咨询并施加间接影响，欧盟委员会在涉及经济和社会的决策前必须征求其意见和建议。咨询可以帮助欧盟委员会和其他机构在竞争性要求和优先考虑之间做出选择，有助于制定符合长期利益的

---

① See Rafael Leal-Arcas, “Polycephalous Anatomy of the EC in the WTO: An Analysis of Law and Practice”, 19 Florida Journal of International Law (2007), pp. 569 – 670. Also see: Julien Chaisse, “Adapting the European Community Legal Structure to the International Trade”, 17 European Business Law Review (2006), pp. 1615 – 1633.

政策。最终，欧盟委员会会分析某项政策对单个利益体的影响，并对各方利益进行权衡和平衡，以使共同利益最大化。

（四）欧洲议会

随着欧盟每一次条约修改，欧洲议会在越来越多的政策领域中的作用得到加强。1986年2月《单一欧洲法令》签署后，欧洲议会加强了对内部立法的影响；1992年《马约》生效后，欧洲议会拥有了对欧盟委员会的监督权；1997年签署的《阿姆斯特丹条约》再次加强了欧洲议会在共同决策领域内的地位。欧盟立法中逐渐引入了协商程序、批准程序、合作程序和共同决策程序等提升欧洲议会地位的立法程序。欧洲议会在共同决定程序中权力最大，该程序现在覆盖了绝大多数欧盟内部市场立法。欧洲议会权力的不断增加是欧盟努力解决民主赤字问题的反映，并使得其在欧盟决策中相对于部长理事会处于更加有利的地位。①

然而，在《里斯本条约》生效之前，作为欧盟体系内唯一的民选机构，欧洲议会在共同商业政策的实施中并不享有正式的、直接的决策权力，因此发挥作用的空间并不大。尽管欧洲议会的对外事务委员会经常通过一些决议或派团参加欧盟的对外贸易谈判，② 但欧共体条约第133条将实施共同商业政策的权力赋予了部长理事会和欧盟委员会，欧洲议会最多也只是拥有咨询权。这种格局在《里斯本条约》生效之后，发生了重大变化，欧洲议会由此获得实质性参与欧盟贸易政策制定的权力。根据《欧盟运行条约》第218条第6款规定，欧盟议会对于如下特定的国际协定享有同意权（Assent）：（1）联系协定；（2）欧盟加入《欧洲人权公

---

① See：Julien Chaisse，"Adapting the European Community Legal Structure to the International Trade"，17 European Business Law Review（2006），pp. 1623－1628.

② 《里斯本条约》生效之前，欧洲议会间接参与共同商业政策决策进程的方式，主要包括：在欧盟委员会正式谈判前就涉及的重要议题和部长理事会授权进行辩论；欧洲议会内相关专业委员会听取欧盟委员会关于谈判进程的报告；在部长理事会批准贸易协议之前听取其报告；还可派人以观察员身份出席重要的国际贸易谈判等。当然，这些非正式程序并未赋予欧洲议会权力来影响共同商业政策的内容或谈判策略。

约》的协定；（3）通过组织合作程序而建立特定组织机构的协定；（4）对欧盟预算有重大影响的协定；（5）经普通立法程序或须经欧洲议会同意的特别立法程序所涉领域的协定。此外，《欧盟运行条约》第218条第10款：在缔结国际协定的所有程序阶段，欧洲议会应被立即和完全告知。规定据此，在WTO多边协议谈判过程中，欧洲议会就拥有“同意权”，这要求欧盟委员会不断地向其通报情况。①

（五）欧洲法院

欧洲法院负责审理和裁决在执行欧盟条约和有关规定中发生的各种争执。每一个成员国必须至少有1名本国国籍的法官，欧洲法院有27名法官（每3年改选一部分）和8名法律总顾问（advocates general），任期均为6年，由成员国政府以共同协商的方式任命。欧共体1988年设立附属于欧洲法院的初审法院②。《欧共体条约》第133条虽然没有明确规定欧洲法院及其初审法院在共同商业政策领域的作用，但应该看到，作为“解释和适用欧盟法”的主要机构，欧洲法院在此政策领域享有毋庸置疑的管辖权。共同商业政策是通过大量的商业政策措施实施的，这些措施不可避免地会影响诸多利益主体，如生产商、进口商、出口商和消费者等，因而也就使得欧洲法院在此领域发挥着重要的监督作用。在实践中，大量司法审查的案例涉及共同商业政策，③尤其是反倾销措施被诉诸欧洲法院/欧洲初审法院的司法审查最为频繁。商业政策措施，无论是以一般立法的形式，如进出口条例、反倾销条

① 有关欧洲议会在共同商业政策领域监督作用的加强，请参见第五章第一节相关部分。

② 随着《里斯本条约》的生效，欧洲法院正式更名为“欧洲联盟法院”，涵盖了前述两级法院。法律总顾问的人数也随之调整增加。

③ 由于欧洲法院处理案件的负担过重，1994年以后，反倾销领域的司法审查案件转由欧洲初审法院管辖。关于欧洲法院对欧盟机构行为的司法审查制度，参见曾令良：《欧洲联盟法总论——以〈欧洲宪法条约〉为新视角》，武汉大学出版社2007年版，第279—303页。

例等，抑或以更为具体的决定形式出现，均适用欧洲法院一般的司法审查制度。

可见，欧盟虽然是具有超国家因素的国际组织，但还不具备国家制定法律那样的充分独立性。制定一项立法（legislation），尽管由欧盟委员会动议开始，欧洲议会通过协商、合作、同意、共同决策等程序予以辅助，但要经过体现成员国意志的部长理事会特定多数票或一致通过表决才能生效。因此，在成员国利益不能达成一致时，欧共体要撤销或调整有关措施几乎是不可能的。或者即使作出调整，也与 WTO 争端解决机构的建议相差甚远。在这种情况下，欧共体就面临两种选择：一是在 WTO 争端解决机制中，就其执行措施是否存在或是否符合 WTO 法进行诉讼；二是协议进行补偿以延缓实施执行措施，协议不成承受对方根据 DSU 第22.6 条所进行的贸易报复。

三、最终决策的多重考量因素

一旦 DSB 就所涉案件通过专家组和上诉机构报告，欧盟就需要执行相关的 WTO 裁决，执行意味着遵守 WTO 裁决，使其不符措施符合 WTO 裁决和涵盖协定条款，因此，WTO 裁决执行的本质是一种国际法遵守行为。[①] 根据国际法遵守理论，许多因素会影响国际法或国际裁决的遵守，例如国家同意、声誉、利益契合性、报复或制裁、国际法规则的公平性与合法性、霸权、国际法规则与国内社会的互动方式以及国内政治法律制度等。国际因素（包括国家同意、声誉、报复、国际法规则的公平性与合法性等）通过影响国内政治进程对政府决策产生影响。就 WTO 事务范畴而言，政府仍旧是核心决策者，其受到国内外一系列因素的影响。因此，在缺乏国际执法机构的现实世界，国际规则的遵循实质上

① 胡建国：“美欧执行 WTO 裁决的比较分析——以国际法遵守为视角”，《欧洲研究》2014 年第 1 期。

依赖于许多因素；共同商业政策决策机制的复杂性只是欧共体拖延执行 DSB 裁决的一个内部程序性因素，更为重要的原因则牵涉到极为复杂的法律和政策问题。

比如香蕉案中，欧共体面临的很多问题[①]就与传统的政治联系、发展援助政策和相互冲突的国际法义务有关。欧共体给予 ACP 国家以特惠待遇，是基于其中的大多数国家是欧共体成员国的前殖民地，因而负有历史形成的责任；而之所以采取歧视性的关税和配额方式促进其出口，其理由是发展援助政策：这些国家稳定的出口收入是实现经济现代化和提高竞争力的前提，对市场进行干预则是必要的，因为 ACP 国家产的香蕉个儿小、色深、价高，不合多数欧洲消费者的胃口。简而言之，用市场力量来运作的自由贸易、自由竞争原则是无法同优先从某一特定国家集团进口的歧视性做法相协调的。[②] 此外，欧共体的香蕉进口政策具体反映了农产品贸易的复杂性与敏感性，显示了传统的“共同农业政策”乃保护性贸易政策，诸如配额、高税率、进口捐税、进口签证、歧视性优惠关税制度等仍然维持不变。[③] 当然，香蕉案中的各方还受到了前述 WTO 争端解决机制自身程序冲突的困扰，即第 21.5 条和第 22 条“次序”之争；这种 WTO 体制的硬伤，既损害了 DSB 裁决的正当性，又直接引起案件审理期限的一再延长。

荷尔蒙牛肉案中欧共体拖延执行的原因之一，则可能是欧共体规范和国际法及 WTO 规则之间的冲突。出于保护公众健康的需要和防范国际经济贸易对公众健康带来的风险，欧共体大为推崇

---

① 欧共体执行香蕉案裁决的过程中需要考虑的问题至少包括：（1）欧共体在《洛美协定》中承诺的对传统 ACP 国家香蕉进口的保护；（2）遵守 GATT/WTO 规则的承诺；（3）保护自身香蕉产业的需要；（4）兼顾拉丁美洲美元区国家的利益；（5）确保向民众提供的是一个可接受的价格等。

② 参见［德］贝娅特·科勒－科赫等：《欧洲一体化与欧盟治理》，顾俊礼等译，中国社会科学出版社 2004 年版，第 279 页。

③ 参见洪德钦著：《WTO 法律与政策专题研究》，中国人民大学出版社 2004 年版，第 45 页。

预警原则（Precautionary Principle），[①] 并认为它是国际习惯法的一部分；而本案上诉机构不同意欧共体的主张，认为欧共体作出禁止进口的决定不是建立在一种国际标准或风险评估的基础上，因此不能利用预警原则来回避特定条约对它的限制性规定。在本案执行过程中，承受报复措施的压力远远小于因公众对健康的关注所带来的阻力。由于现有科学尚无法明确证明添加荷尔蒙的牛肉和牛肉制品是否安全，本案讼争的禁止进口措施在欧盟内部获得了广泛的支持，并触及对生命与安全的关注和尊重、道德伦理与科学之间的紧张关系等超出法律范畴的问题。因而 WTO 的报复措施并不能激发欧共体内特定利益集团的动力，无法在欧共体内部获得必要的政治支持，最终也没能迫使欧共体改变或撤销被 DSB 裁定为违规的措施。

可见，欧共体的贸易政策既有政治、经济与社会等全面性政策考量，又有自由贸易、公平贸易和保护主义等多元政策的选择，并依不同时空环境而做综合性政策组合。其中还有众多利益集团的影响，与此同时还可能要承受来自其他 WTO 成员（主要是美国）的报复或报复威胁。因此，欧共体最终作出何种选择，皆是各类因素的多元考虑，不同贸易政策组合及辩证，而其本质皆在追求自我利益，即所谓的“国家利益”。[②] 上述 DSB 裁决的“执行难”就说明欧共体对执行 WTO 义务的态度是可拖则拖，有时明知其立法性措施“违法”也继续维持，因为最终至多是输了正义却赢得了时间。像欧共体、美国这样实力强大的 WTO 成员，因其在国际贸易领域所占的份额较大，故其卷入 WTO 争端解决的频度更强；争议“标的额”越大，其相关措施被裁定撤销或修正的可能性也越大。因此，当其争议性措施被裁定违反 WTO 义务后，“趋利避害”的本性，使得它们在执行 DSB 裁决时能拖则拖，而这无

---

① 国内也有学者翻译为“预先防范原则”、“（风险）预防原则”或“审慎原则”等。

② 参见洪德钦著：《WTO 法律与政策专题研究》，中国人民大学出版社 2004 年版，第 242 页。

疑是对 WTO 争端解决权威性的最大挑战。

第四节　简要评论

欧盟一直在积极参与和运用 WTO 争端解决机制；诚然，欧共体从未在用尽其他所有解决办法之前启动 WTO 争端解决机制。因此与美国相比，在投诉方面，欧共体比较节制。但在应诉方面，欧共体充分利用甚至不惜滥用协商、专家组和上诉机构程序，而对于 DSB 作出的不利裁决，欧共体则采取拖延战术，故意延缓撤销或调整其不符合 WTO 规则的有关措施，不仅没有善意地履行其所承担的国际义务，而且严重危害 WTO 体制的权威性。由此可见，欧共体对 WTO 争端解决机制所采取的政策实际上具有“实用主义”的两面性。

从历史发展来看，我们可以把欧共体/欧盟对 GATT/WTO 争端解决机制的政策与实践概括为“一个目标、两个转变”：即从“事实成员”到“正式成员”的身份转变；从“消极应诉、逃避义务”到“积极投诉，规避义务”的策略转变。而这一系列的转变，都是为着一个总目标——使 WTO 争端解决机制成为“实现欧共体利益最大化”的有效工具，强制维护 WTO 协定所赋予的权益，“拖延”或者“规避”履行 WTO 协定所施加的义务。[①]

就身份转变而言，这是欧共体为最大化地实现其利益，经过数十年努力，才取得的成就。从表面上看，欧共体的权力相对扩大，意味着成员国的主权保留范围的相对缩小。但欧共体全体成员国都认识到，由欧共体来统一行使对外商业政策，可以把西欧中小国家各自分散的对外开放变为十几个国家整体的对外开放，把分散的贸易保护变为整体的贸易保护，使欧共体

---

① 参见陈卫东：“从国际法角度评欧共体对 WTO 争端解决机制的政策与实践”，《法学评论》2000 第 4 期。

内部一体化建设聚集的经济力量能得以在国际经济关系中展示，进而使他们在国际社会中的影响力最大化。这对于维护其成员国在多边贸易体制中的各项权利，具有并将继续发挥超常的功效。因此，欧共体权能和成员国主权的矛盾天平，似乎愈来愈向欧共体一方倾斜。欧共体在多边贸易体制中的权利，从无到有，从小到大。虽然到目前为止，它尚不能完全及于 WTO 的一切活动领域，但不难想象，在 WTO 的服务贸易、知识产权贸易领域乃至各项新议题的规则制定及规则的适用与解释的活动中，欧共体成员国所固有的权利将进一步让渡给欧共体统一行使。同时，WTO 争端解决机制的客观公正性和严格的流程，对欧共体准确、快捷、高效地发起和参与以及回应诉讼的能力提出了更高的要求。因此，在欧共体各机构间、欧共体与成员国间，既会明确划分各自的权限和职能，又会发扬“团队”精神，加强彼此间的合作。

就利用策略的转变而言，其中同样隐含着利益驱动。欧共体通过长期的区域经济一体化，扩大了市场，壮大了自身的经济实力。但随着时间的推移，其内部市场也逐渐饱和，它对区外市场的依赖程度不断加大。而美国、日本、加拿大包括中国等是欧共体的主要外部市场。由于他们之间经济的竞争性和交融性并存，所以斗争与合作、冲突与妥协的关系也将长期存在。因此，双方需要积极利用多边贸易体制来制约对方的贸易保护措施，保障各自的市场准入权利。实践表明，一个规则明确、程序严格的争端解决机制将有利于保障多边贸易体系的可预见性和安全性。而欧共体从这个“规则取向”的体系中所获得的综合效益是非常显著的。更何况，现有的 WTO 各项协定是欧共体亲自参与制定的，切实反映了欧共体的利益。通过 WTO 争端解决机制保障 WTO 成员，包括欧共体遵守这些义务，是符合欧共体的整体利益的。因此，欧共体将继续积极地充分利用 WTO 争端解决机制。

欧共体从与多边贸易体制非歧视性原则相抵触的区域贸易

集团成为WTO内独特而超级的成员，倚仗其经济实力和区域贸易伙伴国的“数量支持”，在“实力取向”斗争中获得了贸易优势。在WTO争端解决活动中，对于DSB对其不利的裁决，它不是及时调整国内立法和措施，使其与WTO义务相符，而是利用甚至不惜滥用多边贸易体制本身所允许的例外和存在的法律漏洞，“拖延”履行WTO义务。这虽然可能会给欧共体带来短期好处，但长此以往将破坏国际贸易关系的法治性、可预见性和安全性，并最终对欧共体产生负面影响。

欧共体对WTO争端解决机制政策的两面性也不同程度地反映在其改进WTO争端解决机制的建议中。虽然欧共体也关注发展中国家在积极参与WTO争端解决机制中所面临的各种困难，并在有关DSU谈判的框架内支持旨在促进发展中国家更有效地运用WTO争端解决机制以及提供必要培训与技术援助的各种动议，但是欧共体更注重在下列事项上加强和改进WTO争端解决机制：第一，引入常设专家组成员制度；第二，澄清DSU执行条文，包括：（1）先后次序问题（即，在确定败诉方没有正确遵守DSB建议和因此作出反应前，需要采取的步骤及其次序），（2）确定中止减让幅度的仲裁程序，（3）建立一旦败诉方已完成了改变就撤除中止减让的程序；第三，改进贸易补偿，使之成为诉诸中止减让之前的一种更有吸引力的选择；第四，只要加快进程是可行和合理的就要加快争端解决进程；第五，加大WTO争端解决机制的透明度，使之既能获得大众对WTO体制的继续支持和信心又能维持WTO的政府间特性。①

欧共体对WTO争端解决机制的政策是欧共体对WTO政策的组成部分，而欧共体对WTO的政策又是欧共体共同商业政策的一个重要方面。欧共体否定了WTO协议和DSB裁决的直接效

---

① http：//ec. europa. eu/trade/issues/respectrules/dispute/index_ en. htm，2011年3月10日访问。

力，并且在对其不利的DSB裁决上，也时常拖延执行，这似乎表明欧共体对WTO体制整体上的一种“抗拒性反应”，不过正如本章所揭示的欧共体对WTO争端解决机制的政策具有两面性一样，欧共体对WTO体制除了“抗拒”外，还有积极改革与协调的一面。

第五章　欧盟共同商业政策对 WTO 体制的“适应性”调整

欧盟的共同商业政策是规制欧盟对外贸易关系的重要法律框架，也是欧盟在 WTO 多边贸易体制内开展贸易谈判及缔结条约的法律依据；共同商业政策的原则不仅规范于欧盟基础条约中，而且有一大部分是源自于 GATT/WTO 架构下的国际贸易规则。可以说，欧共体/欧盟共同商业政策的演进与 GATT/WTO 体制的发展是相辅相成的。本章首先从欧共体在共同商业政策运作机制上所作的调整与改革着眼，然后分别从欧共体的新型贸易保护政策工具和优惠贸易协定（Preferential Trade Agreements，PTAs）的角度来探讨欧共体面对 WTO 体制的挑战在贸易政策上所作的适应性调整，并力图揭示其政策调整背后的政治与经济动因，最后，对欧盟共同商业政策的演进和变革进行简要评价。

第一节　欧盟共同商业政策运作机制的调整与改革

欧共体权能的专属性、理事会表决机制的特定多数，以及对成员国较强的控制力使得共同商业政策的运作机制呈现出高度的“超国家”特征。在欧共体时期，共同商业政策的运作机制相对稳定，但随着国际经济贸易形势的变化，尤其是 WTO 多边贸易体制的建立和欧盟内部市场建设的逐步完成，该政策引发一系列争议，并在欧盟时期的历次条约修订中成为政府间会议讨论的焦点。

一、共同商业政策概念的动态演进

《欧共体条约》第133条（现《欧盟运行条约》第207条）是有关共同商业政策的核心条款，该条第1款规定："共同商业政策应当建立在统一原则之上，在涉及关税税率的变更、关税与商业协定的缔结，以及统一自由化措施、制定出口政策和针对倾销与补贴等情况时采取商业保护措施方面，尤应如此"。由此可见，该条款虽然列举了欧共体在商业政策领域的法律措施，然而从具体实践来看，这种列举显然并未穷尽所有的贸易形式。也正是因为《欧共体条约》没有对这项政策进行确切定义，由此引发了欧盟机构与成员国之间关于如何界定共同商业政策的长久争议。欧盟理事会曾坚持：只有对贸易的数量或流量有影响的措施才属于共同商业政策的范围；欧盟委员会则认为，任何影响并调整国家贸易的手段或措施都应属于共同商业政策的范围。[①] 在诸多案例中，欧洲法院就此问题发表了比较权威的意见。例如，在第1/75号咨询意见中，法院认为：共同商业政策与一国的贸易政策内容相同；[②] 而在第1/78号咨询意见中，法院进一步提出：对共同商业政策的解读应当顺应世界贸易关系性质的变化，而不应局限于传统的商业政策措施，因为这会使该政策随着时间的变化而失去意义。[③] 事实上，法院不愿以一种抽象的标准给共同商业政策定义就是因为担心这种标准会损害该概念在时间与空间上的能动性，以致不能适应欧共体的发展。[④] 在1986年委员会诉

---

① 曾令良：《欧洲共同体与现代国际法》，武汉大学出版社1992年版，第110—114页。

② Opinion 1/75, Local Cost Standard, [1975] ECR 1355, p. 1362.

③ Opinion 1/78, Agreement on Natural Rubber, [1979] ECR 2871, paras. 43 - 45.

④ 参见刘星红著：《欧共体对外贸易法律制度》，中国法制出版社1996年版，第228页。

理事会的"普惠制案"中，理事会认为其通过的两项条例同时追求商业目标和发展政策目标，而第133条缺乏与普惠制的相关性，从而无需适用其下的特定多数表决制。就此，欧洲法院认为，普惠制是建立在关税税率变化的基础之上，理应属于第133（1）条规定的活动范畴，所以无疑应由共同商业政策管辖。欧洲法院同时重申，共同商业政策与国家的贸易政策应具有相同内涵。"贸易与发展的联系在现代国际关系中日益紧密。这一点在联合国框架下，如联合国贸发会议以及GATT框架下已得到承认"。欧共体的这项制度正是体现了"发展目标发挥关键作用的一种崭新的国际贸易理念"。[①] 显然，共同商业政策是一个开放性和动态性并存的概念，新的对外贸易管制手段有可能随着世界贸易形势的变化而陆续涌现。[②] 因此，从广义上理解共同商业政策似乎更具有合理性。

从宏观上看，欧共体的共同商业政策可以分为两大部分，即欧共体法中的内部规则与欧共体与第三国缔结的双边和多边协定。这两部分通常也称作欧共体的自主性措施（autonomous measures）与协定性安排（conventional arrangements）。根据《欧共体条约》第249条（现《欧盟运行条约》第288条）发布的条例、指令、决定、建议和意见等，构成共同商业政策的自主性措施或内部规则。这些法律文件可以分为以下类型：共同关税税率、进出口制度、贸易保护措施，如反倾销和反补贴等。由此可见，与国家的外贸法制一样，共同商业政策的这些管制对外贸易的内部规则也是由关税措施和非关税措施组成。尽管这些内部规则是欧共体机构根据欧共体条约的授权而单方面制定的，也必须和国际贸易规则保持一致；因为作为WTO的正式成员，欧共体应履行其所承担

---

① Case 45/86，Commission v. Council（GSP），［1987］ECR，paras. 17－18.

② 曾令良：《欧洲共同体与现代国际法》，武汉大学出版社1992年版，第110—114页。

的国际义务。[①] 共同商业政策在传统意义上就属于欧共体享有专属缔约权能的领域，而根据“条约必须信守”的习惯国际法规则和《欧共体条约》第300条第7款，这些由欧共体缔结的国际协定自然具有法律约束力。欧共体在此领域缔结的条约类型丰富，具体而言，包括关税协定、自由贸易协定、关税同盟协定、贸易和经济合作协定等，它们就构成了共同商业政策的协定性安排。欧共体的对外协定贸易政策是欧共体管理其对外贸易关系最直接的法律形式，在其对外贸易法律体制中占有重要地位。一方面，它在差别待遇的基础上全面确立了欧共体与世界上大多数国家的双边贸易关系，并且确定了欧共体本身在WTO多边贸易体制中举足轻重的地位。[②]

二、共同商业政策的涵盖领域与权能属性

如上文所述，共同商业政策与一般国家的外贸法制涵盖范围并无二致。由于GATT管辖范围仅限于货物贸易，而且欧洲法院的判决和咨询意见也一定程度地弥合了欧共体与成员国之间在此问题上的分歧，所以当时的争论影响并不大。但是随着WTO多

---

① 从欧共体对外贸易法律制度的二级立法实践来考察，GATT规则在欧共体法律体系中基本上是得到尊重和贯彻的。欧共体关税法、共同进出口制度、反倾销法、反补贴法等重要立法，通常均明示承认GATT规则作为欧共体法的组成部分之约束力，承诺制定相应的规则以履行GATT规则的义务。事实上，欧共体在该领域的许多自主立法的制定、修正或重新制定很大程度上源于履行GATT义务之需要。例如，为履行GATT 1979年东京回合的海关估价守则，理事会以第122/80号条例取代了1968年第802/68号条例。再如，欧共体最初的反倾销与反补贴条例第459/68号条例就是以GATT 1967年反倾销守则为蓝本而制定的；1979年底为履行GATT1979年反倾销守则与反补贴守则，该条例又由第3017/79号条例所取代。伴随着欧共体对乌拉圭回合谈判最后文件的签署和批准，欧共体进行了下列立法行动：（1）通过大量的理事会条例、决定和指令，承认部分W TO规则继续生效，理由是这部分规则并不要求变动现存的欧共体法；（2）制定新的立法，如关于装船前检验、倾销、补贴和保障措施等；（3）对现存共同体法进行修正，如共同体关税税则以及有关纺织品、农业和知识产权的立法等。

② 参见刘星红著：《欧共体对外贸易法律制度》，中国法制出版社1996年版，第172—242页。

边贸易体制的建立及其管辖范围延伸至服务贸易和知识产权领域，欧共体又趁机成为 WTO 的正式成员，因此共同商业政策的涵盖领域与权能属性就成为必须予以澄清的问题。

（一）涵盖领域的拓展

有关缔结 WTO 协定的“第 1/94 号咨询意见”似乎从表面上解决了共同商业政策的涵盖范围问题，但由于其在裁决时闪烁其词的态度，加之国际贸易各部门法律制度之间的交互影响，事实上很难将服务贸易和知识产权截然排除在共同商业政策之外。① 其导致的结果是，共同商业政策的涵盖领域成为欧盟历次修改基础条约的政府间会议讨论的焦点。例如在 1996 和 1997 年达成《阿姆斯特丹条约》的政府间会议上，一项关于共同商业政策的提案要求增加条款以明确授权欧共体缔结“服务、知识产权和直接投资领域”的贸易协定。而从《阿姆斯特丹条约》增加的第 133（5）条来看，这一提案并未被采纳，而仅仅规定欧盟理事会在满足一定程序性要求的情况下，可以全体一致的表决方式，将共同商业政策扩展到服务贸易和知识产权领域。但在实践中，这一条款从未被引用过。② 同样，《尼斯条约》草案中的第 133 条也规定了服务贸易、知识产权和外国直接投资可以纳入到共同商业政策范畴，但未能被最终文本采纳。

经《尼斯条约》修订后的第 133 条第 5 款规定，关于共同商业政策的一般运作机制条款即第 1—4 款“应适用于服务贸易和知识产权商业层面（the commercial aspects of intellectual property）协定的谈判和缔结”。而且与以前《阿姆斯特丹条约》增加的第

① Jacques H. J. Bourgeois, “The EC in the WTO and Advisory Opinion 1/94: An Echlernach Procession”, 32 Common Market Law Review (1995), p. 763.

② 有学者认为，该条款是为避免欧共体与成员国之间在共同商业政策领域权能和决策机制上发生争执的一种不得已而为之的折中策略。See: Marise Cremona, “External Economic Relations and the Amsterdam Treaty”, in David O' Keeffe and Patrick Twomey eds., Legal Issues of the Amsterdam Treaty, Oxford-Portland, Oregon: Hart Publishing, 1999, p. 246.

133（5）条措辞类似，现行第133条第7款规定："在不损害第6款第1段规定的前提下，理事会经委员会提议，并在征询欧洲议会后，可以全体一致的方式将第1—4款的规定扩展适用于尚未被第5款涵盖的知识产权协定的国际谈判"。

显然，与以往条款相比，共同商业政策的涵盖范围在现行《欧共体条约》中确实得到了拓展。但是，在政府间会议上讨论过的"外国直接投资"并未写入正式文本，并且第133条第6款中存在诸多关于缔结服务贸易和知识产权国际协定时的例外安排。另外，欧共体在这两个领域实施的权能仅限于对外缔约，而在内部是否也享有对应的权能，第133条并未提供明确答案。有学者认为，"《尼斯条约》引入的共同商业政策条款给第133条的解释增加了难度：虽然该政策的涵盖范围得到了拓展，但同时存在层层限制：引进了诸多实体和程序方面的限制条件和例外规定；依靠不断地在条文之间交叉参照解决问题的同时又产生了同样多的新问题；第133（5）—（7）条中的条款不仅难以驾驭这些矛盾，而且增加了相当程度的复杂性"。①

最新的《里斯本条约》第207条第1款则向前迈进了一大步，规定："共同商业政策应建立在统一原则之上，在关税税率的变化，有关货物和服务贸易、知识产权的商业层面和外国直接投资的关税与贸易协定的缔结，统一自由化措施，制定出口政策和针对倾销与补贴等情况时采取商业保护方面，尤应如此……"。②虽然在第4款也有一些例外安排，但较之于现行错综复杂的第133条，《里斯本条约》无疑以更为清晰、简明的语言将共同商业政策的涵盖范围扩大到外国直接投资领域，从而使共同商业政策涵盖的领域扩大到WTO协定中对应的贸易领域。

---

① 参见张华："欧共体共同商业政策运行机制中的法律问题初探"，《欧洲研究》2007年第6期。

② Consolidated versions of the Treaty on European Union and the Treaty on the Functioning of the European Union, Official Journal of the European Union, O. J. 2008/C 115/01.

（二）专属权能的回归

共同商业政策是欧共体享有专属权能的典型领域，长期被视作欧洲经济一体化中最具有“超国家”性质的共同政策。但是需要强调的是，《欧共体条约》中并未明确提及其权能属性，其专属性是在欧洲法院的司法实践中确立，并得到了欧盟机构和成员国事实上的承认。以备受争议的“第1/94号咨询意见”为例，欧洲法院之所以裁定应由欧共体与成员国一道缔结《WTO协定》，正是因为GATS和TRIPS的大部分内容超出了共同商业政策的范畴，自然不属于专属性权能。但“第1/94号咨询意见”的消极性在于，《WTO协定》管辖范围的广泛性与共同商业政策涵盖领域的有限性之间产生了巨大落差，使共享权能在共同商业政策运作机制中得以扩散，并导致欧盟时期共同商业政策的制度设计趋于繁杂。一方面，《WTO协定》将管辖范围由GATT时期单纯的货物贸易拓展至服务贸易、与贸易有关的知识产权以及与贸易有关的投资措施领域；另一方面，WTO成立后，诸多与贸易有关的议题被纳入谈判议程以期进一步完善多边贸易体制。而这些崭新的议题，如贸易与环境、贸易与竞争、贸易与劳工保护、投资便利化等等，无法为共同商业政策所涵盖，但又都与其密切相关。再者，欧共体与成员国一道作为正式成员加入了WTO，意图在多边贸易体制中发挥与其经济实力相当的作用。如此一来，欧共体参与多边贸易谈判的结果必然是要允许成员国与之一道缔结大量的混合协定，否则便会在欧盟体系内引发“宪法性”争议。共同商业政策的专属性因此越来越多地受到共享权能的“侵蚀”。

共享权能在《尼斯条约》中被正式引入共同商业政策领域。《欧共体条约》（《尼斯条约》）第133（6）条规定，“文化和视听服务、教育服务、社会和人类健康服务方面的贸易协定应属于欧共体与成员国的共享权能”。考虑到《欧共体条约》并无明确界定共同商业政策专属性权能的条款，尤其是欧共体与成员国一道缔约的大量实践，这一共享权能条款无疑发出了危险的信号：

共同商业政策的专属性似乎“日薄西山，风光不再”了。《里斯本条约》的出台则标志着共同商业政策专属性的某种回归。《欧盟运行条约》第3条在列举欧盟的专属权能时，明确将共同商业政策作为一个典型，从而在基础性条约中确认了欧洲法院通过判例建立起的共同商业政策的法律属性，成为欧盟的基本法律。这种专属权能的“回归”使得欧盟在国际舞台上能以独立的主体身份与第三国或国际经济组织开展贸易往来。

三、共同商业政策决策机制的改革

如前所述，共同商业政策的决策机构涉及欧共体各主要部门，即委员会、理事会、欧洲议会以及欧洲法院在该政策领域的职能和作用。其中，理事会表决机制的简化和欧洲议会监督作用的加强是共同商业政策运作机制改革中的重点，这实质上反映了欧共体试图提高其决策机制的效率、透明度及民主性从而适应世界贸易体系的变革与挑战。

（一）理事会表决机制的简化

理事会关于共同商业政策的表决机制，最初并无太大争议，但由于其涵盖范围和权能属性的不确定性，尤其是欧盟时期条约修订中引入的新条款，使理事会的表决机制趋于复杂。《罗马条约》最初规定，共同商业政策领域的事项应由理事会以特定多数表决的方式作出，现行《欧共体条约》第133条第4款也就此作了同样规定。但是第5—7款规定了诸多例外情形。其中，第133条第5款第2项规定：“如果服务贸易和知识产权领域的某项协定包含某些规定，而对于这些规定，为通过内部规则需要成员国的全体一致表决，或者该协定涉及本条约授予而共同体尚未行使的、应通过内部规则来实施管辖权的，作为对第4款的偏离，理事会应以全体一致方式（shall act unanimously）议决”。

第 3 项同时规定："关于在前项或第 6 款第 2 项范围内的横向协定[①]的谈判和缔结，理事会应以全体一致方式议决"。而第 6 款第 2 项的规定是："在文化和视听服务、教育服务、社会和人类健康服务领域的贸易应由欧共体与成员国共享权能。""因此，除根据《欧共体条约》第 300 条（现《欧盟运行条约》第 218 条）作出有关欧共体决定以外，此类协定的谈判应当要求成员国的共同一致（common accord），且这些谈判的协定应由欧共体与成员国共同缔结"。需要指出的是，"共同一致"比"全体一致"要求更加严格，因为前者并不包括弃权的情况，这实际上增强了成员国对共同商业政策的控制权。此外，正如上文在分析涵盖领域时所言，第 7 款还规定理事会可以以全体一致的方式决定将共同商业政策的一般规定扩展适用于有关知识产权的国际协定的谈判中。可见，如此众多的例外规定，使得理事会的表决机制日趋复杂，外人看来就如同一个"迷宫"。

《里斯本条约》则在一定程度上简化了理事会的表决机制。该条约第 207 条第 4 款第 1 项规定："对于第 3 款中提及的协定的谈判和缔结，理事会应以特定多数议决"；第 2 项和第 3 项分别规定了适用全体一致表决方式的几种情形。其中，第 2 项规定："在谈判和缔结服务贸易、知识产权的商业层面和外国直接投资领域的协定时，如果协定中包含某些规定，对于这些规定，为了通过内部规则需要全体一致时，理事会应当采取一致行动"。第 3 项规定，在以下领域谈判和缔结协定时，理事会应当采取一致行动：（1）在文化和视听服务领域，当协定存在损害欧盟文化和语言多样性的风险时；（2）在社会、健康和教育服务领域，当协定存在严重扰乱国家组织此类服务以及损害成员国提供服务之职责的风险时。上述简化是"平行主义原则"的体现，因为共同商业政策属于未来欧盟享有专属权能的领域；虽然

① 横向协定是指主题事项不止一个法律基础的贸易协定，例如，当一项协定同时涉及货物贸易与服务贸易或知识产权时，即要求在条约的谈判和缔结时适用全体一致的表决方式。

存在个别例外情形，但总体而言，特定多数将成为表决机制的常态，从而有利于决策效率的提高。[①]

（二）欧洲议会监督作用的加强

如前文所述，在共同商业政策领域，欧洲议会的作用是很有限的。根据《罗马条约》，欧洲议会在立法与决策方面仅限于协商与咨询（consult）权，且不具有法律上的约束力。尽管采取了诸多的努力，但《阿姆斯特丹条约》和《尼斯条约》并没有扩展欧洲议会在对外贸易领域的权能。《尼斯条约》第133条并无只言片语提及欧洲议会在此领域的作用。不仅如此，第3款除规定欧共体在共同商业政策领域的特殊缔约程序以外，还规定可以适用第300条的一般缔约程序。而第300条（现《欧盟运行条约》第218条）第3款明确指出："除第133条第3款的协定以外，理事会应在咨询欧洲议会后缔结协定"。换言之，欧洲议会参与一般缔约程序只具有有限的咨询职能。值得注意的是，实际上，欧洲议会在一定程度上还是参与了共同商业政策的实施。在缔结国际协定时，委员会和理事会经常通知并咨询欧洲议会。而对于那些涉及政治因素的贸易协定或协定中有部分内容要求欧洲议会批准的程序规定时，欧洲议会更是有权表示是否同意。典型的例子如，《WTO协定》除需成员国议会批准外，还经由欧洲议会批准。[②] 因为根据《欧共体条约》第300条第3款第2项，除联系协定等协定需要欧洲议会批准外，通过组织合作程序而创设某一具体制度安排的协定也应当寻求欧洲议会的同意。《WTO协

---

① "在共同体的许多行动中，多数表决就成了共同体的一个核心特征"。参见［美］约瑟夫·威勒：《欧洲宪政》，程卫东等译，中国社会科学出版社2004年版，第71页。自2014年11月1日起，特定多数表决是指至少获得欧盟理事会所有成员国中55%的多数支持，而这55%的多数支持必须至少代表了15个成员国，且代表了欧盟65%的人口，亦即达到双重多数（double majority）。

② Rafael Leal-Arcas, "Is EC Trade Policy Up to Par?: A Legal Analysis Over Time - Rome, Marrakesh, Amsterdam, Nice, and the Constitutional Treaty," 13 Columbia Journal of European Law 2007, pp. 305 - 399.

定》正属于这一范畴，所以虽然共同商业政策本身并不要求欧洲议会的参与，但这一协定复杂的法律架构已超出了该政策的范围，欧洲议会的批准也足以增强其在欧盟体系内的合法性，并有利于该协定的批准和实施。

最新的《里斯本条约》为欧洲议会加强对共同商业政策的监控提供了多种途径。该条约第207条第2款明确规定，有关实施共同商业政策的立法性措施，如反倾销条例等，需要欧洲议会与部长理事会以共同决策程序通过。条约第218条第10款还明确规定：欧洲议会应迅速而全面地知悉缔约进程的各个阶段。尽管这一规定的现实意义不大，但较之于以往条约付之阙如的作法，该规定要进步了很多；可以预见的是，欧洲议会今后在共同商业政策领域将拥有更大的发言权。当然，由于部长理事会可以持续地监督欧盟委员会的行动，这使得部长理事会的权力未来仍比欧洲议会要大。值得注意的是，除了要求获得欧洲议会的同意之外，总体的对外贸易谈判架构并未发生变化，即欧盟委员会根据部长理事会的指令进行谈判，与一特别委员会（即“133委员会”，《里斯本条约》生效后变为“207委员会”）进行协商，并定期向该特别委员会与欧洲议会报告谈判进程，最终由理事会批准这些谈判的结果。可见，如何在共同商业政策决策过程中保持民主与效率之间的微妙平衡已成为欧盟历次条约改革所必须面对的重要问题。

总之，共同商业政策的运作机制在欧盟基础条约中规定得较为明确，其制度设计也相对完善，且在欧洲经济一体化中运作基本稳定，但由于涉及较多的“超国家”因素，因而也一直是成员国与欧共体之间争论的焦点。这些争议与其他制度设计一样，体现了欧盟内部独特的治理结构。可以预料的是，随着国际贸易体系，尤其是WTO体制涵盖领域的不断拓展，以及欧洲一体化进一步深入，欧盟共同商业政策的涵盖范围、权能属性和决策机制的调整与改革也将继续推进。

第二节 欧盟贸易保护政策工具与WTO的“对接”：以TBR为例

反倾销、反补贴和保障措施等贸易救济措施是WTO所允许的保护国内产业、维护贸易秩序和公平竞争的法律手段。在贸易保护领域，欧盟相关立法不断完善，已制定了保障措施条例[①]、反倾销条例[②]、反补贴条例[③]和贸易壁垒条例（Trade Barriers Regulation，TBR）。[④] 前三种贸易保护措施立法是为了保护欧共体的内部市场，是防御性的贸易措施，而TBR则是欧共体贸易保护法中旨在主要保护欧共体在第三国贸易利益的首要法律手段，是进攻性的贸易保护手段。欧共体通过这些互为补充的工具，防御与进攻、积极与消极、实体与程序手段并用，严密地布下一张保护网，以维护其共同市场对内对外免受危害或不利的影响。欧共体贸易保护政策工具在欧共体整个共同商业政策中发挥着越来越重要的作用。其中值得注意的是欧共体特别强化了国内企业保护程序，根据TBR的规定，欧共体企业或产业可向委员会提供有关其他国家贸易保护与市场进入壁垒方面的信息，后者可决定是否向WTO提起争端解决程序。TBR所建立起来的程序机制构成欧盟市场准入战略的重要组成部分。[⑤]

---

① Regulation No. 3285/94 and 519/94（the“Safeguard Measures Regulation”）.

② Regulation No. 384/96（the“Anti-dumping Basic Regulation”）.

③ Regulation No. 2026/97（the“Anti-subsidy Basic Regulation”）.

④ Regulation No. 3286/94（the“Trade Barrier Regulation”）.

⑤ See：Commission Communication，The Global Challenge for International Trade：A Market Access Strategy for the European Union，COM（96）53 final. 自从欧共体1996年实施市场进入战略以来，为了抢占更多的国际市场，欧共体委员会采取了一系列的措施，其中，为了加强欧共体企业、成员国和欧共体机构之间的互动，建立了欧共体市场进入数据库。该数据库为欧共体企业、成员国和欧共体委员会提供了一个提供和交换有关贸易障碍方面信息的平台。在政治层面上，欧共体委员会在从直接从事国际贸易的企业中获得的大量的信息的基础上，在国际贸易舞台上增强用一个声音

一、TBR 的立法背景

（一）应对第三国“非法贸易实践”的“新贸易政策工具”

制定一个旨在应对来自第三国非法贸易实践的法律文件的想法最早是由法国政府提出的。1982 年 4 月，在欧共体理事会“加强共同体贸易政策工具备忘录”中，法国政府认为，欧共体应该设计一个更为积极和有活力的对外贸易政策，为达到这一目的，可以在美国 1974 年贸易法 301 条款①的基础上制定新的欧共体法律措施，以便回击对欧共体贸易造成障碍或损害欧共体市场的贸易政策和行为。法国的这一想法得到了理事会的支持，认为为了确保欧共体行使在国际贸易规则下所享有的权利，尤其是 GATT 所赋予的权利，制定此等法律十分必要。1984 年 4 月 9 日，理事会通过了“尤加强抵制非法贸易行为的共同商业政策”的第 2641/84 号条例。②该条例被称作是“新贸易政策工具”（New Commercial Policy Instrument，NCPI）。

NCPI 是对欧共体已有的贸易保护措施（如反倾销、反补贴措施和保障措施）的补充和加强，它适用于共同商业政策领域既有规则所不调整的贸易关系领域。“两反一保”措施都针对的是在欧共体内部市场上对欧共体产业造成损害的第三国贸易行

（接上页注⑤）说话的力量，为欧共体的出口和贸易投资创造良好的环境。据统计，在欧共体每天有来自 800 多个商会的贸易专家使用该数据库。欧共体采取多种渠道让更多的欧共体企业了解和使用这一数据库。可以说，该数据库为配合 TBR 的实施发挥了积极的作用。The Market Access Database can be found at：http：//mkaccdb. eu. int. 2007 年 4 月 18 日，欧盟委员会发布了新的市场进入战略；该战略是在征询各方意见和建议后，对原 1 996 年市场进入战略的修改和更新，旨在适应过去 10 年国际市场、贸易壁垒和欧盟自身的变化，帮助欧盟企业进入第三国市场，增加欧盟出口。

① 301 条款授权美国贸易代表对使美国国内贸易承受负担的外国贸易行为进行调查并对外国实施报复。

② The New Commercial Policy Instrument，Regulation 2641/84，O. J. 1984 L 252/1.

为，而 NCPI 旨在向欧共体产业提供一个回击它们在第三国市场遇到的贸易障碍的法律武器，是一种进攻性的市场准入法律程序机制。就实质规则而言，与已有的贸易保护措施不同，该条例并没有创设新的救济措施。根据条例确立的程序机制，一方面，欧共体可以回击来自第三国的非法商业行为，以排除其造成的损害；另一方面，可以确保欧共体充分行使针对第三国商业行为的欧共体权利。具体而言，这一机制包括两套不同的程序。根据第一套程序，如果外国的非法贸易行为对欧共体产业造成了实质损害，欧共体产业有权对此提出申诉，以推动欧共体采取行动；第二套程序授权成员国督促欧共体根据国际贸易规则在任何情况下采取行动。NCPI 补充了欧共体防御性商业政策工具之不足，使共同商业政策由调和各成员国的贸易政策转为积极对外争取公平贸易与要求第三国开放市场。但实践证明，NCPI 的有效性是令人失望的。从 1984 年到 1994 年间，第二套程序从来就没有被使用过，没有成员国要求欧共体委员会根据该条例启动这一程序，至于第一套程序，其被运用的数量比预期要少得多，10 年间，根据这一程序只提起了 5 起申诉案件。欧共体能够利用该条例加强其贸易保护的手段大大低于其最初的立法期待。这一新的贸易政策工具已不适应现实的需要。

（二）应对第三国“贸易障碍”的 TBR

TBR 是对 NCPI 的重建，而 WTO 的成立则为重建 NCPI 提供了契机：一方面，WTO 规则为界定贸易壁垒提供了明确广泛的依据；另一方面，WTO 争端解决机制的强化在程序上提供了强有力的支持。因此，本着确保欧共体贸易伙伴遵守乌拉圭回合谈判承诺和授权欧共体产业和企业启动调查贸易伙伴国是否违反其国际义务的程序这两大目标，欧共体于 1994 年 12 月 22 日通过并于 1995 年 1 月 1 日起实施 TBR，从而废除了 NCPI。

TBR 保留了 NCPI 的程序和救济手段，表面上仍沿袭了 NCPI

的原始概念，但实质上对 NCPI 做了重大改进：它将可诉对象从第三国的非法商业实践修改为国际贸易规则；将识别贸易壁垒的依据从国际法和“普遍接受规则”明确为“欧共体缔结或加入的国际贸易条约”，在与 GATT/WTO 争端解决机制的联系上从程序规则扩展到实体规则；尤为重要的是，它还将申诉主体延伸到单个企业，这可将监督其他国家遵守国际义务之负担更多地转移给私人主体，并通过私人主体的申诉使委员会对有关第三国的贸易实践予以充分注意。[①] 此外，TBR 所依赖的根本概念被界定得更加清楚简洁，委员会的相关职能被强化，就有关事项进行决策的程序也得以重建和改进。这表明 TBR 是一个显著改进的贸易政策工具，欧共体企业和产业对 TBR 的不断应用即为实证。

二、TBR 的特点及实施效果

同美国 301 程序不同，TBR 比较注意国际合法性，并注重协调统一、充分透明、司法监督、反应快速、措施节制有力等原则。[②] 首先，它明确规定了惟以欧共体缔结或加入的国际贸易协定，尤其是 WTO 主持下制定的国际贸易规则为法律依据，只以前述国际贸易规则授予其采取行动的权利的贸易障碍为目标；其次，在程序上，必须以穷尽前述国际贸易规则规定的救济手段作为采取贸易报复措施的前提条件；而且，欧洲法院的司法审查为保证它的合法性实施提供了监督手段，尽管许多人批判此种司法审查的有限性。TBR 在国际社会相对受到好评，其实施不仅未受到强烈抵制，反而引起有关国家调整其贸易政策或实践，这种影响将继续在欧共体对外贸易中发挥积极作用，客观上也成为维护 WTO 多边贸易法律体制的辅助性单边法律手段。

---

① See: Marco Bronckers and Natalie McNelis, “The EU Trade Barriers Regulation Comes of Age”, 35 Journal of World Trade (2001), pp. 427 – 431.

② 余敏友：“欧共体贸易壁垒条例评述”，《外国法译评》2000 年第 1 期。

TBR 实施以来，委员会已受理24起申诉，其中12起的被诉国采取了消除壁垒的措施，1起因无法证实壁垒存在而终止调查，1起仍在调查之中，5起正在复审之中，5起被提交WTO争端解决机制（其中4起欧盟部分或全部胜诉）。[①] 其中影响比较大的是欧盟通过TBR程序通过WTO终端解决机制起诉美国《1916年反倾销法》的案件（DS136）。在该案中，WTO上诉机构维持了专家组的裁定，认为美国《1916年反倾销法》规定的对倾销行为处以罚款、监禁或3倍赔偿的做法，违反了WTO的相关规定。

从申诉主体来看，已受理的24起申诉中有20起是产业申诉，其他4起申诉分别由欧共体企业提起。可见，产业协会在执行TBR以消除欧共体企业在第三国遭遇的贸易壁垒方面发挥着重要作用。成员国虽自动有申诉资格，提起申诉的证据要求相对较低，但他们迄今未提起过申诉，其主要考虑是企业和产业都被赋予申诉的权利，且成员国诉求《欧共体条约》"133委员会"程序更具政治上的灵活性。因此，成员国将来仍然极少诉诸TBR。[②]

欧共体产业作为申诉主体应满足两方面条件：第一，申诉主体为自然人、法人或不具有法人资格的协会。在实践中，通常是协会，包括既存的产业协会和专门为申诉成立的协会。专门为申诉而成立协会虽耗费额外时间，但其单一目的和结构可避免为在既存协会中达成一致意见所需的繁琐程序，因此对不少行业具有相当的吸引力。第二，申诉主体应足以代表受损害的欧共体产业，即需具有有关产品生产商/服务商100%的代表性或能代表有关产品生产厂商/服务商的主要部分（就其联合总产量/服务量

---

① http://ec.europa.eu/trade/issues/respectrules/tbr/cases/index_en.htm，2009年3月5日访问。

② 例如欧共体针对日本（WT/DS8）、韩国（WT/DS75）和智利（WT/DS87）有关酒精饮料产业贸易壁垒的WTO投诉就是通过"133委员会"程序，而非TBR程序启动的。

在欧共体总量中的比例而言），但 TBR 对于“主要部分”应达到多少比例没有指导意见，在已公布的决定中也没有明确标准。由于产业代表性的要求，在实践中总是欧共体或成员国的产业协会提起产业申诉。TBR 也确立了允许地区产业提起产业申诉的特别规则，如某一区域内的产品生产商/服务商的总产量构成该区域该产品/服务总量的主要部分，并且贸易壁垒的影响集中在该区域，则该区域的产品生产商/服务商可作为欧共体产业提起申诉。

从申诉涉及的国家来看，[①] 主要有美国、巴西、加拿大、阿根廷、智利、哥伦比亚、乌拉圭、韩国、日本、印度、土耳其、泰国、中国台湾等 13 个国家和地区。这表明上述国家和地区存在重要的限制欧共体贸易的实践，也反映其对欧实际贸易的重要性。从申诉涉及的产品来看，种类广泛，涵盖农产品、飞机、汽车、化妆品、食品、水产品、皮革、音像制品、有机化学品、医药、钢铁、轮胎、酒类、纺织品等，大多是欧共体企业具有优势的产品，反映其对欧共体及成员国的经济影响。

从申诉涉及的贸易措施来看，主要为进口许可、歧视性税收、补贴、原产地名称或地理标志的保护、著作权保护、海关估价、原产地规则、产品标签、技术标准、滥用贸易防护工具等方面的措施，从而表明这些措施是欧共体有关贸易伙伴国保护国内市场的重要手段。

TBR 程序包括申诉审查、内部调查、[②] 磋商、启动国际争端解决、报复审查五个阶段。TBR 实施的实践证明其主要通过以下

---

① http：//ec. europa. eu/trade/issues/respectrules/tbr/cases/index _ en. htm，2009 年 3 月 16 日访问。

② 调查期限一般为 5 个月，如因案情复杂需要延期，也不得超过 7 个月。调查过程中，欧盟委员会调查机关将进一步收集被诉壁垒措施的证据（包括听取相关利益方陈述、赴被诉国实地调查等），同时与被诉国政府部门探讨消除壁垒措施的可能性。调查结束后，调查报告的保密版本将提供给成员国讨论，同时公布调查报告的非保密摘要。

途径发生作用：①

1. 第三国的单边措施。TBR 调查直接促使第三国采取单方面措施自动修正有关贸易实践。在已解决的 15 起申诉中至少有 3 起通过该途径解决，在未了结的申诉中有关国家也采取了单方面措施或承诺。这反映出 TBR 的威慑作用，不失为实现其立法目的最省力的途径。

2. 双边磋商。TBR 在磋商方面留有很大的灵活性：委员会在开始调查前可能向有关国家提出非正式的建议，在发动内部调查时考虑双边谈判的机会，在正式通知有关国家时应提出协商解决的可能性。在已解决的申诉中约一半的申诉是通过磋商解决的。

3. 与 WTO 争端解决机制或其他国际法律机制的衔接。在已解决的 15 起申诉中至少有 5 起已通过 WTO 争端解决机制解决，在 1 起申诉中也发动过联合国海洋法公约的争端解决程序，但其后双方通过磋商了结争端。② TBR 在 WTO 争端解决机制得到强化的前提下与其相衔接可使第三国一般倾向于主动或通过协商采取措施以消除贸易壁垒。在向 DSB 说服诉称的贸易壁垒违反所适用的 WTO 规则方面，欧共体是相当成功的，基本上全部获得 DSB 的支持。

4. 报复性措施。TBR 以报复作为最后救济手段。根据 TBR 的规定，采取报复和制裁须满足以下条件：为共同体利益必须采取行动；用尽 WTO 争端解决程序；经 DSB 同意和授权。欧共体乐于将报复描述为"商业政策措施"，但其形式和目的非常明确：中止或撤回关税减让，对第三国提高现存关税或对进口收取其他费用；实施数量限制或采取其他措施以修正进口或出口条件或以其他方式影响同第三国的贸易。委员会认为 TBR 中列出的

---

① See：Marco Bronckers and Natalie McNelis，"The EU Trade Barriers Regulation Comes of Age"，35 Journal of World Trade（2001），pp. 427－446.

② Swordfish Case（TBR），Commission Dec 2000/296/EC，0J L96/67（2000）.

报复措施不是穷尽的，可视情况采取更合适的措施，以保证报复行动一方面依规则进行，另一方面也能适合其他可能出现的违反国际贸易规则的特定情况。从目前看来，仅在美国反倾销法一案中采用报复措施。①

通过上述途径，TBR 在多起申诉中有效消除了欧共体产业和企业诉及的贸易壁垒，不仅使申诉者可以进入第三国市场或维护其市场份额，也使其他欧共体企业在第三国的市场准入条件得以改善。

三、TBR 的重要概念辨析

TBR 对申诉和消除贸易壁垒设定了相应的实体条件：申诉应由符合条件的申诉主体在存在贸易壁垒并且产生损害/不利贸易影响的条件下提出；发动调查和采取国际行动还必须符合欧共体共同体利益。因此，贸易壁垒、损害/不利贸易影响、共同体利益成为 TBR 的核心概念和标准。

（一）贸易壁垒

TBR 中的贸易壁垒具有特定的法律意义：第一，它是由第三国采取或维持的贸易实践。对私人主体实施的任何阻碍贸易的行为，如果政府部门有义务阻止但未能阻止，TBR 未明确规定是否可提起申诉。从理论上讲，如果第三国政府的该等义务是根据国际贸易规则产生的，则可以根据 TBR 采取行动，因为贸易实践包括管理或行政行为。但 TBR 实施过程中尚未出现此类申诉。第二，国际贸易规则赋予针对该等贸易实践采取行动的权利。如果国际贸易规则规定禁止该等实践，或授予受该等实践影响的另一方寻求消除其影响的权利，则认为其授予采取行动的权利。②

---

① WT/DS136/AB/R.

② Art. 2（1） of Council Regulation（EC） No. 3286/94.

因此，不能简单认为TBR针对的对象是违法的贸易实践，关键看是否是根据国际贸易规则可采取行动的贸易实践。欧共体委员会在解释性的备忘录中把申诉案件分为“违法案件”（violation case）和“非违法案件”（non-violation case）。这表明TBR可受理与WTO争端解决机制所针对的“违法之诉”和“非违法之诉”相同的申诉，有利于与WTO争端解决程序的衔接。[①]

就判定贸易壁垒而言，国际贸易规则的适用是关键。首先要确定适用的国际贸易规则，其次是对其正确理解和应用。根据TBR，国际贸易规则主要指在WTO主持下制定的并规定在WTO协定附件中的贸易规则，也包括以欧共体为缔约方且含有调整欧共体与第三国贸易关系的其他协定。[②] 委员会强调WTO规则的重要性主要出于两方面考虑：第一，对违反WTO规则的贸易实践可诉诸WTO争端解决机制，这在目前是最有效的国际争端解决程序；第二，就贸易事项而言，WTO规则从其所适用的地域和所涉及的领域来看都是相当全面的，没有比其更全面详细的其他规则。因此，TBR的主要目标是针对在WTO规则下有权采取行动的第三国贸易实践。既往所有申诉涉及的贸易壁垒均为诉称违反WTO规则的贸易壁垒，当然这不排除某些申诉同时援引了有关双边协议。委员会识别贸易壁垒的程序主要集中于根据WTO规则分析有关贸易实践是否导致欧共体有权采取行动。TBR对WTO规则的适用特别是在进入WTO争端解决程序的情况下也在间接阐释WTO规则。

与WTO规则体系相对应，TBR申诉所针对的贸易壁垒总体上包括第三国采取或维持的影响货物贸易、服务贸易或知识产权保护这三方面的贸易实践，每一方面具体包括其不符合国际贸易

---

① 朱宏文：“欧共体贸易壁垒条例的实施状况与法律分析”，《法学评论》2005年第5期。

② See：Marco Bronckers，“Enforcing WTO Law through the EC Trade Barriers Regulation”，3 International Trade Law and Regulation（1997），pp. 81 – 85.

规则的立法、不合法的行政行为、未能使国际贸易规则下确立的权利生效、怠于或拒绝采取行动以致不执行国际协议授予的权利、采取不适当政策措施的经济政策、特定财政资助项目如补贴等情形。

在识别货物贸易壁垒时，TBR 申诉往往援引对 GATT1994 中一般义务尤其是国民待遇的违反和对 12 个附件所规定的特定领域内更具体规则的违反。GATS 则是界定服务贸易壁垒的框架。同货物贸易相比，服务贸易更加复杂，因此阻止服务的壁垒措施也更普遍、深入和具有技巧性。虽然 TBR 明确将贸易壁垒的范围拓展到服务贸易壁垒，但是委员会非常克制在服务领域适用 TBR 程序；不过，如前所述，随着欧共体专属权能的拓展，TBR 在服务贸易领域的应用将越来越广。TBR 主要依据 TRIPS 协定识别相关的贸易壁垒。如果其他成员国未能对欧共体企业的知识产权提供最低标准的保护或存在不合理的歧视或不能提供应有的救济程序，均可能成为 TBR 申诉的对象。[①] 在已提起的 24 例申诉中至少有 6 例与知识产权保护有关，其中两例针对不符合 TRIPS 的著作权立法，另外 4 例均涉及原产地名称和地理标志的保护，这是 TBR 涉及知识产权保护的主要申诉对象。

（二）损害/不利贸易影响

产业申诉须满足贸易壁垒对相关产业造成损害的条件；企业申诉则须满足贸易壁垒对相关企业造成不利贸易影响；而对成员国来说，只要其认为贸易壁垒对其造成影响即可提出申诉，而对于影响的性质和程度则没有具体限定。上述贸易壁垒的影响因素是为确保 TBR 为真正遭遇市场进入障碍的产业或企业所用，避免因随意申诉而浪费资源，尤其是损害欧共体对外贸易关系，使 TBR 成为一个处理贸易壁垒的真正实用的工具。

---

① See：Marco Bronckers and Natalie McNelis，“The EU Trade Barriers Regulation Comes of Age”，35 Journal of World Trade（2001），pp. 427 – 446.

1. 损害。TBR 第 2 条第 4 款将“损害”界定为“贸易壁垒在某一产品或服务方面对欧共体市场上的欧共体产业所引起的任何实质性损害或实质性损害威胁”。TBR 对“实质性”没有具体界定，但比较清楚的是，该损害限于在欧共体内部市场的影响；虽然欧共体产业也可能在第三国市场受到损害，但与企业申诉不同，TBR 排除在产业申诉中要求满足贸易壁垒在第三国市场产生影响的条件，产业也不能以此为由提起申诉。因此，就在第三国市场受到的贸易壁垒的损害或不利贸易影响，有关企业将不得不采取企业申诉。

TBR 规定了借以评估损害的各种因素，包括有关进出口的数量、外国竞争者的价格、对欧共体产业的影响，以证明上述外国产品或服务的数量和价格对欧共体产业的健康产生了负面影响。[①] 该分析主要集中在产业的内部经济和财务状况及其如何因非欧共体经济实体的行为受到不利影响。TBR 列出了一系列经济指标，这些指标在每一调查中具有不同等的关联性。

TBR 允许在损害实际发生前提起申诉以考虑阻止实际损害发生的可能性，为此，产业必须证明存在损害威胁并可能随后发展成实际损害，损害威胁必须是可估量的。委员会调查是否可清楚地预见在某一特定情况下可能产生实际损害时要考虑：欧共体在欧共体产品与其他国家产品存在竞争的市场上的出口增长率；在原产国或出口国具备的现有的或在可预见的将来可实际利用的出口能力以及该出口能力带来向该等市场出口的可能性。贸易壁垒与损害的因果关系非常重要，如果损害是合法竞争的后果，或由其他因素造成，都不符合提起申诉的条件。

2. 不利贸易影响。“不利贸易影响”是指贸易壁垒在某一产品或服务方面对欧共体企业在任何第三国市场上造成的影响或其威胁，并且该影响对欧共体或其某一地区的经济或其中某一部门的经济活动具有实质性影响。同时，根据该定义，不利贸易影响

---

① Art. 10（1）（c）of Council Regulation（EC）No. 3286/94.

不仅仅是对企业本身的影响或威胁，还必须对欧共体产生更广泛的影响，并且影响必须是实质性的，因此对企业仅以自身利益的影响为由提起申诉有所限制。[①]

从实质上讲，对企业的不利贸易影响是对正常贸易模式的扭曲，在 TBR 实施中主要通过以下两个因素证明：第一，产品或服务的贸易流动被阻止或转移，具体表现为：企业不能有效进入第三国市场、丢失其市场份额、出口费用增加、失去合法可期待收入、第三国企业对欧共体出口增加。这是通常的证明途径，其中上述因素并不需要全部具备。第二，供应来源大受影响。这被认为可能增加欧共体出口商的费用和使其相对于竞争者处于不利地位。如在阿根廷皮革案中，[②] 申诉者因阿根廷政府对欧共体皮革业所需原材料的出口进行限制使其难以获得原材料，产品价格高，失去在欧共体市场和国际市场上的份额，这被认定为不利贸易影响。除对企业的影响外，委员会必须测试贸易壁垒是否也对共同体或其一个区域或其中一个经济部门具有重大影响。如单个企业提起申诉，除非它是欧共体某一产品唯一生产商或服务的唯一提供商，否则很难证明它受到的不利影响同时对欧共体产生了上述影响；同样，一批厂家可能也难以满足要求。但实践证明对欧共体重大影响的证明并不是一件困难的事情，因为委员会往往会根据申诉者受到的不利影响推断对欧共体或其一个区域或其中一个经济部门的实际可能的影响；美国跨境音乐许可案即是明显的一例。[③] 相对来说，依靠不利贸易影响的概念相对于证明对欧共体产业的损害是一条更为容易的途径，也是一个更显友好的概

---

① 蒋小红著：《欧共体反倾销法与中欧贸易》，社会科学文献出版社 2004 年版，第 287 页。

② Notice of initiation of the examination procedure published on 26 February 1997 (O. J. C59/6) . http: //ec. europa. eu/trade/issues/respectrules/tbr/cases/arg_ lea. htm, 2009 年 3 月 18 日访问。

③ Notice of initiation of the examination procedure published on 11 June 1997 (O. J. C77) . http: //ec. europa. eu/trade/issues/respectrules/tbr/cases/usa_ mus. htm, 2009 年 3 月 18 日访问。

念，因此更受申诉者欢迎。

(三) 共同体利益

欧共体反倾销条例和反补贴条例均要求在采取相应措施前应考虑共同体的整体利益。这要求欧共体机构权衡采取行动以保护特定产业的有利之处与这些措施可能对其他经济实体造成的不利影响。[①] 同样的“安全阀”也设置在TBR中。TBR制定的原则是：对于第三国采取或维持的贸易壁垒，仅在共同体利益要求时才进行干预，并有义务在欧共体的国际权利义务的框架内行动；在确定共同体利益时，委员会和理事会应充分考虑所有当事人的观点。引入共同体利益评价机制的原因主要有两方面，一是TBR程序可能影响欧共体与第三国的关系，并使得有关经济实体的利益受到影响；二是欧共体的某些企业或产业因贸易壁垒受到不利贸易影响或损害，但其他一些企业或产业则可能因此获益。当然，该评价机制并不是为了抑制TBR，在有些环节对共同体利益进行评估恰恰是为了积极推动TBR。[②]

TBR规定在以下环节需要考虑共同体利益：第一，决定是否因申诉者请求撤回申诉而终止程序。一般情况下，申诉者申请撤回申诉则程序终止，但如果委员会认为终止程序不符合共同体利益，则程序继续进行。可见，提起申诉是申诉者的权利，但不是绝对的权利，即使其不愿意TBR程序继续进行，一旦委员会认为共同体利益需要，则委员会将继续调查，直至消除贸易壁垒。第二，决定是否启动调查程序。委员会需根据申诉初步判断调查是否为共同体利益所必需。关于共同体利益的评估应包括在调查通知中。申诉者无须证明共同体利益要求就有关贸易壁垒采取行

① Art. 21 (1) of Council Reg (EC) 384/96, O. J. L56/1 (1996); and Art. 31 (1) of Council Reg (EC) 2026/97, O. J. L288/1 (1997). 参见蒋小红著：《欧共体反倾销法与中欧贸易》，社会科学文献出版社2004年版，第287—289页。

② See: Marco Bronckers, “Enforcing WTO Law through the EC Trade Barriers Regulation”, 3 International Trade Law and Regulation (1997), pp. 79 – 82.

动，而只须证明存在贸易壁垒并对其产生不利贸易影响或损害。但在实践中明智的做法是应注意说明为何共同体利益要求采取行动，这是申诉者在早期提出自己看法的机会；并且，除非委员会确信为共同体利益最终需采取行动，否则，它可能首先就不愿意发动调查。第三，决定是否需要采取对外行动。委员会如认为，为共同体利益必须采取行动，则应根据规定的程序采取适当措施，包括进行国际磋商或采取国际争端解决程序，甚至采取商业政策措施，即贸易报复；否则，则决定终止程序。为此，欧共体委员会在提交给 TBR 委员会的报告中和其所作出的决定中以及在其就采取商业政策措施给理事会的建议中均应说明对共同体利益的考虑。这一阶段是对共同体利益真正的和严格的测试，所谓安全阀的作用得以体现。

四、司法审查的有限性

根据欧共体法律，欧洲法院可以下列形式对理事会或委员会所作的有关贸易壁垒审查的决定或采取的贸易救济措施进行司法审查。

按照《欧共体条约》第 230 条（现《欧盟运行条约》第 263 条）的规定，欧洲法院可以对所有具有法律拘束力的法令进行司法审查。法令的形式可以是条例（Regulation）、指令（Directive）和决定（Decision）。有权根据这一条而提起诉讼的原告可以分为享有特权的原告和不享有特权的原告。成员国和欧共体机构是享有特权的原告，他们起诉时不必证明案件涉及到其合法的利益。任何法人和自然人都不是享有特权的原告，只能对他所作的决定提起诉讼，否则，必须证明该法令直接地涉及其自身利益。[①] 从 TBR 赋予欧共体企业和欧共体产业申诉权来看，欧共体企业和欧共体产业有资格对委员会或理事会所作的对他们不利的

---

① 参见曾令良：《欧洲联盟法总论——以〈欧洲宪法条约〉为新视角》，武汉大学出版社 2007 年版，第 284—294 页。

决定提出起诉。对于欧共体机构所采取的措施，成员国和欧共体机构可以根据《欧共体条约》第230条的规定直接起诉到欧洲法院。根据TBR所采取的贸易保护措施是针对第三国贸易障碍的，而不是针对具体的外国企业或进出口商，所以涉及到TBR的特定进出口商或外国生产商与欧共体机构所采取的贸易措施之间具有直接利害关系的情况会很少被确认，因此这些主体对贸易措施提起直接诉讼的可能性很小。欧共体企业或产业还可以根据欧共体条约第234条（现《欧盟运行条约》第267条）的规定间接提起诉讼。该条规定，当成员国法院审理案件遇到涉及欧共体条约的解释、欧共体二级立法的解释以及二级立法的有效性等问题对于解决争端具有实质意义时，成员国法院可以（在某些情况下必须）把这类案件递交到欧洲法院请求初步裁决。针对欧共体机构所采取的贸易保护措施的合法性问题，欧共体企业或产业可以在成员国法院提起诉讼，通过成员国法院间接地把案件递交到欧洲法院。

需要强调的是，TBR最根本的目的是为欧共体产业、欧共体企业和成员国提供一个程序保障以便提出他们对欧共体市场造成损害或对他们在第三国市场造成不利影响的“贸易障碍”的不满。在大多数情况下，解决问题的办法很可能不是诉诸法院。此外，欧共体所采取的贸易保护措施是针对外国政府的，问题涉及到的政治性很可能限制法院的作用。在NCPI期间，曾发生过私人提请欧洲法院审查委员会决定的案件，即1989年6月22日的FEDIOL的案。[①] 在该案中，欧洲法院审查了委员会对FEDIOL投诉阿根廷出口税案所作的拒绝发起调查程序的决定。在对该案的裁决中，欧洲法院首次明确裁定，鉴于GATT规定构成该条例第2条第1款所指国际法规则的一部分，如果私人在其向委员会提出的投诉中有权根据GATT规定来确定其认为对他们造成损害的商业实践的

---

① Case 70/87，Fediol v. Commission，ECR［1989］1781. 具体案情分析请看第二章相关部分。

非法性，那么他们也有权要求欧洲法院对委员会适用这些规定的决定的合法性行使审查权。欧洲法院维持了委员会原来的决定，其裁决根据是投诉人的法律理由不充分而非共同体利益不存在。这个裁定与 TBR 仍然有关。TBR 保留了 NCPI 中的欧共体利益标准。委员会仍然必须根据发起一项调查是否为共同体利益所必需来作出决定。因此，如果委员会拒绝调查某项投诉是基于该调查会违背共同体利益而非其他任何理由，则欧洲法院在其司法审查中将更为节制和谨慎。[①] 因为欧洲法院奉行的传统准则是，对贸易政策程序中的欧共体利益的司法审查，必须限于核查有关程序规则是否被遵守，有关抉择所基于的事实是否得到了准确的陈述，是否存在明显的评审错误或者滥用权力。在这一问题上，“共同体利益”这一因素赋予欧洲法院很大的灵活性。因此，欧洲法院的司法审查权只能提供有限的减压或降压作用，而这在一定程度上反而会促使有关各方首先通过协商而后通过 WTO 或其他和平解决国际贸易争端的机制来解决争端。

五、对 TBR 的简要评价

欧共体利用这一新的贸易保护工具通过协商或者是把案件递交到 WTO 与这些贸易伙伴解决了贸易纠纷。在 24 起调查案件中，大多数是由成员国和欧共体的企业联合会提起的，其中也有单个的公司提起的，从而为个体提供了间接参与到 WTO 争端解决机制的机会。近些年来，许多学者主张 WTO 争端解决机制向私人开放，TBR 被欧洲学者认为是经济全球化时代私人进入 WTO 争端解决机制的桥梁。[②] 而且，相比其他的欧共体贸易保护

① 参见余敏友：“欧共体贸易壁垒条例评述”，《外国法译评》2000 年第 1 期。

② See：Marco Bronckers，“Enforcing WTO Law through the EC Trade Barriers Regulation”，3 International Trade Law and Regulation (1997)，p. 76；Marco Bronckers and Natalie McNelis，“The EU Trade Barriers Regulation Comes of Age” 35 Journal of World Trade (2001)，p. 427.

工具，贸易壁垒条例是唯一的能够为私人使用的方式。

在欧共体看来，TBR作为进攻性商业政策工具的重要地位已被肯定，但其实际作用并未充分发挥，这主要归因于企业界未充分认识到TBR增加贸易机会的作用，并认为这象征着一个更深刻的问题：企业往往以为WTO只与主权国家和政府官员有关，未认识到真正的受益者和推动者应是企业和消费者以及TBR是其通向WTO规则和争端解决机制的桥梁。[①] 从TBR的实施看来，企业从中获得的益处不可忽略：首先，TBR可为企业节省打国际官司的大量费用；其次，成功的申诉可促进企业在第三国的市场准入，并具有长远效应；再次，基于欧共体的实力和采取国际行动的威胁，TBR调查经常能很快使第三国承诺采取消除贸易壁垒的措施，使企业更快受益；最后，TBR使企业与外国政府的关系不像在正式的法律程序中那样对抗，有利于维护其长期的外贸地位。有学者认为，欧共体之所以在利用WTO争端解决机制方面积极进攻、成效显著，除了贸易实力、人力、财力、智力居于绝对优势地位外，是因为欧共体都建立了比较完备的处理WTO贸易诉讼的官民合作的公私伙伴关系（public-private partnership）。在TBR、市场进入战略、133委员会和欧洲经济和社会委员会等基础上，逐步形成处理WTO贸易诉讼的官民合作的公私伙伴关系，使欧共体贸易争端解决政策发生了重大转变——从过去的防守有余到现在的积极进攻。欧共体处理WTO贸易诉讼的官民合作的公私伙伴关系，随着欧共体不断扩大和深化改革，会得到进一步加强。[②]

---

① 徐泉："WTO争端解决机制下私人诉权之审视"，《现代法学》2007年第3期。Also see：Joel P. Trachtman，Philip M. Moremen，"Costs and Benefits of Private Participation in WTO Dispute Settlement：Whose Right Is ItAnyway?"，44 Harvard InternationalLaw Journal，(2003)，p. 221.

② Gregory C. Shaffer，Defending Interests：Public-Private Partnerships in WTO Litigation，Washington，D. C.：Brookings Institution Press，2003，p. 227.

可见，欧共体推出 TBR 这种极具进攻性的贸易保护政策工具，从根本上而言是为了帮助欧共体企业或产业能在世界市场上获得更大的份额，而与 WTO 争端解决机制的“对接”在某种程度上则是将该机制视为维护其经济利益的一项有效的政策工具。

第三节　欧盟优惠贸易协定政策与WTO体制的协调与兼容

欧共体本身就是区域经济一体化的产物，① 而在欧盟逐步构建内部统一大市场的同时，它把眼光也投向了其周边国家和地区，与这些国家或国家集团签订了种类繁多、名称各异的优惠贸易协定（Preferential Trade Agreements，PTAs），从而形成了以欧共体/欧盟为中心的优惠安排网络。②

① 欧共体共同商业政策的法律基础就是关税同盟这一区域经济一体化形式。区域经济一体（Regional Economic Integration）通常是指在一定国际区域范围内的两个或两个以上的主权国家或单独关税区在一定经济领域内实施统一的规则以及某种特定机制的动态过程。参见杨丽艳：《区域经济一体化法律制度研究》，法律出版社 2004 年版，第 3—4 页。欧共体已建立了关税同盟和一套相当完备的关税法律制度，1992 年颁布的《欧共体关税法典》是其主要标志。在欧共体内部，取消各成员国之间贸易中的一切关税和数量限制，以及具有同等效果的一切措施，实现商品的自由流通；在欧共体的对外经济贸易中，各成员国与第三国建立统一标准的共同关税制度。

② 由于近年来区域贸易协定（Regional Trade Agreements，RTAs）的发展冲破了“疆土相邻”的天然纽带，现在和今后的区域贸易协定这个概念必须嵌入时代的新特征，或只是作为各种类型的双边、诸边和区域贸易协定的一种简捷的表达符号或方式，否则，难于准确反映这种优惠贸易安排的现实和发展趋势。用“优惠贸易协定”（Preferential Trade Agreements，PTAs）来概括各种区域贸易协定将会更加准确，至少更具有包容性。参见曾令良：《区域贸易协定的最新趋势及其对多哈发展议程的负面影响》，《法学研究》2004 年第 5 期。还有学者提出跨区域主义（transregionalism）或区域间主义（interregionalism）来形容所谓的“新区域主义”。See Walter Goode, Dictionary of Trade Policy Terms（4th ed.），Cambridge University Press，2003 pp. 292－293. 笔者认为这些称谓都不及“优惠贸易协定”简洁明了，因为它揭示此类了协定的本质，即缔约方所享有的贸易待遇要优于最惠国待遇。

一、欧盟精心编织的优惠贸易"网络"

几十年来，欧共体订立的国际协定主要有以下几类：一是与欧洲自由贸易联盟（EFTA）① 国家订立的联系协定，这些协定订立于1977—1983年，是在相互间负有权利和义务的基础上具有互惠性质的双边自由贸易联系协定，涉及的国家有瑞典、冰岛、芬兰、挪威、瑞士、葡萄牙等国。至1994年1月1日，欧共体15国与EFTA（只剩下冰岛、挪威和列支敦士登）国家成立了欧洲经济区（EEA）。二是与地中海沿岸国家订立的联系协定，包括阿尔及利亚、摩洛哥、突尼斯、埃及、黎巴嫩、苏丹、叙利亚、马耳他、塞浦路斯、土耳其等国，这些国家因地缘关系被认为对欧共体有重要的安全意义。三是与非洲、加勒比和太平洋地区（ACP）原属于欧洲各国殖民地的国家订立的联系协定，即两个雅温得协定和后来取代该协定的四个洛美协定，规定了欧共体与这些国家的优惠贸易关系。四是与中东欧国家订立的合作协定，包括保加利亚、爱沙尼亚、拉脱维亚、立陶宛、罗马尼亚、匈牙利、波兰、捷克、斯洛伐克、斯洛文尼亚等国，除了实现相互间的贸易自由化以外，这些协定还可使各国与共同体法律实现逐步接轨，是逐渐将它们纳入欧盟体系的预备阶段。②

---

① 欧洲自由贸易联盟于（EFTA）1960年由奥地利、丹麦、挪威、葡萄牙、瑞典、瑞士和英国成立，之后随着其成员国加入欧共体而逐步缩减。20世纪70年代欧共体与欧洲自由贸易联盟成员国之间签订的自由贸易协议现今仍适用于爱尔兰、卢森堡、挪威和瑞士。1994年欧洲经济区（EEA）的建立使欧共体内部市场扩展至欧洲自由贸易联盟六国（奥地利、芬兰、爱尔兰、卢森堡、挪威和瑞典）。瑞士在经过全民公决后放弃加入，其他的三个国家（奥地利、芬兰和瑞典）则于1995年加入欧盟。欧洲经济区协议提供了货物（对某些产品与渔产品保留限制）、人员、服务和资本的自由流动。2002年6月1日，欧共体与瑞士之间签订的七个双边协议开始生效。

② 可参见赵维田：《世贸组织（WTO）的法律制度》，吉林人民出版社2000年版，第89－91页；［德］马迪亚斯·赫蒂根：《欧洲法》，张恩民译，法律出版社2003年版，第371－375页。Also see May T. Yeung, Regional Trading Blocs in the Global Economy the EU and ASEAN, Edward Elgar Publishing House, 1999, pp. 40－41.

进入新的世纪，欧盟更相继与欧盟区域以外的国家，如巴勒斯坦、南非、墨西哥、摩洛哥、以色列、智利、新加坡等国签署了PTAs，其中2000年生效的《欧盟与墨西哥自由贸易协定》是欧盟第一项跨大西洋的PTA，而2002年签署的《欧盟与智利自由贸易协定》含盖了许多尚排除在WTO体制外的主要问题。2004年，捷克、匈牙利等10个中东欧国家入盟。2007年罗马尼亚和保加利亚两国加入欧盟。欧盟与ACP国家之间存在近30年的《洛美协定》以其率先在发达国家与发展中国家的贸易关系中实行普遍优惠制（General Preferential System，GPS）而闻名于世。如今，欧盟并不满足于现行的普惠制安排，已于2002年9月开始与这些发展中国家谈判包含自由贸易区在内的《经济伙伴协定》（Economic Partnership Agreement，EPA）来取代现行《科托努协定》（Cotonou Agreement）中的非互惠经贸安排，相关谈判也正在进行中。[①] 这将是一种典型的传统区域贸易协定的升级版。据统计，早在2004年东扩以前，欧盟就已经与111个国家、地区签订了PTAs。[②]

在2004年WTO多哈回合谈判严重受阻之后，欧盟更采取“有选择的双边主义”策略。2006年4月，欧盟发布新的全球贸易战略，提出将新一代的自由贸易协定（FTA）作为多边机制的补充。[③] 2010年11月，欧盟出台《里斯本条约》生效后的第一部贸易政策文件，进一步将FTA作为其“欧洲全球战略”的优

---

① 需强调的是《经济伙伴协定》（EPA）并非是取代现行的整个《科托努协定》，而只是取代双方之间的经贸安排，因为除此之外《科托努协定》还有关于发展援助和政治对话方面的安排。因此，所谓“后科托努”时代是一种似是而非的说法，《科托努协定》的有效期将截至2020年。EPA涵盖范围比一般的自由贸易协定要广，它不仅涉及货物贸易，而且覆盖服务贸易、投资、竞争、知识产权等诸多方面。

② See：WTO，European Communities Trade Policy Review，WT/TPR/S/136，23 June 2004，pp. 27 – 33.

③ European Commission，“Global Europe：Competing in the World – A Contribution to the EU’s Growth and Jobs Strategy”，Brussels，4. 10. 2006，COM（2006）567 final.

先事项，更加明确地指出未来欧盟自贸协定政策的走向。[①] 与传统自贸协定不同，欧盟新一代自贸协定不再以削减关税为重点，而是更加强调消除货物贸易与服务贸易中的非关税壁垒，增加新的市场准入，减少投资管制，在知识产权、政府采购、创新保护和可持续发展（例如劳工标准和环境保护）等方面达成新的双边承诺。2010 年 10 月，欧盟与韩国签订自由贸易协定，这是欧盟首部新一代自贸协定。该协定已于 2011 年 7 月生效，欧盟有意将该协定作为未来 FTA 的模本。2013 年 5 月，欧盟与美国正式启动“跨大西洋贸易与投资伙伴关系协定”（TTIP）谈判。由于美欧贸易占全球贸易的一半，以及美欧在贸易规则制定上拥有巨大的影响力，如果 TTIP 真能如美欧双方希望的那样成功达成，将极大地改变未来全球贸易规则的走向，对全球经济产生重要影响，特别是直接影响包括中国在内的新兴国家的对外贸易。欧盟已与加拿大完成贸易协定谈判，目前正在进行的 FTA 谈判对象包括日本、印度在内的绝大多数国家，仅中国、俄罗斯和澳大利亚少数国家尚未成为其贸易协定的谈判对象。[②]

有学者把欧共体的贸易关系从外到里分为三个层次：第一层是根据最惠国待遇（MFN）建立的贸易关系；第二层是以非最惠国待遇为基础的贸易关系，包括各种自由贸易区待遇（如欧洲经济区协定、欧洲协定、联系协定等）、根据国际贸易协定的优惠待遇（如洛美协定）和单方面优惠待遇（如普惠制）；第三层是欧共体成员国间的共同市场待遇。[③] 而根据我国台湾学者洪德钦研究员所做的研究，他认为欧共体的统合策略具有五项特

---

① European Commission，“Trade，Growth and World Affairs - Trade Policy as a Core Component of the EU’s 2020 Strategy”，Brussels，9. 11. 2010，COM（2010）612 final.

② 叶斌：“欧盟贸易协定政策的变化和影响——法律的视角”，《欧洲研究》2014 年第 3 期。

③ See：Asif H. Qureshi，The World Trade Organization - Implementing International Trade Norms，Manchester University 1996 ，p. 169.

色，分别为整体性、区域性、功能性、阶段性以及层级性。[①] 就层级性而言，欧共体对于美、日以外的其他非会员国采取层级性政策发展其对外经贸关系：

第一顺位：欧洲 EFTA 国家以及以色列。欧共体于 1992 年与 EFTA 签署欧洲经济区协议，并优先受理 EFTA 国家之入会申请案。欧共体与以色列则是签订自由贸易区协议。欧共体并与一些东欧国家签署“欧洲协定”，以 10 年为过渡期朝向自由贸易区目标迈进。

第二顺位：土耳其与欧共体会员国之前殖民地国家。欧共体于 1996 年与土耳其签署“关税同盟”协议，作为土耳其延迟入会之替代方案。另外，欧共体自 1976 年起与 60 多个 ACP 国家签署洛美公约，单方面给予贸易优惠。

第三顺位：地中海周边国家。欧共体与之签署“联系（Association）协定”，授与准成员地位。

第四顺位：与欧共体签署经贸合作协定的国家。

第五顺位：一般发展中国家，欧共体给予普遍优惠待遇，即 GSP 制。

最后顺位：其他国家。欧共体一般采取自主性政策，得片面性、任意性甚至选择性采取歧视性措施，最为不利。

造成欧共体与第三国贸易关系中选择性安排——优惠等级制的原因是复杂的。某些优惠安排反映了欧共体与其贸易伙伴密不可分的历史与现实关系（例如与欧洲自由贸易联盟国家）；某些优惠安排出于外交政策的考虑，欧共体愿意与它认为因地缘关系从而对他的安全稳定有重要影响的国家（如地中海周边国家、剧变后的中东欧国家）或因提供重要能源与原料而重要的国家

---

① 参见沈玄池、洪德钦主编，《欧洲联盟：理论与政策》，台湾中央研究院欧美研究所 1998 年版，第 43—44 页。美国经济学教授 Panagariya 则更是将欧共体优惠贸易安排以一体化程度的深浅为标准划分为 7 个层次，从深至浅分别为：EU、EEA、关税同盟（CU）、自由贸易区（FTA）、地中海伙伴关系、ACP 国家优惠、普惠制。

（如中东产油国）保持紧密的贸易合作关系；另一些优惠反映了欧共体成员国力图保持与原为其殖民地的某些发展中国家的特殊贸易利益的愿望（与非加太国家）；还有一些优惠则基于关贸总协定的规定（如普惠制）。[①] 从政治角度看，这些优惠协定或安排可使欧盟在 WTO 中获取政治支持，既有利于推动欧盟所支持的新回合谈判，也有利于欧盟在与美国争夺 WTO 领导权的“竞赛”中获取筹码。还有一个值得注意的现象是，欧盟的区域贸易协定伙伴总体上很少诉诸 GATT/WTO 争端解决机制，欧盟也从不在 GATT/WTO 中投诉与其签订有贸易协定的伙伴，[②] 这说明他们之间的争端都是在“内部关着门”解决的，而具体的情况极度缺乏透明度。从欧盟大多数贸易协定中的争端解决条款规定来看，都倡导通过双边外交途径的非司法方式解决争端，这明显有利于欧盟维持其相对优势。

综上所述，在经济、历史、发展、地缘政治等诸多考虑下，欧盟拥有了全球最大、最复杂的优惠安排网络。其结果是，目前单纯的最惠国待遇仅适用于 5 个 WTO 成员：即澳大利亚、中国台湾、日本、新西兰和美国。由此，一直作为全球贸易秩序基石的非歧视原则，反而变成了 PTAs 的一种事实上的“例外”。欧共体通过与世界上广大的第三国缔结各种类型的经济贸易协定，分别施以不同程度的优惠待遇，在全球的范围内形成了不同层次的一体化安排，从某种意义上说，实际上是以欧共体为中心形成了一种贸易保护主义的网络。

有学者早就指出，PTAs 的“遍地开花”及其中的某些新内容对 WTO 多边贸易体制产生了负面影响，[③] 而在 WTO 体制下，

---

① 参见刘星红：《欧共体对外贸易法律制度》，中国法制出版社 1996 年版，第 179 页。

② See：Nicholas Emiliou and David O’keeffe（eds.），The European Union and World Trade Law，John Wiley & Sons Publishers，1996 pp. 265 – 266.

③ 具体论述请参见曾令良：“区域贸易协定的最新趋势及其对多哈发展议程的负面影响”，《法学研究》2004 年第 5 期。

PTAs的存在是有法律依据的。GATT第24条（4）至（8）款及《关于解释GATT1994第24条的谅解》（以下简称《第24条谅解》）都保留了最惠国待遇原则的例外，即边境贸易、关税同盟和自由贸易区例外。其大意是双边贸易和区域贸易之间的更为优惠安排不受最惠国待遇原则的约束，这实际上就是确认了这类优惠的合法性。但无论是关税同盟还是自由贸易区，其间的贸易均被视为以原产于区内成员间货物为对象之贸易。又如1979年“授权条款”（enabling clause），即《关于差别和更优惠待遇、互惠和发展中国家进一步参与的决议》则为发达国家给予发展中国家的优惠待遇（普惠制）奠定了一个永久性的法律基础，同时也为发展中国家间相互在货物方面提供更为优惠的待遇确立了合法性。[①] 再如GATS第5条关于经济一体化的规定，也确立了发达成员与发展中成员区域服务贸易优惠的合法性。[②] 虽然上述条款对于PTAs从程序和实质要件上都作出了规定，但无论是过去的GATT，还是现在的WTO，对于区域贸易协定的监管一直是软弱和低效率的。参与PTAs的WTO成员一般只是按照程序要求向WTO履行通知义务，至于所缔结的PTAs的内容与实际运作是否符合实质要件（如透明度、内部贸易自由化的程度、与外部非缔约方之间贸易的中立性和壁垒水平等），在多边贸易体制中一直存在着不同的解释，没有一个明确的结论。在2006年欧盟贸易政策文件中，欧盟也承认自贸协定对多边贸易机制具有负面

---

① 通过于1979年的授权条款是东京回合的谈判成果。作为GATT第1条最惠国待遇原则的例外，授权条款为普惠制奠定了法律基础，确立了给予发展中国家差别和更优惠待遇的“例外”地位。有学者提出，授权条款的重要价值在于：（1）在GATT体制内赋予普惠制以应有的法律地位；（2）给予发展中国家相互之间实行优惠待遇以合法地位；（3）取消了必须满足于GATT的严格要求或申请解除义务的规定。但是授权条款的内容并未突破GATT的原有框架，其实施缺乏约束力，而且仅规定了发展中国家的权利，没有规定发达国家的义务。此外，授权条款是明显的过渡性条款。因此，不能高估授权条款的作用。参见朱晓勤：《发展中国家与WTO法律制度研究》，北京大学出版社2006年版，第33页。

② James H. Mathis, Regional Trade Agreement in the GATT/WTO: Article XXIV and the Internal Trade Requirement, T. M. C. Asser Press, 2002, p. 49.

影响，认为FTA可能使贸易复杂化，削弱WTO规则中的非歧视原则，并且对最不发达经济体造成排斥。不过，欧盟认为，从积极的影响来看，FTA的范围更加广泛，在WTO规则之外使所有贸易实质性地自由化。欧盟承诺，任何新签订的FTA都不会成为多边自由化的障碍。[①] 截止到2014年6月，向WTO通报并生效的379部区域贸易协定中有35部涉及欧盟。[②]

可见，WTO立法上的漏洞或缺陷与“执法上的宽容”是造成当前PTAs盛行的主要原因之一，[③] 而欧盟充分利用了这一点。

二、欧盟优惠贸易协定政策与WTO的兼容：以《科托努协定》为例

如果进一步考察，我们就会发现：欧共体与第三国（或国家集团）订立的贸易协定实质上包括两类：即互惠协定和非互惠协定。前者一般是同发达国家和中东欧经济转型国家签订，而在欧共体与发展中国家的贸易关系中，则往往通过非互惠协定这一形式作为其实施发展合作政策的重要途径。[④] 近年来，欧共体已

---

① 叶斌：“欧盟贸易协定政策的变化和影响——法律的视角”，《欧洲研究》2014年第3期。

② https：//www. wto. org/english/tratop_ e/region_ e/region_ e. htm，2014年7月3日访问。

③ 另外，从WTO各成员的角度而言，它们为何只在极少数场合向专家组和上诉机构提出PTA与多边规则的一致性问题呢？笔者以为可能理由有三：首先，除蒙古国外，所有的WTO成员现今都缔结了PTA，没有成员会有兴趣去要求澄清或收紧GATT第24条下的规则而导致其自身PTA计划受到负面影响；其次，WTO成员不相信专家组能就GATT第24条的合规性这一复杂经济问题作出有约束力的裁定；最后，如果一项PTA并未对区域内“实质上所有贸易”进行自由化进而违反了GATT第24条，第三方也没有动力去挑战这一“违法”行为，因为如果采取行动，其最合逻辑的结果将是遭遇更大的歧视（即更深层次的区域自由化和优惠待遇），而并非歧视性待遇的减少或降低。因此，政治与法律的现实决定了，无论PTA是否符合WTO规则，它都将与WTO并存于世。

④ 黄志雄著：《WTO体制内的发展问题与国际发展法研究》，武汉大学出版社2005年版，第168页。

逐步将这种非互惠协定向互惠协定过渡，注重与 WTO 体制的协调与兼容问题，这方面以欧盟与 ACP 国家正在谈判中的 EPA 最为典型。欧盟改变了前四个《洛美协定》延续的单向特惠传统，形式上以新的《科托努协定》取而代之，在内容上规定《科托努协定》要以建立自由贸易区为基础进行 EPA 的谈判，以使原来针对这些 ACP 国家的特殊优惠成为合法例外，从而为《科托努协定》与 WTO 规则的兼容打下基础。

（一）“香蕉案”的后续影响

欧盟与 ACP 国家间经贸关系的法律调整形式之所以能发生根本变化，很大程度上与前文所述的“香蕉案”有关。前后绵延多年的“香蕉案”堪称 WTO 成立以来运用多边争端解决机制所处理的最为重要和最具影响力的案件之一，它对于南北关系、贸易与发展等都将产生重大影响。[①] 在该案中，欧盟根据《洛美协定》的规定于 1993 年制定《香蕉共同市场条例》对参加该协定的 ACP 国家实行特别的贸易优惠。[②] 按照这一规定，欧盟对来自 ACP 国家的香蕉进口采取给予单列的、稳定的配额，而且实行免关税；但是来自其他国家的香蕉进口却无法享受这些政策。1995 年欧盟香蕉进口体制被诉诸 WTO 争端解决机制。专家组认为香蕉体制中存在的缺陷，超越了 WTO 授权的豁免范围，不恰当地实施数量限制和过分偏袒 ACP 国家，因此违反了 WTO 规则。[③]

---

① 参见朱榄叶：《世界贸易组织国际贸易纠纷案例评析》，法律出版社 2000 年版，第 13 页。除香蕉案（DS27）外，欧共体食糖出口补贴案（DS265，DS 266，DS 283）也涉及到欧共体对 ACP 国家的食糖特惠安排，欧共体自 1975 年实施《洛美协定》，在该协定下另对 ACP 特定国家实施两项糖贸易优惠机制，即一般所知的糖议定书（Sugar Protocol）与糖特别优惠安排（Special Preferential Sugar Arrangement）。欧共体在 WTO 相继败诉后也不得不对其相关优惠措施予以调整。

② 《洛美协定》中的特惠制比普惠制还稍优惠一些。参见赵维田：《世界贸易组织（WTO）法律制度》，吉林人民出版社，2001 年版，第 91 页。

③ Panel Report on European Communities-Regime for the Importation, Sale and Distribution of Bananas, Recourse to Article 21.5 by Ecuador & European Community, WT/DS27/RW/ECU&. WT/DS27/RW/EEC.

欧盟对原产自 ACP 国家产品的特别优惠待遇确实违反了 WTO 的“无差别的最惠国待遇原则”，但是《洛美协定》中超越最惠国待遇的部分在 GATT/WTO 内都获得了免除 GATT 第 1 条最惠国待遇义务的豁免，所以其本身并没有受到直接挑战。但在该案中，DSB 对欧盟的香蕉进口体制进行了审查，同时不可避免地审查了《洛美协定》在该事项上的要求和豁免决定的范围。虽然随后被迫修改的只是欧盟的香蕉进口政策，但是，“触一发而动全身”，从该案中不难发现，欧盟所获得的豁免并不足以保障其《洛美协定》下的优惠制度不受 WTO 其他规则的审查。尤其是 WTO 争端解决机制的强制性和统一性，使欧盟在 GATT 时代先后两次阻扰专家组报告通过的历史无法重演。该案的判决显然使得欧盟开始重新考虑其与 ACP 国家之间的经贸关系。从这个意义上说，如何确保协定的有关规定符合 WTO 协议，避免在今后出现类似“香蕉案”的尴尬局面，成为《科托努协定》中的一个关键问题。[①]

（二）《科托努协定》与 WTO 规则的兼容问题简析

《科托努协定》是欧盟和 ACP 国家为实现在双方之间建立自由贸易区而订立的协定，其目的之一是实现非加太国家内部的经济一体化。按照 GATT 第 24 条的规定，[②] 自由贸易区是指两个以上的关税区群体，且必须满足：（1）其组成成员对实质上所有原产于各该区产品的贸易，取消了关税及其他限制性贸易规章；（2）各组成成员对非成员的缔约方征收的关税与实行的其他贸易规章，不得高于或严于未建立该自由贸易区或临时协定时各组

① 《科托努协定》规定，原产自 ACP 国家的产品将继续享受免关税和配额保护或比最惠国待遇更优惠的待遇，但是这些贸易条款是过渡性的，于 2008 年 1 月 1 日到期。EPA 的谈判与缔结也是欧盟试图一劳永逸地解决单向特惠安排问题。

② GATT 第 24 条无疑是 WTO 区域贸易协定规则的起源和核心。See：Kerry Chase，“Multilateralism Compromised：The Mysterious Origins of GATT Article XXIV”，5 World Trade Review（2006），p. 1.

成区所实施的关税和贸易规章的限制水平。这一规定构成GATT1947第1条最惠国待遇条款的最大例外。《第24条谅解》对第24条在实践中所表现出来的问题做出了进一步的规定，如关于临时协定过渡到关税同盟和自由贸易区的合理期限只有在例外情况下方可以超过10年，如属于一临时协定参加方的成员认为10年不够，则必须向货物贸易理事会提供需要更长期限的全面说明。[①] 尽管这些立法自身存在着不同的缺陷，而且在执行过程中其实际功能也大打折扣，但毕竟还是将区域经济一体化和优惠贸易协定问题纳入到了规制范围中。因此，欧盟和ACP国家之间的EPA谈判与订立也必须与上述规定相符。

2002年9月欧共体与各ACP国家正式展开国别谈判，2003年10月起又将ACP国家分成六大次级区域，[②] 展开区域间的谈判，新的互惠性EPA将废除现存的贸易壁垒，实现双方在贸易领域的全方位合作。谈判原计划于2007年底结束，但由于各方利益分歧巨大，除与加勒比地区的15国达成完整的EPA（加勒比EPA）外，迄今达成协议的仍不足79个ACP国家中的一半，尤其是南非、尼日利亚、加蓬、刚果共和国等重要成员未与欧盟签署任何EPA，争议的焦点问题之一就是协定与GATT第24条的兼容问题。首先，GATT1994第24条中对于协定成员之间贸易总量百分比的多少才构成“实质上所有贸易”，从来没有明确的规定。对此，欧盟的解释是，“实质上所有贸易”应考虑到包括敏感部门在内的90%以上产品的自由化要求；ACP国家则认为，现行WTO规则在本质上与其发展需要不相称；WTO关于区域经济一体化的规定是针对发达国家之间组建的区域一体化，显然不符合发达国家与发展中国家区域经济一体化的现实情况。就

① GATT document LT/UR/A－1A/1/GATT/U/4, 15 April 1994.

② 六大次级区域分别为西非、中非、东南非、南部非洲发展共同体（Southern African DevelopmentCommunity, SADC）、加勒比海区及太平洋区。欧盟称以次级区域展开谈判是为了促进各区域内的一体化，但实际上却加速了ACP国家集团的分崩离析，也有人认为这是欧盟的谈判策略。

关税而言，在发展中国家履行“实质上所有贸易”要求时，应给予其适度的灵活性，包括使用更有利的衡量标准或较低的门槛；欧盟对此作出了回应，主张贸易自由化进程应根据 ACP 国家或地区的自身情况而定，对于发展水平处于不同层次的国家或地区遵循不同的原则和具体规则。若较发达的 ACP 国家或次级经济实体愿意与欧盟建立事实上的互惠关系，则双方可以就此订立此种对称性质的协定；对于欠发达国家而言，其与欧盟订立的协定须对欧盟的大部分进口产品削减关税，且须逐渐取消双边贸易壁垒；对于最不发达国家而言，其在协定生效后仍然可以继续享受以前所享有的优惠市场准入待遇。① 其次，对于“合理的过渡期限”到底持续多长时间，谈判双方也存在较大分歧。欧盟主张过渡期自 2008 年起计算，不少于 12 年，到 2020 年实现双边自由贸易区；ACP 国家则主张过渡期的时限“应该以与发展中国家的贸易、发展和财政状况一致的方式确定，但无论如何都不应少于 18 年”。② 原欧盟贸易委员、现任 WTO 总干事拉米在卸任前一职位时曾表示，ACP 国家的过渡期将在 10 到 15 年之间。③ 看来双方的主张在接近，不过仍存在不小的差距。

由于欧盟和 ACP 国家之间的 EPA 在性质上属于发达国家与发展中国家之间的南北型区域贸易协定，因此无法适用“授权条款”更具灵活性的规定；对此，欧盟在 2005 年提交给 WTO 的一份意见中提出，发展中国家之间缔结的关税优惠和部分自由化协定可以受“授权条款”调整，而发达国家和发展中国家之间缔结更高

① 有学者认为这种具有弹性的非对称待遇体现了对发展中国家的倾斜，但却又引起了与 WTO 固有的互惠要求之间的兼容问题。See：Cosmas Milton Obote Ochieng，“The EU-ACP Economic Partnership Agreements and the ‘Development Question’：Constraints and Opportunities Posed By Article XXIV and Special and Differential Treatment Provisions of The WTO”，10 Journal of International Economic Law（2007），pp. 363 – 395.

② Submission on Regional Trade Agreement，paper by the ACP groups of states，TN/RL/W/155，28 April，2004.

③ 欧盟的谈判底线是：100% 的欧盟贸易、80% 的 ACP 集团的贸易应于 10—15 年实现自由化。

和更成熟的区域贸易协定却要受 GATT1994 第 24 条要求的严格限制。南北区域贸易协定与“授权条款”下的协定对发展目标具有同样的影响，为什么却在实质性要求上有根本性的不同?[①] 这实际上涉及到 GATT 第 24 条与“授权条款”之间的复杂法律关系问题。[②] 可见，EPA 谈判中双方的分歧实质上反映了 WTO 内各成员对互惠与优惠概念及其适用范围的博弈，也凸显了现有 WTO 规则，尤其是 GATT 第 24 条实体规范的不足。

三、欧盟调整优惠贸易协定政策的政治与经济动因

需要特别指出的是，欧盟将对外贸易协定从单向优惠调整为双向互惠固然一方面是为了与 WTO 规则相协调，特别是 DSB 对香蕉案的裁决起到了“催化剂”的作用，但这种政策调整的背后则有着其更为重要的政治与经济考虑。[③]

首先，欧盟单方面给予特别优惠的贸易协定在促进受惠国经济发展上表现不佳。据统计，非加太地区国家在欧盟的市场份额从 1976 年的 7.6% 下降到第四个《洛美协定》签订前 1994 年的 2.8%，[④] 欧盟同非加太地区国家之间的贸易仅增长了 4%，而同

---

① Submission on Regional Trade Agreement, paper by EC and their Member States, TN/RL/W/179, 12 May, 2005.

② “授权条款”的解释在 WTO 成员中引起了很大的争论，其中争议最大的就是“授权条款”与 GATT 第 24 条之间的关系问题。“授权条款”并没有提及 GATT 第 24 条，那么，到底是“授权条款”适用于 GATT 第 24 条不适用的情形，或影响 GATT 第 24 条适用的条件，还是为发展中国家提供除 GATT 第 24 条之外的其他选择，这个问题没有得到明确的解释。《第 24 条谅解》也没有提及“授权条款”。因此，这个问题还需要 WTO 进一步予以澄清。

③ 对 ACP 国家而言，欧盟的贸易战略调整意味着其所享有的贸易优惠将大幅缩水，即发展中国家极为关注的“优惠侵蚀”问题。

④ European Commission, Green Paper on Relation between the European Union and the ACP Countries on the Eve of the 21st Century-Challenges and Options for a New Partnership (COM (96) 570, 20 Nov. 1996) p. iv.

期欧盟同非加太地区以外国家的贸易却增长了80%，因而欧盟认为互惠性质的贸易安排将使ACP国家更好地参与国际竞争，顺应全球一体化的潮流，从而促使其摆脱对“洛美特惠体制”的依赖。

其次，《洛美协定》的贸易条款在欧盟看来很大程度上是20世纪60年代欧盟市场资源供应短缺的产物，其基本经济内涵就是确保欧洲市场的资源供应。然而，随着冷战的结束和欧盟的不断发展与扩大，这种经济理由已经不复存在。另外，欧盟成员国中，德国及北欧国家希望看到一个更普遍的全球体系，而不是一个基本上基于英法前殖民地的体系，因而欧盟希望藉由EPA的签署，使贸易自由化政策深植于ACP国家，加速其融入WTO多边贸易体制的步伐。①

第三，欧盟成员国的经济利益也是一大考虑因素，各国的高失业率以及经济增长的缓慢乏力均使各国蒙受沉重压力。长久以来对ACP国家所实施的单向优惠政策已使各国负担相当重的成本，鉴于现今情势发展，各国也有必要敦促欧盟调整政策。此外，EPA的签署有利于欧盟跨国公司开疆辟土，利用ACP发展中国家较低的劳动力成本，增强其竞争力，从而与美国或日本企业相抗衡。

第四，履行WTO义务其实只是欧盟作出政策调整的一个表面理由，更深层次的原因在于，国际格局多极化趋势下欧盟的国际竞争力下降，② 因而注重加强其对外经济政策的防范性和主动性。比如，在加勒比EPA中，欧盟就在货物贸易安排中全面引入了最惠国待遇条款，并且分别规定双方的义务从而体现所谓的

---

① Francis Matambalya and Susanna Wolf, “The Cotonou Agreement and the Challenges of Making the New EU-ACP Trade Regime WTO Compatible”, 35 Journal of World Trade (2001), p. 123.

② 欧盟25国出口占世界贸易总额的比重近年来明显下降，由2003年的42.7%下降到2007年的39.1%。See WTO, International Trade Statistics, 2008, Table I. 6

"非对等"弹性，其中欧盟一方有义务将未来给予任何第三方的更优惠待遇给予ACP国家，而ACP国家享有一定程度的豁免，即只需将给予任何"主要贸易经济体"（major trading economy）的更优惠待遇给予欧盟及其成员国。该协定明确规定，所谓"主要贸易经济体"是指："任何发达国家，或任何国家或领土，在本协定生效前一年，商品出口占世界总额的1%以上，或者任何国家集团，其成员以单独、集体或通过组建自由贸易区的方式行动，在本协定生效前一年，商品出口合计占世界总额的1.5%以上。"这一规定实际上将除欧盟以外几乎所有贸易大国——既包括美国、日本及加拿大这样的发达国家，也包括"金砖四国"（中国、俄罗斯、巴西、印度），甚至还包括南方共同市场（MERCOSUR）、东南亚国家联盟（ASEAN）这样的区域贸易集团——今后与ACP国家达成的任何贸易优惠待遇都可通过这一最惠国待遇条款自动延伸至欧盟及其成员国。欧盟追求与发展中国家"平起平坐"，推出互惠性EPA的真正用意恐怕就在于此，而其主要防范的对象则是中国、巴西这些可依据"授权条款"与ACP国家达成区域贸易协定的发展中国家。[①] 欧盟的举动引起了国际社会的关注。巴西就向WTO提出，该协定要求加勒比方将今后与贸易大国缔结的其他区域贸易协定中的减让同样给予欧盟，与"授权条款"的精神相悖，因而具有系统性的影响，WTO总理事会应对此进行讨论。欧盟则辩解，其推动的最惠国待遇条款并不违反"授权条款"，因为该条款允许发展中国家之间实施特惠制，但是并未禁止相关优惠延伸至其他WTO成员。有学者认为，对于可能受到影响的国家而言，WTO的准司法救济并非解决问题的有效途径。这实际上已不是一个法律问题，而

① 参见叶玉："欧盟—非加太经济伙伴协定对新兴大国和南南合作的影响"，《欧洲研究》2009年第1期，第97页。

更多是一个需要在全球基础上谈判解决的问题。①

最后，WTO 多边贸易谈判陷入僵局、迟滞不前，以及金融危机和主权债务危机接连发生，是欧盟协定贸易政策发生转向的重要原因和全球背景。在推动国际贸易规则方面，在多哈回合初期欧盟倚重多边贸易机制，一度在事实上中止了双边贸易协定谈判。由于欧盟将区域间协定作为多边主义的次优选择，区域对区域协定的谈判仍然继续推进。然而，大多数区域间协定谈判并不顺利，与东盟、海湾合作理事会的区域间谈判前景暗淡，欧盟转而与区域成员国签订双边协定。从 2006 年开始，欧盟将谈判场所放在双边领域，从过于倚重多边机制转向推动新的 FTA 谈判。由于在 2003 年坎昆会议上不得不放弃“新加坡议题”中的投资、竞争政策和政府采购透明度三大议题，欧盟对该回合的兴趣锐减。而 WTO 政策领域内的服务和非农业市场准入，又一直没有进展。欧盟由此意识到多哈回合的成果将极为有限。此外，2008 年以来接连发生的全球金融风暴和欧洲主权债务危机深刻地改变了西方发达国家和新兴国家的经济利益版图。面对新兴力量对欧盟对外贸易和竞争力的影响，2010 年 11 月 9 日，欧盟委员会发布“贸易、增长与世界局势”的通讯，该文件更为清晰地显示出欧盟未来贸易政策实施的重要性。② 欧盟希望通过新一代的 FTA 方式，加强与美国、中国、日本、俄罗斯、印度和巴西等国战略伙伴关系；同时，通过 FTA 消除双边规章障碍，改善政府采购状况，加强知识产权保护和投资保护等。

从欧盟在共同商业政策方面所作的上述几项调整与改革，我

---

① 有学者建议，对于受到不利影响的国家而言，可以考虑在今后与 ACP 国家和其他对欧盟作出类似 MFN 承诺的发展中国家或地区签署区域安排时，纳入“权益保留条款”（clauses reserves），限制协定中的相关利益“外溢”到包括欧盟在内的第三方。参见叶玉：《欧盟—非加太经济伙伴协定对新兴大国和南南合作的影响》，《欧洲研究》2009 年第 1 期，第 100 页。

② European Commission, “Trade, Growth and World Affairs - Trade Policy as a Core Component of the EU’s 2020 Strategy”, Brussels, 9. 11. 2010, COM (2010) 612 final.

们可以看出其对于 WTO 规则的理解与运用都透着很强的实用主义色彩，维护与拓展经贸利益是其对相关政策进行调整与改革的根本目的。对共同商业政策运作机制的改革与其说是为了应对 WTO 体制的挑战，倒不如说是顺应了欧盟自身经济一体化向更深层次发展的需求。TBR 这种极具进攻性的贸易保护政策工具的推出，则更是为了帮助欧盟企业或产业能在世界市场上获得更大的份额，而与 WTO 争端解决机制的“对接”在某种程度上则是将该机制视为维护其经济利益的一项有效的政策工具。与世界上 100 多个国家签有种类繁多、名称各异的优惠贸易协定使欧共体拥有了一张当今世界上最大的以其为中心的优惠贸易“网络”。在这一“网络”中，欧盟可以左右逢源、进退自如：一方面维护与加强了其与传统经济伙伴之间的关系，另一方面又为其在 WTO 多边贸易体制中增加了“人气”，获得了与美国“叫板”、争夺多边贸易规则谈判主导权的资本。

第四节　关于欧盟共同商业政策的简要评价

欧洲一体化发端于经济一体化，经济一体化是则欧盟一体化进程中最为成功的部分。欧盟经济一体化建设不仅包括内部市场的建立与完善，还包括以单一实体身份与第三国开展贸易往来。随着欧洲经济一体化的纵横发展，欧盟共同商业政策也日趋完善与复杂，成为欧盟法律体系中最为完备的内容之一。欧盟并没有一部单一的对外贸易法，其管理对外贸易关系的大量法律规范仍分散于众多的单行二级立法和双边及多边国际协定中。本研究仅截取了欧盟共同商业政策调整与改革的的三个“横断面”，但也可对共同商业政策的整体特征做到“管中窥豹”、“略见一斑”，得到以下几点规律性认识。

首先，欧盟共同商业政策的权能属性、涵盖范围、运作机制均是伴随着欧洲经济一体化的的纵横发展而逐步完善起来的。从最初的《罗马条约》到《马斯特里赫特条约》，从《阿姆斯特丹条约》到《尼斯条约》，欧盟共同商业政策的的内涵与外延不断扩大，运作机制日趋复杂，但在权能属性问题上却几度徘徊。《里斯本条约》则标志着欧洲一体化进入全新阶段，为欧盟共同商业政策的发展奠定了较为坚实的条约法基础。[①] 从此以后，原则上凡是目前 WTO 的主题范围都属于欧盟专属权能。欧盟在国际贸易舞台上发挥作用的能力进一步得到提升，用同一个声音说好的底气更加充足。此外，对外直接投资也被纳入欧盟的专属权能范畴。可以预见，欧盟或成员国与第三国，如中国签订的众多双边投资协定将不可避免地受到影响。

其次，欧盟共同商业政策的发展与完善实质上是欧盟各成员国对外贸易法律的一体化过程。[②] 共同商业政策的外延不断拓展，从仅涉及货物贸易延伸至服务贸易和知识产权领域，乃至扩展到对外投资，这个过程实际上是欧盟与成员国在对外贸易领域的分权过程，是各个主权国家向欧盟让渡部分对外贸易权能的过程。但这种“主权让渡”并不是简单的向欧盟交权，而是在其内部形成一种由成员国集体行使这些权利的机制，并通过法律的形式予以保障。例如，欧盟对外贸易权能的扩大同时伴随着欧洲议会在对外贸易领域立法程序上参与和监督权力的加强。第三国在对外贸易与投资领域和欧盟打交道，不仅要考虑各成员国和欧盟委员会的立场，还需虑及欧洲议会的立场。

第三，欧盟共同商业政策体现出“开放”与“保护”的双重特质，更多的倡导“公平贸易”。欧共体/欧盟长久以来广泛而又深入地参与了以 GATT/WTO 为核心的多边贸易体制的活动，

---

① 蒋小红：《欧盟对外贸易法与中欧贸易》，中国社会科学出版社 2014 年 4 月版，第 365 页。

② 同上。

并在国际贸易自由化谈判中发挥举足轻重的作用，借助世界贸易组织寻求公平贸易与驾驭全球化。欧盟清醒地认识到，它不仅为其创始成员国之间的自由贸易而生，而且随着自由贸易从区域化走上全球化而成长壮大，它的未来依赖于其进入世界市场的能力和国际贸易规则得到普遍尊重。欧盟积极参与 WTO 多边贸易回合谈判就是这方面最好的佐证。另一方面，欧盟共同商业政策的贸易保护主义倾向也很明显，其中最为明显的例证就是欧盟不断调整和修正其贸易救济方面的法律规则，强化其贸易保护功能。伴随着全球化的发展，国际贸易竞争的加剧，自由贸易和贸易保护的较量在欧盟内也愈加分明地显现出来。同时，欧盟共同商业政策的制定和实施日益体现出不断增强的政治色彩。在实践中，欧盟通过其对外贸易法律推行其发展政策，利用贸易法律工具宣扬其人权价值目标，甚至利用贸易手段制裁他国。欧盟不断修正的普惠制方案中，将受惠国批准和执行人权公约和环境保护公约等多种非贸易因素明确列为发展中国家充分享受普惠制优惠的前提条件。“人权条款”在欧盟缔约实践中日益成为制度化的现象。[①] 可以认为，欧盟所执行的贸易政策是介于“自由”与“保护”之间的公平贸易政策。

最后，欧洲法院在共同商业政策的发展上发挥了重要作用。正如前文所揭示的，欧洲法院通过司法解释，积极发挥其造法功能，对共同商业政策的专属权能和涵盖范围、欧共体/欧盟的缔约权限、GATT/WTO 协议在欧盟法律体系中的地位等问题进行诠释，进一步发展和完善了欧盟对外贸易法，获得广泛赞誉。但欧洲法院的这种“司法能动主义”并非不受限制的，在很多案件上法院也表现出“司法自我克制”的态度。前文有关 WTO 协议和 DSB 裁决在欧盟法中的直接效力问题的诸多判例均是这种“司法自制”的明显例证。有学者认为，欧洲法院否定 WTO 协

---

① 张华：《欧洲联盟对外关系法中的“人权条款”问题研究》，法律出版社 2010 年版，第 34 页。

议的直接效力，由此阻挡了私人当事方，尤其是外国私人当事方依据相关 WTO 协议或 DSB 裁决挑战欧盟对外贸易法令合法性的渠道。这实际上减少了欧洲法院司法审查的范围。[①]

① Piet Eeckhout, External Relations of the European Union, Oxford University Press, 2004, p. 394.

结论　全球贸易治理视阈中的欧盟、WTO与中国

对于欧盟和WTO之间错综复杂的交互性影响，有国外学者曾指出："WTO法既是全球化的动因，也是全球化的结果，它强化了全球化对欧盟政策和法律所产生的深远影响。WTO和欧盟是当今世界上最重要的两个制度性和规范性的治理场所（sites of governance），二者间互动的加强是不难预料的。"① 从欧盟治理意义上讲，WTO法有利于制度发展与拓展，促进政策整合，强化多元治理法律文化的兴起。

一、主要观点

欧共体/欧盟作为WTO中的特殊成员，一直在积极参与WTO的各项实践活动，为多边贸易体制的稳定与发展发挥着举足轻重的建设性作用。然而WTO协议的复杂性、不可预期性以及强大的渗透力，加之其日益增多的议题（投资、竞争、环境、劳工、人权等）使欧共体感到，如果赋予WTO协议以直接效力，将对其区域一体化既得成果的维护带来巨大挑战。同时，作为其重要贸易伙伴的美国、日本也都否定了WTO协议的直接效力。由此可见，在处理WTO协议及DSB裁决在欧盟法律体系内

① Francis Snyder, "The Gatekeepers: The European Court and WTO Law", 40 Common Market Law Review (2003) 313 - 367.

的效力问题时，欧洲法院所扮演的只是一个政策执行者的角色罢了，它一再否定 WTO 协议及 DSB 裁决在欧盟法中的直接效力的根本原因还是政治因素。另一方面，欧盟从 WTO 这个“规则取向”的体系中所获得的综合效益是非常显著的。现有的 WTO 各项协定是欧共体亲自参与制定的，切实反映了欧共体的利益。通过 WTO 争端解决机制保障 WTO 成员权利与义务的平衡，包括欧共体遵守这些义务，是符合欧盟整体利益的。WTO 对欧共体施加的使其就范的压力，一部分正是来自于欧共体自身。因此，欧盟今后还将继续积极地充分利用 WTO 争端解决机制来维护其重大经贸利益。但是欧盟对于 WTO 及其争端解决机制的政策与实践无不透着“实用主义”的两面性。在争端解决进程中，它充分利用甚至不惜滥用协商、专家组和上诉机构程序，而对于 DSB 作出的不利裁决，欧共体则采取拖延战术，故意延缓撤销或调整其不符合 WTO 规则的有关措施，不仅没有善意地履行其所承担的国际义务，而且严重危害了 WTO 体制的权威性。即便最终被迫对相关政策作出调整，可这种调整往往并“不到位”或有着更为复杂而微妙的政治与经济考量。欧盟在共同商业政策上的几项调整与改革，与其说是为了应对 WTO 的挑战，与 WTO 规则相兼容或一致，不如说是顺应了欧盟自身经济一体化向更深层次发展的战略需求，有利于其维护与拓展全球经贸利益。欧盟实质上是将 WTO 多边体制作为其贸易外交（trade diplomacy）的一项有效工具在加以利用；这一点，连欧洲学者也不讳言。①

在世界经济日益全球化的影响下，WTO 多边贸易体制已经不再仅限于直接赋予其成员以国际法上的权利和义务，而且也间接赋予个人一定的权利和义务，更不用说对个人和公司的切身利益的重大影响了。如何在成员域内法中实施 WTO 协议的问题，不是一个简单的法律技术问题，而是一个不仅涉及到国际社会、

① Antonis Antoniadis，“The European Union and WTO law：a nexus of reactive，coactive and proactive approaches”，6 World Trade Review（2007），pp. 82 - 87

国家和个人三者之间的利益关系因而影响到成员内部的宪政性安排的国内法问题，更是一个关系到构建有效实施国际法的新机制因而与国际法在21世纪的发展前途休戚相关的重大课题。从总体上否定WTO协议在国内法中的直接效力和优先效力，是现有WTO成员（其中尤其以欧、美、日为代表）的常规政策。司法机关在对与WTO协定有关的国内机构的决定或其他行为行使司法审查权时，通常采取谨慎节制的政策。不过，各成员在总体上否定WTO协议直接效力的同时还规定有例外情况，从而保证由于政府机构没有行使WTO协议下的权利而受到损失的企业可以诉诸司法机关来寻求法律救济，这既可以维护那些具有国际影响力的本国企业在国际市场上的利益，也能促进政府在行政立法方面谨慎作为。有些WTO成员为了保证本国产业和企业在国际市场上的利益，甚至制定专门法律，[①] 赋予公民与法人以间接进入WTO法律机制的权利，并对此种权利提供国内法院的司法保障与政府部门的支持和“外交保护”。

WTO及其争端解决机制是第二次世界大战后国际贸易关系组织化、法典化及法治化的最新发展阶段。然而，WTO协议的实施与执行从根本上还得依赖其成员自身的“善意履行”。从这个角度而言，虽然WTO对实施的重视程度和制度设计比一般国际法有显著改善，但是WTO法在效力层次上与一般国际法并没有本质上的差别。[②] 在现实国际关系中，WTO仍需要各成员的共同支持，才不致形同虚设或虚文，才较有机会发挥功能并进行进一步的改革。正如孟子所说：“徒善不足以为政，徒法不足以自行”。[③] 尤其欧美两大经济强权对秩序的建立与发展，最具关键

① 如美国的301条款和欧盟的TBR。

② 在“平行式”的国际社会里，在主要调整国家间“横向”法律关系的国际法中，不可能在各国之上建立统一的立法机关、统一的执法机关和统一的司法机关。参见余敏友等：《WTO争端解决机制概论》，上海人民出版社2001年版，第69页。

③ 转引至洪德钦：《WTO法律与政策专题研究》，中国人民大学出版社2004年版，第305页。

作用。在欧、美、日及中国等经济大国共同支持下，WTO 体系才会较为“稳定”，各成员与 WTO 之间的关系也较容易协调，进而也比较容易建立“规则导向”的秩序。所以，欧美作为 WTO 主要领导成员，其政策目标及国内权力运作也必须有利于开放性、合作性国际秩序的建立，最低限度理应诚信遵守 WTO 义务规定，才足以争取他国“信心”并维持其本身的领导地位及信誉。[①] 事实上，欧美自 20 世纪 70 年代以后，基于自我利益，要求他国贸易自由化的程度已经高于其本身市场开放的程度。美国著名学者罗伯特·基欧汉曾在其名著《霸权之后》中指出：“追求自我利益并不意味着必须扩大行动自由。相反地，明智而富有远见的领导人理解其目标的实现，可能还有赖于自身对组织的承诺从而使得合作成为可能。”[②] 由此可见，WTO 所建立起来的规则体系并非孤立存在，它也受到国际社会各种复杂因素的影响，尤其是国际政治的制约，这也充分显示了国际法律机制对国际政治和国家利益的某种从属性。[③]

二、政策启示

就我国与 WTO 以及欧盟在全球贸易治理进程中的“良性互动”而言，有以下几点浅见可供参考：

第一，今后我国参与 WTO 争端解决机制将会呈现两大主要特征：（一）我国将越来越多的参与和卷入 WTO 争端解决机制；（2）我国对待 WTO 争端解决机制的态度将会逐步从消极防御转向积极进攻。其次，我国正在适应和融入 WTO 诉讼文化之中。通过 WTO 争端解决机制解决成员间的贸易争端，是机会而不是

---

① John H. Jackson and Alan O. Sykes（eds），Implementing the Uruguay Round，Oxford：Clarendon Press，1997，p. 465.

② Robert Keohane，After Hegemony：Cooperation and Discord in the World Political Economy，Princeton University Press，1984，pp. 258 – 259.

③ 曾令良：《世界贸易组织法》，武汉大学出版社 1996 年版，第 16 页。

威胁，是选择而不是被迫；从法律意义上讲，则更是权利。尽管我国民间有着长久的非讼传统，[①] 但诉讼文化似乎是国际上的主流。随着我国国内法治进程的进一步发展，我国也正在积极融入国际主流，日益熟练地运用 WTO 争端解决机制以维护本国利益。(3) 从 WTO 争端解决机制的整个趋势来看，一国贸易量越大，越易与其他国家产生贸易摩擦，进而被诉的机会也越大。我国作为位居世界第一的贸易出口大国，频频被诉不足为奇。欧美在 WTO 被诉次数最多，相互诉讼的案件数量很大，败诉的案子也最多，但这并未动摇其相互的关系和原有的贸易地位和作用。它们的经验表明，诉讼是解决贸易争端的一种正常方法，是否胜诉并不是最重要的，关键是看国家利益是否得以维护；[②] 而要真正捍卫国家利益则需要我国利用现有 WTO 规则为自己进行申诉和辩护。

第二，截至 2014 年底，WTO 争端解决机制中共有 45 个案件涉及中国，其中投诉 12 件，应诉 33 件；许多案件进入执行阶段。作为败诉的被诉方，中国需要执行 WTO 裁决；作为胜诉的起诉方，中国需要推动被诉方执行 WTO 裁决。鉴于我国是单一制国家，中央政府在国际事务上高度集权，政令通常畅通无阻，因此我国有着比西方国家更强的执行 DSB 裁决的能力。[③] 从时限

---

① 中国历史上具有和为贵、不兴讼的传统。这一传统被认为是受到了儒家思想的影响，同时中国漫长的封建式的小农经济以及行政兼理司法、民刑不分的制度，造成了这种无讼文化。就国际关系方面而言，在处理国与国之间的争端上，中国政府总是强调国家间的良好关系，强调通过协商解决问题，避免采取对抗式解决方式。中国迄今未接受国际法院的管辖，中国目前也未参加国际刑事法院。从实际情况来看，中国政府通过外交磋商解决争端的比例是比较高的。参见韩立余著：《既往不咎——WTO 争端解决机制研究》，北京大学出版社 2009 年版，第 435—436 页。

② 赵海峰："中国与国际司法机构关系的演进"，《法学评论》2008 年第 6 期。

③ 我国最高行政机关国务院下设的许多部委和机构都在执行 WTO 义务方面发挥着重要作用，其中又以商务部为主。商务部是我国外贸基本法——《中国对外贸易法》中规定的"国务院对外贸易主管部门"，是执行 WTO 义务的核心部门，是形成贸易、经济合作和外商投资等相关立法的主要部门。商务部还负责制定中国对外经济政策，进行双边和多边经济谈判和签署双边和多边条约与协议。商务部不仅是我国 WTO 相关事务的主要代表，还对大部分协议的实施拥有行政执法权。

上看，我国现有立法和行政体制不会阻碍我国迅速执行 DSB 裁决。仅需采取行政措施的执行自不必多言，即便是立法性措施，由于我国人民代表大会一年召开一次例会，且存在常设的全国人大常委会，在 15 个月期限内通过修正或制定立法性措施执行 DSB 裁决不会存在太大问题。当然在执行有关对我国不利的 DSB 裁决的具体策略上，特别是关系到我国相关支柱产业重大经贸利益的政策调整方面，我国也可以掌握适当的灵活性；欧、美分别在香蕉案及钢铁保障措施案①中的表现，一方面固然揭示了 WTO 争端解决机制本身所具有的程序上的缺陷，另一方面也反映了该争端解决制度所追求的“有过则改，既往不咎”的价值取向，由此决定争端最终解决的恰恰是 WTO 成员自己的贸易利益需要。鉴于此，国内已有学者建议，仿照欧美相关实践，应尽快出台我国的《执行 WTO 裁决的程序和规则》。②

第三，我国在 WTO 事务中具有复杂的多重身份，因此须仔细考量各种因素然后确定我国在 WTO 中的角色定位。首先，我国是发展中国家，这决定了我国应站在发展中国家立场一边，例如我国应尽量争取特殊与差别待遇，充分利用“授权条款”；其次，我国是发展中国家中的大国，尽管不愿公开承认自己的领导地位，但实质上起到了领导和带头作用。中国的立场在一定程度上代表着发展中国家成员整体利益，因此维护发展中国家的整体利益是一个重要考量因素。再次，作为发展中国家，我国有着特殊的一面。我国在国际事务中的地位和身份正处于转型期，正从

---

① United States-Definitive Safeguards Measures on Imports ofCertain Steel Products, Report of the Panel, WT/DS248 - 259/R (11 July 2003), Appellate Body Report, WT/DS248 - 259/AB/R (10November 2003). 美国在磋商程序中、在专家组程序中以及在上诉机构程序中拒不承认自己违反了有关规则，但在上诉机构维持了专家组做出的美国违反相关义务的裁决后，在争端解决机构通过该报告之前，美国迅速撤销了对钢铁的保障措施，结束了这场轰轰烈烈的案件。美国没有因其措施造成其他成员的损失感到或表示丝毫内疚或歉意，而布什政府却达到了采取保障措施的目的。

② 胡建国：“美欧执行 WTO 裁决的比较分析—以国际法遵守为视角”，《欧洲研究》2014 年第 1 期。

发展中国家过渡到中等发达国家，正在从制造业中心转向制造业、服务业和知识产权等多头并进、逐渐以后两者为主的经济格局。[①] 而且，由于国际金融危机和主权债务危机对西方主要经济体的沉重打击，我国在世界经济舞台上的分量和话语权会进一步增强，这就使得我国在有关问题的立场不能过于僵硬，中国理应有着自己独立的利益和立场。因此，我国应在兼顾发展中国家整体利益的情况下，结合我国实际需要，而根本目的是要维护我国的重大经贸利益，这一点欧盟的政策实践理应给我们带来某些启示。

第四，WTO 争端解决机制是保证 WTO 协议中的权利与义务得以落实和履行的重要国际法手段，也是 WTO 成员处理贸易摩擦的多边途径。如何解决中欧之间的贸易摩擦，欧盟 2006 年 10 月正式出台的首份对华贸易政策文件就开门见山地指出："中国是欧盟贸易政策唯一的、最大的挑战"，从而"贸易与投资问题将是一个特定的焦点"。其重点目标是"促使中国兑现中国在 WTO 中的各项承诺，取消对华投资和外国独资在中国的限制，获取对知识产权的更好保护并谈判相互承认地理标志"；欧盟"还将寻求增强对欧盟与中国经贸关系的可持续性和环境因素的影响，并加强在安全和健康标准领域的合作"。"当中欧之间出现贸易摩擦时，欧盟将继续寻求通过对话和协商加以解决"，[②] 在防止摩擦发展成为贸易争端方面，这些对话发挥了至关重要的作用。"在未来的十年里，应对竞争挑战以及推动与中国的公平协商将是欧盟贸易政策的中心政治与经济任务。"但是，如果"这一努力失败，欧盟委员会将使用世界贸易组织争端解决机制"来保证多边规则和义务得以执行和履行，并通过反倾销和

① 胡建国：《WTO 争端解决执行机制研究》，人民出版社 2011 年版，第 406 页。

② EU Commission, Competition and Partnership: A Policy for EU-China Trade and Investment, para. 3.5, http://trade.ec.europa.eu/doclib/docs/2006/november/tradoc_131234.pdf, 2009 年 10 月 16 日。

反补贴等贸易保护措施“确保中欧间公平的贸易环境”。① 在欧盟看来，WTO 争端解决机制与欧盟上述贸易保护措施一起，构成了要求中国遵守国际贸易规则、履行对欧盟所承担义务的国际贸易执法体系。显然，欧盟已经切身感受到了中国的经济崛起和经济全球化不断深入发展所带来的激烈竞争。2005 年欧盟启动的纺织品特保条款、2006 年的鞋类反倾销、汽车零部件案、2009 年的原材料案、2012 年的稀土案、2013 年的光伏案等，实际上都是欧盟在这一大背景下应对中国不断提高的竞争力所采取的制衡措施。对此，我国应抓住 WTO 多边谈判场合、与重要贸易伙伴谈判双边自由贸易协定的平台以及 WTO 争端解决案件等多种机会，争取在国际规则制定上的话语权，发挥主导和引领作用，只有这样，才能更好地维护国家利益。

最后，为更好地应对国际贸易摩擦和争端，我国政府、企业和学界应进一步加强互动与融合，尤其要发挥行业协会在处理国际贸易争端方面的作用。对于像我国这样从计划经济向市场经济转型、从闭关自守向对外开放转变且入世不久的成员，政府在与 WTO 有关的事务中起主导作用，是自然的，也是必需的。② 毋庸讳言，政府在培育、推动市场力量方面，在保护国内企业利益方面都起着不可替代的作用。但目前我国在处理国际贸易争端时，还存在较为严重的企业缺位、政府越位的现象。比如在中欧纺织品贸易摩擦当中，我国的纺织品进出口商会并不能很好地代表我

---

① 欧盟建立了比较完备的贸易保护政策工具体系。除传统的“两反一保”措施（即反倾销、反补贴、保障措施）和本书重点介绍的 TBR 外，还包括有害定价条例（the Injurious Pricing Regulation）、中小企业贸易防卫手段［Trade Defence Instruments-Small & Medium-sized Enterprises（SMEs）］、监督第三国贸易防卫手段及贸易壁垒的市场进入战略（Market Access Strategy）。其中，TBR 以外的贸易政策工具都是保护欧共体内部市场的防卫性手段，而要保护欧共体海外市场就主要依靠 WTO 争端解决机制这种多边贸易法律工具了。http：//ec. europa. eu/trade/issues/respectrules/index_en. htm（2012 年 3 月 25 日访问）。

② 参见韩立余著：《既往不咎——WTO 争端解决机制研究》，北京大学出版社 2009 年版，第 433—435 页。

国企业的利益，为企业积极申诉，争取贸易争端的妥善解决，企业对行业协会也并不信任，[①] 因此问题最终还是上升到政府层面来解决。可贸易争端一旦上升到政府层面，其性质就会发生根本性的变化，政府处境可能会变得十分被动，贸易摩擦的矛盾会更加凸显，争端的解决也会变得更为棘手。我国政府也日益认识到进一步推进行业协会、商会改革和发展的必要性，[②] 总体部署如下：一是坚持市场化方向。通过健全体制机制和完善政策，创造良好的发展环境，优化结构和布局，提高行业协会素质，增强服务能力；二是坚持政企分开。理顺政府与行业协会之间的关系，明确界定行业协会职能，改进和规范管理方式；三是坚持统筹协调。做到培育发展与规范管理并重，行业协会改革与政府职能转变相协调；四是坚持依法监管。加快行业协会立法步伐，健全规章制度，实现依法设立、民主管理、行为规范、自律发展。假以时日，随着相关制度建设的日益完善，我国的行业协会、商会将会在捍卫自己的利益中占据主导地位，发挥建设性作用。

总之，随着我国改革开放事业的全面推进，随着我国日益走进世界政治经济舞台的中心和综合国力的大幅提升，我们对于WTO 规则的掌握与运用也会日臻熟练，善用则利，将 WTO 多边贸易体制演变为维护我国重大经贸利益的一项有效的政策工具应该是我们为之努力的目标。

三、后续展望

欧盟与 WTO 分别是区域经济一体化和经济全球化的翘楚和典范，二者同时又是全球经济治理的重要力量和推手，其法律规

---

① 与此形成鲜明对照的是，欧盟发起的反倾销调查中，约 90% 是由行业协会或欧盟委员会等组织代表企业提出申诉，企业直接发起的仅占 10%。

② 参见国务院办公厅《关于加快推进行业协会商会改革和发展的若干意见》，国办发〔2007〕36 号。

则和政策实践极其复杂，颇具动态性和演进性；而随着我国日益融入经济全球化进程，以及在国际治理机制中话语权的迅速提升，我国与欧盟及WTO在国际经济治理领域的互动将日趋频繁与密集，这使得本研究的现实性和前瞻性更为突出。就中期而言，以下几个问题值得我们予以密切关注与跟踪研究。

（一）跨大西洋贸易投资伙伴协议（TTIP）与新一轮国际经贸规则重构

2013年7月，欧美正式启动TTIP谈判。这是欧美建立新大西洋关系以来，双方所达成的最大的合作意向，对于未来国际经济关系和贸易格局将起到深远的影响。由于欧美之间从来没有综合性的双边协定，TTIP谈判将极大地加强欧美战略关系，为跨大西洋经济一体化带来新的可能性。欧美为TTIP设立了雄心勃勃的目标，以综合性的跨大西洋贸易和投资协议囊括自由贸易和投资保护内容，计划：（1）削减贸易关税壁垒；（2）削减或防止贸易、服务和投资壁垒；（3）加强规章和标准的一致性；（4）对所有类别的贸易削减或防止非关税壁垒；（5）加强在推动共同关注的全球议题上合作并为取得共同的全球经济目标加强合作。在结构和内容上，TTIP将包括市场准入、规章问题和非关税壁垒，以及在知识产权、环境和劳工、海关便利化、竞争政策、本地化贸易壁垒、原材料和能源、中小企业和透明度等方面达成双边规则。跨大西洋贸易与投资伙伴关系协定将不同于在投资、服务和公共采购领域取消关税和开放市场的传统自由贸易协定，而是集中致力于整合规则和技术产品标准。[①] 欧美希望通过借此应对当前他们共同面临的经济衰退和就业压力问题，通过合作给双边带来重大经济利益。对欧美最具意义的是，欧美希望加

① European Commission MEMO, "European Union and United States to Launch Negotiations for a Transatlantic Trade and Investment Partnership", MEMO/13/95, Brussels, 13 February 2013.

强双方规则的一致性，为全球制定自由贸易和投资规则，继续保持其竞争优势，从而应对迅速崛起的新兴国家对其贸易地位的挑战。对于多边贸易机制，在多哈回合进展艰难之际，欧美这两个最强势的伙伴绕开 WTO 进行单独的双边谈判，势必对多边机制的有效性构成挑战。由于 TTIP 还涉及与贸易有关的其他领域，如知识产权、环境保护和劳工保护等，通过高筑技术性壁垒应对新兴国家挑战的意图十分明显。[①] TTIP 将不可避免地重构国际贸易规则和大国关系。

首先需要思考的问题是，TTIP 是否将导致 WTO 多边贸易体制的边缘化，多边主义的国际贸易体制是否将会为地区主义或更多双边、诸边安排所取代。在可以预见的未来，动摇 WTO 的地位不利于维持西方主导的自由主义经济秩序，因而，欧美并不具备根本改变世贸组织在国际贸易体制中核心地位的意愿。欧美领导人在启动跨大西洋伙伴关系谈判的联合声明也提出："通过谈判，美国和欧盟不仅将扩大双边贸易与投资，而且可以促进加强多边贸易体制的全球规则的发展"。[②] 其面临的现实挑战是如何平衡优惠贸易安排与 WTO 规则的关系。当前全球贸易体制面临各国经历旷日持久的多边谈判仍难以达成共识的困境，面对金融危机及债务危机的倒逼效应和世界各国贸易保护主义、经济民族主义和民粹主义影响上升的现实，优惠贸易安排具有以双边或地区自由贸易区的形式推进贸易自由化和经济合作、促进经济增长和就业的潜力，可以从局部合作出发，先易后难地达成共识，例如在多哈回合谈判出现僵局的服务贸易自由化（如能源垄断、金融投资限制）等领域可以在地区层面或存在更多共同利益的

---

① 叶斌："欧盟贸易协定政策的变化和影响——法律的视角"，《欧洲研究》2014 年第 3 期。

② Statement from United States President Barack Obama, European Council President Herman van Rompuy and European Commission President José Manuel Barroso, 13 February 2013, http://www.whitehouse.gov/the-press-office/2013/02/13/statement-united-states-president-barack-obama-european-council-president.

国家间形成共识。在此过程中，需要协调优惠贸易协定与 WTO 原则、规则之间的关系，借助优惠贸易协定的报告、协商机制，避免有关安排背离全球多边贸易体制的精神与原则。

其次，在贸易自由化原则成为战后国际贸易基本规范并存在广泛共识的前提下，欧美不仅将继续扮演对其自身有利规则维护者的角色，而且将选择性地充当国际规则的变革者，试图变更贸易自由主义的具体内涵。在当前国际贸易体制中，西方国家历史上借助资金、技术和殖民扩张形成的优势已经减弱，在制造业等领域已逐渐丧失优势地位，新兴市场国家在劳动力、资源等方面的优势开始显现，因而，欧盟和美国近年来一直主张有选择地推动修改国际规则，将汇率、知识产权、环境、劳工标准甚至民主人权问题与贸易挂钩，加强国际法在这些领域刚性的法律规定，增强自身的竞争优势。[①] 这一变化对国际贸易中处理南北关系的基本原则——发展中国家贸易优惠构成了新挑战。欧盟针对发展中国家采取区别化对待的立场，在其普惠制改革中，将中等偏上收入的发展中国家排除在外，在一些产品领域实行分类管理，中低收入国家一些具有竞争力的产品不再享受进口优惠。同时，欧美在 WTO 规则之外重新界定发展中国家，使未与其缔结自由贸易协定的新兴市场国家逐渐处于不利地位，这些做法都可能成为欧美由于力量的下降推卸促进共同发展的历史责任、单方面追求自身利益的手段，事实上会构成新的不利于发展中国家的贸易壁垒。为应对这一挑战，国际社会亟需思考如何维护 WTO 协定基本原则，保障发展中国家实现发展的权利，促使发达国家履行在促进发展上的历史责任；尤其需要避免优惠安排和地区协定成为发达国家出于自身利益强行改变国际规则、规范的工具，或沦为封闭、排他的区域性安排，危及开放的世界市场和自由贸易体系，导致 20 世纪 30 年代大萧条的历史悲剧重演。

---

① 王展鹏：“欧美贸易关系新发展及其对国际规范变化的影响”，《欧洲研究》2013 年第 6 期。

最后，欧美围绕国际贸易规则与规范的互动将是欧美资本主义模式相互磨合、博弈、建构新共识的过程，同时无法回避新兴市场和广大发展中国家的利益和发展诉求。欧美资本主义长期发展过程中形成的一些具体管理制度和安排上的差异在短期内实现趋同并非易事。在国际金融危机和欧洲主权债务危机下，欧美都面对结构调整、经济转型的挑战，面临引入市场导向的改革增强国际竞争力、加强监管防范系统性宏观经济风险与维护福利国家制度之间如何实现平衡的复杂命题。同样，欧盟、美国和发展中国家间的关系在此过程中并非非此即彼的零和博弈，尽管存在利益竞争，但同样具有处理好竞争性与相互依赖之间关系的潜力。虽然欧美加强合作带有维护既得利益，追求国际竞争中利益最大化的意图；但另一方面，在全球化时代，全球和地区价值链正在经历迅速而深刻的变化，生产组织方式的全球化使国家间的经济边界日益模糊，存在通过激发市场潜力抵御贸易保护主义、民粹主义影响的空间。目前形成的诸多地区性、双边和诸边贸易安排中，欧美发达国家和新兴市场也呈现出“你中有我、相互重叠”的态势。新兴市场国家积极参与全球化进程，解决自身发展所需的资源、市场等问题，利用国际规则，在一定程度上成为国际体系的受益者；同时，也面临中等收入陷阱、发展的可持续性等挑战；在产业转型，迎接新技术革命挑战的过程中也需要在具体规则、标准层面加强与欧美发达国家的合作。而新兴市场和发展中国家的巨大发展潜力以及在世界政治经济格局中地位的上升，也决定了欧美垄断国际规则和规范的做法难以获得成功。[①] 西方国家与发展中国家通过建构共识、推动可持续发展与共同繁荣目标的实现仍是未来国际规范与秩序建构的可取路径。

---

① 王展鹏：“欧美贸易关系新发展及其对国际规范变化的影响”，《欧洲研究》2013 年第 6 期。

（二）启动中欧自贸协定谈判的可能性及潜在影响

欧盟新一代自贸协定是“新加坡议题”（投资、竞争、环境、劳工标准）的双边版本，从范围和深度上都超出了 WTO 现有规则。就目前观察来看，在未来与欧盟签订自贸协定的问题上，中国面临巨大的挑战。这些挑战涉及中国深层次的经济和相关制度改革，触及中国市场经济的运行方式，特别是政府和市场的关系，权力与权利的关系，对中国的影响将远大于当年中国加入世贸组织所面临的冲击。过去 30 年，中国是贸易自由化的最大受益者之一，中国入世之后出口贸易量的巨大增加和经济总量的跃升就说明了这一点。要继续保持中国的外贸增长势头，中国需要在贸易自由化方面采取进一步行动。2013 年 12 月中欧领导人峰会上首次指出：“在条件成熟时签订全面深入的自贸协定”，这是中国处理美、欧、日一系列自贸协定谈判的重要举措。如果这一谈判得以启动，将使得中国在新一轮贸易规则制定中缺位的不利局面得以扭转。①

从目前公开的欧盟政策文件和欧盟贸易官员的发言来看，欧盟对于与中国签订 FTA 既充满期待，又有所保留。欧盟文件直接指出，中国符合欧盟的 FTA 伙伴标准，但是机遇与挑战并存。一方面，欧盟与中国的市场竞争程度尽管在近年来有所加强，但是从整体上而言，欧盟与中国经济的互补性大大超过竞争性。这一点与欧盟和美国之间的竞争关系是不同的。与中国签订自由贸易协定，将使欧盟更深入地进入世界上潜力最大的消费市场，极大地展现欧盟的竞争力，提升欧盟出口和投资保护，这是欧盟的利益所在。另一方面，由于新一代 FTA 对中国的挑战巨大，更多地涉及中国内部改革，特别是涉及极为困难的国有企业改革、知识产权保护和竞争政策等问题，欧盟有理由担心，未来中欧谈

---

① 叶斌：“欧盟贸易协定政策的变化和影响——法律的视角”，《欧洲研究》2014 年第 3 期。

判可能陷入类似对印度谈判一样的旷日持久的僵局。

就目前而言，欧方无疑对启动中欧自贸协定谈判设定了前提条件，即正在进行的《中欧双边投资协定》谈判必须取得成功。这意味着只有在双方最终签署《中欧双边投资协定》后，才可能启动中欧自贸协议的谈判。欧盟对中欧自贸协议态度暧昧的原因，一方面在于，欧盟启动与第三国签订国际协定的谈判之前，必须获得其成员国的授权；另一方面，也在于欧盟采取了“先双边投资协定，后自贸协议”的策略。更为重要的现实原因则可能是，欧盟有意在与美国签订 TTIP 之后再与中国开展自贸协议谈判；这样，欧盟既可以通过拖延战术向中方施加压力，又能以 TTIP 中的规定为依据，向中方提出更高的市场开放要价。对此，我们要有长期“作战”的思想准备。

（三）通过双边贸易协定管理中欧经贸争端的可能性

近年来，双边贸易协定越来越多地在解决当事国之间贸易争端上发挥关键作用。实践中，已经有不少双边协定放弃或者限制采取贸易救济措施的作法。例如，加拿大与智利贸易协定、欧洲自由贸易联盟、加拿大与新加坡贸易协定限制使用反倾销措施；欧盟与智利协定，新西兰与新加坡、中国和泰国的协定，美国与以色列、韩国和新加坡的协定，都限制使用保障措施。[①] 尽管在欧盟与第三国协定中，绝大多数协定不提及 WTO 贸易救济或者不对相关规则做出重要修改，但是中欧未来在这方面有所突破的可能性是存在的。对于可能发生的贸易争议，中欧双方可以在双边贸易协定中设法引入更为详细和便于妥协的磋商程序，为有效管理中欧贸易争端提供稳定的法律框架。

进而言之，从构建中欧全面战略伙伴关系的宏观层面而言，

---

① Tania Voon, “Eliminating Trade Remedies from the WTO: Lessons from Regional Trade Agreements”, International and Comparative Law Quarterly, Vol. 59, No. 3, July 2010, pp. 625 - 667.

正在进行中的《中欧投资协定》谈判和先前启动谈判的《中欧伙伴关系协定》以及未来的《中欧自由贸易区协定》将构成这一全面战略伙伴关系的三大条约支柱。

专有术语缩写中英文对照表

ACP	Africa, Caribbean, and Pacific	非洲、加勒比及太平洋地区
CCP	Common Commercial Policy	共同商业政策
CAP	Common Agricultural Policy	共同农业政策
CFI	Court of First Instance	欧洲初审法院
EC	European Communities	欧洲共同体
ECSC	European Coal and Steel Community	欧洲煤钢共同体
ECJ	European Court of Justice	欧洲法院
EEC	European Economic Community	欧洲经济共同体
EFTA	European Free Trade Association	欧洲自由贸易联盟
EPA	Economic Partnership Agreement	经济伙伴协定
EU	European Union	欧洲联盟
Euratom	European Atomic Community	欧洲原子能共同体
DSB	Dispute Settlement Body	WTO 争端解决机构
DSU	Understanding of Rules and Procedures Governing the Settlement of Disputes	关于争端解决规则与程序的谅解
FTA	Free Trade Agreement	自由贸易协定
GATS	General Agreement on Trade in Services	服务贸易总协定
GATT	General Agreement on Tariffs and Trade	关税与贸易总协定
GSP	General System of Preference	普惠制
MFN	Most Favored Nation	最惠国待遇

NCPI	New Commercial Policy Instrument	新型贸易政策工具
PTAs	Preferential Trade Agreements	优惠贸易协定
SPS	Agreement on the Application of Sanitary and Phytosanitary Measures	实施卫生与植物卫生措施协定
TBR	Trade Barriers Regulation	贸易壁垒条例
TRIPS	Agreement on Trade Related Intellectual Properties	与贸易有关的知识产权协定
TTIP	Transatlantic Trade and Investment Partnership	跨大西洋贸易与投资伙伴关系协定
WTO	World Trade Organization	世界贸易组织

中外文参考文献

一、中文著作

1. 王铁崖主编:《国际法》，法律出版社 1995 年版。

2. 李浩培著:《条约法概论》，法律出版社 1987 年版。

3. 梁西主编:《国际法》（修订第二版），武汉大学出版社 2000 年版。

4. 曾令良著:《欧洲联盟法总论——以〈欧洲宪法条约〉为新视角》，武汉大学出版社 2007 年版。

5. 曾令良主编:《21 世纪初的国际法与中国》，武汉大学出版社 2005 年版。

6. 曾令良著:《世界贸易组织法》，武汉大学出版社 1996 年版。

7. 曾令良著:《欧洲共同体与现代国际法》，武汉大学出版社 1992 年版。

8. 蒋小红著:《欧盟对外贸易法与中欧贸易》，中国社会科学出版社 2014 年 4 月版。

9. 饶戈平主编:《国际组织法》，北京大学出版社 1996 年版。

10. 余敏友等著:《WTO 争端解决机制概论》，上海人民出版社 2001 年版。

11. 邵沙平、余敏友主编:《国际法问题专论》，武汉大学出版社 2002 年版。

12. 赵维田著:《世贸组织（WTO）的法律制度》, 吉林人民出版社 2000 年版。

13. 万鄂湘等著:《国际条约法》, 武汉大学出版社 1998 年版。

14. 邵景春著:《欧洲联盟的法律与制度》, 人民法院出版社 1999 年版。

15. 刘星红著:《欧共体对外贸易法律制度》, 中国法制出版社 1996 年版。

16. 王贵国著:《世界贸易组织法》, 法律出版社 2003 年版。

17. 韩立余著:《既往不咎——WTO 争端解决机制研究》, 北京大学出版社 2009 年版。

18. 胡建国著:《WTO 争端解决裁决执行机制研究》, 人民出版社 2011 年版。

19. 纪文华、姜丽勇著:《WTO 争端解决规则与中国的实践》, 北京大学出版社 2005 年版。

20. 朱晓勤著:《发展中国家与 WTO 法律制度研究》, 北京大学出版社 2006 年版。

21. 陈咏梅著:《WTO 贸易政策评审机制法律问题研究》, 中国检察出版社 2009 年版。

22. 王千华著:《论欧洲法院的司法能动性》, 北京大学出版社 2005 年版。

23. 洪德钦著:《WTO 法律与政策专题研究》, 中国人民大学出版社 2004 年版。

24. 蒋小红著:《欧共体反倾销法与中欧贸易》, 社会科学文献出版社 2004 年版。

25. 刘文秀、[英] 埃米尔 J. 科什纳著:《欧洲联盟政策及政策过程研究》, 法律出版社 2003 年版。

26. 孔祥俊著:《WTO 法律的国内适用》, 人民法院出版社

2002 年版。

27. 黄志雄著:《WTO 体制内的发展问题与国际发展法研究》,武汉大学出版社 2005 年版。

28. 杨丽艳著:《区域经济一体化法律制度研究》,法律出版社 2004 年版。

29. 朱榄叶著:《世界贸易组织国际贸易纠纷案例评析》,法律出版社 2000 年版。

30. 沈玄池、洪德钦主编:《欧洲联盟:理论与政策》,台湾中央研究院欧美研究所 1998 年版。

二、外文译著

1. [英] 伊恩·布朗利著:《国际公法原理》,曾令良、余敏友等译,法律出版社 2003 年版。

2. [英] 詹宁斯、瓦茨修订:《奥本海国际法》(第一卷第一分册),王铁崖等译,中国大百科全书出版社 1995 年版。

3. [英] 伯纳德·霍克曼、迈克尔·考斯泰基著:《世界贸易体制的政治经济学:从关贸总协定到世界贸易组织》,刘平、洪晓东等译,法律出版社 1999 年版。

4. [英] 弗兰西斯·斯奈德著:《欧洲联盟法概论》,宋英编译,北京大学出版社 1996 年版。

5. [德] E. U. 彼得斯曼著:《国际经济法的宪法功能与宪法问题》,何志鹏、孙璐、王彦志译,高等教育出版社 2004 年版。

6. [德] 马迪亚斯·赫蒂根著:《欧洲法》,张恩民译,法律出版社 2003 年版。

7. [德] 贝娅特·科勒-科赫等著:《欧洲一体化与欧盟治理》,顾俊礼等译,中国社会科学出版社 2004 年版。

8. [德] 彼得-托比亚斯·施托尔、弗兰克·朔尔科普夫著:《世界贸易制度和世界贸易法》,南京大学中德法研究所译,法律出版社 2004 年版。

9.［瑞士］奥列佛·隆著:《关贸总协定多边贸易体制的法律及其局限》,童守云译,中国社会科学出版社 1989 年版。

10.［美］约翰·H·杰克逊著:《世界贸易体制——国际经济关系的法律与政策》,张乃根译,复旦大学出版社 2001 年版。

11.［美］约翰·H·杰克逊著:《国家主权与 WTO——变化中的国际法基础》,赵龙跃等译,社会科学文献出版社 2009 年版。

12.［美］约瑟夫·威勒:《欧洲宪政》,程卫东等译,中国社会科学出版社 2004 年版。

13.［美］约翰·麦金尼斯、马克·L·莫维赛西恩著:《世界贸易宪法》,张保生、满运龙译,中国人民大学出版社 2004 年版。

14.［美］安妮·O·克鲁格编:《作为国际组织的 WTO》,黄理平等译,上海世纪出版集团 2002 年版。

15.［美］汉斯·凯尔森著:《国际法原理》,王铁崖译,华夏出版社 1989 年版。

三、中文论文

1. 曾令良:《〈中欧伙伴与合作协定〉谈判:问题、建议与展望》,《中国社会科学》2009 年第 2 期。

2. 曾令良:《区域贸易协定的最新趋势及其对多哈发展议程的负面影响》,《法学研究》2004 年第 5 期。

3. 曾令良:《论欧共体法与成员国法的关系》,《法学论坛》2003 年第 1 期。

4. 曾令良:《WTO 协议在我国的适用及我国法制建设的革命》,《中国法学》2000 年第 6 期。

5. 曾令良，陈卫东：《从欧共体看21世纪区域一体化对多边贸易体制的影响》，《武汉大学学报（人文社会科学版）》2000第3期。

6. 曾令良：《欧共体及其成员国在WTO中的双重地位及其对中国的影响》，《法学评论》1999年第2期。

7. 余敏友：《论欧共体对WTO争端解决机制的政策与实践》，载《湘潭大学学报（哲学社会科学版）》2009年第4期。

8. 余敏友：《WTO争端解决活动——中国表现及其改进建议》，《法学评论》2008年第4期。

9. 余敏友：《论世贸组织争端解决机制的强制执法措施》，《暨南学报（哲学社会科学版）》2008年第1期。

10. 余敏友：《论世贸组织法律救济的特性》，《现代法学》2006年第6期。

11. 余敏友、陈喜峰：《多哈发展议程与WTO争端解决机制的改革》，载曾令良主编：《21世纪初的国际法与中国》，武汉大学出版社2005年版。

12. 余敏友，陈卫东：《欧共体围绕WTO协定直接效力问题的争论及其对我国的启示》，《法学评论》2001年第3期、第4期。

13. 余敏友：《欧共体贸易壁垒条例评述》，《外国法译评》2000年第1期。

14. 刘衡：《WTO全球贸易治理中的中国与欧盟》，《世界贸易组织动态与研究》2013年第5期。

15. 万鄂湘：《“入世”后我国的司法改革与涉外民事审判》，《国际经济法论丛》第6卷，法律出版社2002年版。

16. 江国青：《略论国际法实施机制与程序法制度的发展》，《法学评论》2004年第1期。

17. 江国青：《国际法与国际条约的几个问题》，《外交学院学报》2000年第3期。

18. 张乃根:《试析 WTO 争端解决的国际法拘束力》,《复旦学报(社会科学版)》2003 年第 6 期。

19. 张乃根:《论 WTO 争端解决机制的几个主要国际法问题》,《法学评论》2001 年第 5 期。

20. 赵海峰:《中国与国际司法机构关系的演进》,《法学评论》2008 年第 6 期。

21. 慕亚平、冼一帆:《谈国际条约在国内适用的问题——兼论 WTO 协议在我国国内适用问题》,《暨南学报》2003 年第 1 期。

22. 黄德明:《略论欧洲共同体与欧洲联盟的法律人格》,《法学评论》1998 年第 6 期。

23. 陈卫东:《从国际法角度谈 WTO 协定的实施》,《法学评论》2001 第 2 期。

24. 陈卫东:《从国际法角度评欧共体对 WTO 争端解决机制的政策与实践》,《法学评论》2000 第 4 期。

25. 吴燕妮:《欧盟单一法律人格的发展与争论述评》,载宋锡祥主编:《〈里斯本条约〉与欧盟法的发展》,上海社会科学院出版社 2012 年版。

26. 范明志:《WTO 协定对欧盟法的影响及启示——从欧盟法院的角度》,《法学论坛》2003 第 6 期。

27. 黄卫平,程大为:《冲突与趋同:世界贸易组织法在欧盟的适用》,《中国人民大学学报》2003 第 2 期。

28. 张若思:《从欧洲法院的判例看 WTO 协议在欧共体的适用》,《欧洲法通讯(第四辑)》,法律出版社 2003 年版。

29. 张智勇:《论关贸总协定在欧共体法中的直接效力》,《中外法学》2002 年第 2 期。

30. 张燕,邱达春:《欧洲法院对 WTO 协议的适用及对我国法院的启示》,《比较法研究》2002 年第 2 期。

31. 王玉玮:《欧共体在 GATT/WTO 中的法律地位》,《同济大学学报（社会科学版）》2006 年第 3 期。

32. 陈海波：《世贸组织协议在欧盟法中的法律地位：欧共体法院在区域一体化抗拒全球化过程中的作用》，载范思红、丛林主编：《我们眼中的欧洲法律——中欧法律和司法合作项目学术论文精选》，中国法制出版社 2005 年版。

33. 左安磊：《欧盟执行 DSB 裁决实践立场及策略研究》，《时代法学》2013 年第 4 期。

34. 孙立文：《欧共体的 WTO 争端解决实践与政策评析》，《对外经贸实务》2009 年第 9 期。

35. 张华：《论〈欧洲宪法条约〉对欧共体共同商业政策的改革》，《比较法研究》2008 年第 1 期。

36. 张华：《欧共体共同商业政策运行机制中的法律问题初探》，《欧洲研究》2007 年第 6 期。

37. 徐泉：《WTO 争端解决机制下私人诉权之审视》，《现代法学》2007 年第 3 期。

38. 朱宏文：《欧共体贸易壁垒条例的实施状况与法律分析》，《法学评论》2005 年第 5 期。

39. 萧凯：《WTO 的制度性影响及其法律分析》，《法学评论》2000 年第 4 期。

40. 廖诗评：《试论〈科托努协定〉》，《法学评论》2007 年第 2 期

41. 叶玉：《欧盟—非加太经济伙伴协定对新兴大国和南南合作的影响》，《欧洲研究》2009 年第 1 期。

42. 杨国华：《论 WTO 专家组和上诉机构报告的效力》，《北大国际法与比较法评论》（第 1 卷），北京大学出版社 2002 年版。

43. ［美］斯蒂夫·查诺维兹著，张若思译：《WTO 与个人权利》，《环球法律评论》2002 年秋季号。

44. ［比］德克·德·比耶夫尔著，孙彦红译：《欧盟的规

制性贸易议程及其对世界贸易组织的实施诉求》，《欧洲研究》2006 年第 6 期。

45. 叶斌：《欧盟贸易协定政策的变化和影响——法律的视角》，《欧洲研究》2014 年第 3 期。

四、英文著作

1. Grainne De Burca and Joanne Scott (eds.), The EU and WTO: Legal and Constitutional Issues, Oxford, Portland: Hart Publishing, 2001.

2. Paul Craig and G. de Burca, EU Law, Oxford University Press, 1998.

3. Sara Dillon, International Trade & Economic Law and the European Union, Oxford, Portland: Hart Publishing, 2002.

4. Piet Eeckhout, Does Europe's Constitution Stop at the Water's Edge? Law and Policy in the EU's External Relations, Groningen: Europa Law Publishing, 2005.

5. Piet Eeckhout, External Relations of the European Union, Oxford University Press, 2004.

6. Nicholas Emiliou and David O'keeffe (eds.), The European Union and World Trade Law, John Wiley & Sons Publishers, 1996.

7. Joni Heliskoski, Mixed Agreements as a Technique for Organizing the International Relations of the European Community and Its Member States, Kluwer Law International, 2001.

8. Meinhard Hilf (eds.), The European Community and GATT, Kluwer Law International, 1986.

9. John H Jackson, Sovereignty, the WTO, and Changing Fundamentals of International Law, Cambridge University Press, 2006.

10. John H Jackson, The Jurisprudence of GATT & the WTO. Insights on Treaty Law and Economic Relations, Cambridge Uni-

versity Press, 2000.

11. John H. Jackson and Alan O. Sykes (eds.), Implementing the Uruguay Round, Oxford: Clarendon Press, 1997.

12. John H. Jackson, William J. Davey, and Alan O. Sykes, Legal Problems of International Economic Relations (3rd edition), West Publishing Co., 1995.

13. Robert Keohane, After Hegemony: Cooperation and Discord in the World Political Economy, Princeton University Press, 1984.

14. Kees Jan Kuilwijk, The European Court of Justice and the GATT Dilemma: Public Interest versus Individual Rights? Beuningen: Nexed Editions in co-operation with the Center for Critical European Studies, 1996.

15. Dominik Lasok, The Trade and Customs Law of the European Union (3rd edition), Kluwer Law International, 1998.

16. James H. Mathis, Regional Trade Agreement in the GATT/WTO: Article XXIV and the Internal Trade Requirement, T. M. C. Asser Press, 2002.

17. E-U Petersmann and Mark A. Pollack (eds), Transatlantic Economic Disputes: The EU, the US, and the WTO, Oxford University Press, 2005.

18. E-U Petersmann, The GATT/WTO Dispute Settlement System, Kluwer Law International, 1997.

19. E-U Petersmann (ed.), International Trade Law and the GATT/WTO Dispute Settlement System, Kluwer Law International, 1997.

20. Asif H. Qureshi, The World Trade Organization - Implementing International Trade Norms, Manchester University 1996.

21. Gregory C. Shaffer, Defending Interests: Public-Private Partnerships in WTO Litigation, Washington, D. C.: Brookings Institution Press, 2003.

22. Jeff Waincymer, WTO Litigation, Procedural Aspects of Formal Dispute Settlement, Cameron May, 2002.

23. J. H. H. Weiler (ed.), The EU, NAFTA and the WTO: Towards a Common Law of International Trade, Oxford University Press, 2000.

24. May T. Yeung, Regional Trading Blocs in the Global Economy the EU and ASEAN, Edward Elgar Publishing House, 1999.

五、英文论文

1. Alberto Alemanno, "Recent Development: Judicial Enforcement of the WTO Hormones Ruling Within the European Community: Toward EC Liability for the Non-Implementation of WTO Dispute Settlement Decisions?", 45 Harvard International Law Journal Summer, (2004).

2. Kym Anderson, "Peculiarities of Retaliation in WTO Dispute Settlement", 1 World Trade Review (2002).

3. AntonisAntoniadis, "The European Union and WTO law: a nexus of reactive, coactive and proactive approaches", 6 World Trade Review (2007).

4. James Bacchus, Groping Toward Grotius: The WTO and the International Rule of Law, 44 Harvard International Law Journal, (2003).

5. Judith Hippler Bello, "The WTO Dispute Settlement Understanding: Less Is More", 90 American Journal of International Law (1996).

6. Gerrit Betlem and André Nollkaemper, "Giving Effect to Public International Law and European Community Law before Domestic Courts. A Comparative Analysis of the Practice of Consistent Interpretation", 14 European Journal of International Law (2003).

7. Jacques H. J. Bourgeois, "The European Court of Justice and the

WTO: Problems and Challenges", in J. H. H. Weiler (ed.), The EU, the WTO and the NAFTA: Towards a Common Law of International Trade, Oxford University Press, 2000.

8. Jacques H. J. Bourgeois, "The EC in the WTO and Advisory Opinion 1/94: An Echlernach Procession", 32 Common Market Law Review (1995).

9. Marco Bronckers, "From 'Direct Effect' to 'Muted Dialogue': Recent Developments in the European Courts' Case Law on the WTO and Beyond", 11 Journal of International Economic Law (2008).

10. Marco Bronckers and Natalie McNelis, "The EU Trade Barriers Regulation Comes of Age", 35 Journal of World Trade (2001).

11. Marco Bronckers, Enforcing WTO Law through the EC Trade Barriers Regulation, 3 International Trade Law and Regulation (1997).

12. Julien Chaisse, "Adapting the European Community Legal Structure to the International Trade", 17 European Business Law Review (2006).

13. Thomas Cottier & Krista N Schefer, "The Relationship between WTO law, National and Regional Law", 1 Journal of International Economic Law (1998).

14. Marise Cremona, "EC External Commercial Policy after Amsterdam: Authority and Interpretation within Interconnected Legal Orders," in Weiler, J. (ed.) The EU, the WTO, and the NAFTA. Towards a Common Law of International Trade, Oxford University Press, 2000.

15. Marise Cremona, "A Policy of Bits and Pieces? The Common Commercial Policy After Nice", 4 Cambridge Yearbook of European Legal Studies (2001).

16. Piet Eeckhout, "Judicial Enforcement of WTO Law in the European Union: Some Further Reflections", 5 Journal of International Economic Law (2002).

17. Piet Eeckhout, "The Domestic Legal Status of the WTO Agreement: Interconnecting Legal Systems", 34 Common Market Law Review (1997).

18. Carlos D. Esposito, "The Role of the European Court of Justice in the Direct Applicability and Direct Effect of WTO Law", 16 Berkeley Journal of International Law (1998).

19. Fabrizio Di Gianni and Renata Antonini, "DSB Decisions and Direct Effect of WTO Law: Should the EC Courts be More Flexible when the Flexibility of the WTO System has Come to an End", 40 Journal of World Trade (2006).

20. John H. Jackson, "International Status of WTO Dispute Settlement Report: Obligation to Comply or Option to 'buy out'?", 98 American Journal of International Law (2004).

21. John H. Jackson, "Dispute settlement and the WTO", 1 Journal of International Economic Law (1998).

22. John H. Jackson, "The WTO Dispute Settlement Understanding—Misunderstandings on the Nature of Legal Obligation", 91 American Journal of International Law (1997).

23. Pieter-Jan Kuijper and Marco Bronckers "WTO Law in the European Court of Justice", 42 Common Market Law Review (2005).

24. Pascal Lamy, "The Place of the WTO and Its Law in the International Legal Order", 17 European Journal of International Law (2006).

25. Nikolaos Lavranos, "the Chiquita and Van Parys Judgments: An Exception to the Rule of Law", 32 Legal Issues of Economic Integration (2005).

26. Rafael Leal-Arcas, "Polycephalous Anatomy of the EC in the WTO: An Analysis of Law and Practice", 19 Florida Journal of International Law (2007).

27. Rafael Leal-Arcas, "The EU Institutions and Their Modus Ope-

randi in the World Trading System", 12 Columbia Journal of European Law (2006).

28. Rafael Leal-Arcas, "United We Stand, Divided We Fall - The European Community and its Member States in the WTO Forum: Towards Greater Cooperation on Issues of Shared Competence?", 1 European Political Economy Review (2003).

29. Rafael Leal-Arcas, "Exclusive or Shared Competence in the Common Commercial Policy: From Amsterdam to Nice", 30 Legal Issues of Economic Integration (2003).

30. Philip Lee and Brian Kennedy, "The Potential Direct Effect of GATT 1994 in European Community Law", 30 Journal of World Trade (1996).

31. Sunwinder Mann, "Beefing Up the Direct Effect of WTO Agreements Within The European Community", 9 International Trade Law & Regulation (2003).

32. Paolo Mengozzi, "Private International Law and the WTO Law", 292 Academie dela Haye, Recucil des Cours (2002).

33. Delphine de Mey, "The Effect of WTO Dispute Settlement Rulings in the EC Legal Order: Reviewing Van Parys v Belgische Interventieen Restitutiebureau (C-377/02)", 6 German Law Journal (2005).

34. Cosmas Milton Obote Ochieng, "The EU-ACP Economic Partnership Agreements and the 'Development Question': Constraints and Opportunities Posed By Article XXIV and Special and Differential Treatment Provisions of The WTO", 10 Journal of International Economic Law (2007).

35. E-U Petersmann, "Justice as Conflict Resolution: Proliferation, Fragmentation, and Decentralization of Dispute Settlement in International Trade", 27 University of Pennsylvania Journal of International Economic Law (2006).

36. E-U Petersmann, The EEC as a GATT Member—Legal Conflicts Between GATT Law and European Community Law, in Meinhard Hilf (eds), The European Community and GATT, Kluwer, 1986.

37. Joost Pauwelyn, "Enforcement and Countermeasures in the WTO: Rulesare Rules - toward a More Collective Approach", 94 American Journal of International Law (2000).

38. Alan Rosas, "Implementation and Enforcement of WTO Dispute settlement Finding: An EU perspective", 4 Journal of international Economic Law (2001).

39. Allan Rosas, "Annotation of Case C - 149/96 Portugal v. Council", 37 Common Market Law Review (2000).

40. Jorn Sack, "The European Community's Membership of International Organizations", 32 Common Market Law Review (1995).

41. Francis Snyder, "The Gatekeepers: The European Court and WTO Law", 40 Common Market Law Review (2003).

42. Arvind Subramanian and Jayashree Watal, "Can TRIPs serve as an enforcement mechanism for Developing Countries in the WTO?", 3 Journal of International Economic Law (2000).

43. Alan O. Sykes, "The Remedy for Breach of Obligation under WTO Dispute Settlement Understanding: Damages or Specific Performance?", in New Directions in International Economic Law, Marco Bronckers and Reinhard Quick (eds.), Kluwer law International, 2000.

44. N' Gunu N. Tiny, "Judicial Accommodation: NAFTA, the EU and the WTO", Jean Monnet Working Paper 04/05. New York: New York University School of Law, NY 10012.

45. Joel P. Trachtman andPhilip M. Moremen, "Costs and Benefits of Private Participation in WTO Dispute Settlement: Whose Right Is It Anyway?", 44 Harvard International Law Journal (2003).

46. Joel P. Trachtman, "Bananas, Direct Effect and Compliance",

10 European Journal of International Law (1999).

47. Jochem Wiers, "One Day, You're Gonna Pay: The European Court of Justice in Biret", 31 Legal Issues of Economic Integration (2004).

48. Geert A. Zonnekeyn, "EC Liability for Non-Implementation of WTO Dispute Settlement Decisions - Are the Dice Cast?", 7 Journal of International Economic Law (2004).

49. Geert A. Zonnekeyn, "EC Liability for the Non-Implementation of WTO Dispute Settlement Decisions - Advocate General Alber Proposes a 'Copernican Innovation' in the Case Law of the ECJ", 6 Journal of International Economic Law (2003).

50. Geert A. Zonnekeyn, "The Status of WTO Law in the EC Legal Order", 34 Journal of World Trade (2000).

六、工具书类

1. Walter Goode, Dictionary of Trade Policy Terms (4th ed.), Cambridge University Press, 2003.

2. 程卫东、李靖堃译：《欧洲联盟基础条约——经〈里斯本条约〉修订》，社会科学文献出版社 2010 年版。

3. 欧共体官方出版局编，苏明忠译：《欧洲联盟法典》（全三卷），国际文化出版公司 2005 年版。

4. 欧共体官方出版局编，苏明忠译：《欧洲联盟条约》，国际文化出版公司 1999 年版。

5. 欧共体官方出版局编，苏明忠译：《欧共体基础法》，国际文化出版公司 1992 年版。

6. 欧共体官方出版局编，戴炳然译：《欧洲共同体条约集》，复旦大学出版社 1993 年版。

七、网站类

1. http：//ec. europa. eu/trade/index_ en. htm

2. http：//www. wto. org/

3. http：//worldtradelaw. typepad. com/ielpblog/

4. http：//www. sccwto. net：7001/wto/index. html

5. http：//www. delchn. ec. europa. eu/index. php

